修訂二版

國際傳播

全球視野與地方策略

International
Communication:
Global Vision and Local Strategies
(Second Edition)

唐士哲、魏玓 著

推薦序

「麻雀雖小，五臟俱全」說的就是這本書。近百年的重要國際傳播理論、概念與爭議，盡數在作者提綱挈領的勾勒下，逐次進場與讀者見面。尤其難能可貴的是，入門者固然從中得以有效拾級而上，進階者也能領略持平介紹背後的作者見解。

若要理解當前的國際傳播秩序（或者，失序），從新聞到各種影音圖文的跨國擴散與流通，究竟是要通過文化帝國主義這個視野，還是要採取全球化的框架？帝國與全球之外，是不是還有能讓人更滿意的紀錄、分析與詮釋角度？

援引的修辭是帝國、全球或其他用詞，不單是不同語言的使用，同樣也是對於閱聽人接觸傳播內容時，必然有其主動選擇的曝光、理解與記憶的現象之意義，提出了互異的考察；更是對於國家與（本國及國際之）文化或傳媒市場的關係，會有涇渭分明的認知與倡導。

是以，本書的重要創作意圖，呼之欲出。鋪陳了七章的理論與經驗材料之後，作者以最後一章介紹「國家介入傳播領域的政策型態」四個類型，據此遂有「兼融全球與在地視野的傳播治理」之五大方向。這個撰述意圖，格外值得背書。

在公權力介入之下，歐日澳韓的傳媒表現，都有可觀，只說歐洲聯盟 (European Union, EU)。1993 年底，在法國堅持之下，「文化例外」使得各國得以依據自身的考量，決斷（影音）文化政策的內涵，不一定需要套用自由貿易的原則。因此，1995 年世界貿易組織 (World Trade Organization, WTO) 掛牌運作之後，西班牙電視播放美國節目的時數，從 1996 至 2002 年減少百分之二十六，德國與義大利減少百分之十七與百分之九。EU 的《電視無疆界指令》(Television without Frontiers Directive，2008 年更名為《影音傳媒服

務指令》(Audiovisual Media Services Directive)) 希望各成員國的電視，均能製播本國節目至少百分之五十以上，實際上二十多個成員國的平均成績是百分之六十二，且外來（美國）節目大多不在黃金時段播放，二十多年前《朱門恩怨》 (Dallas) 引領的風潮不再。 美國有線電視新聞網 (Cable News Network, CNN) 的國際頻道在 1996 年有百分之七十是美國內容， 到了 2001 年是百分之八；維康 (Viacom) 公司的音樂電視網 (Music Television, MTV) 內容以就地取材為主。

不過，美國眼見無法在 WTO 所有成員國之間推進，便又繞道，試圖通過雙（多）邊、區域投資協定或自由貿易協定，尋求突破。美國的陽謀雖然成功迫使「第三世界」國家南韓降低銀幕配額比例，面對「第一世界」歐洲時，卻又再次鎩羽而歸。在法國堅持、美國導演史匹柏 (Steven Spielberg) 及德國導演溫德斯 (Wim Wenders) 等人聲援之下，美歐自由貿易協定已在去年先行排除影音談判。

美國既有圖謀，有心國家自然不能放心。他們知道「文化例外」只是消極反應，如何積極作為才是關鍵。

以法國、加拿大與南韓為首的數十個國家，是以組成跨國文化聯盟（文盟）。這些國家的「政府」從 1998 年起，結合了文化及傳媒「社運團體」，希望更為名正言順，不但不再希望推動與仲裁自由貿易的 WTO 插手文化與傳媒事務，他們更想將國際文化交流與傳播的治理權限，直接委由聯合國教科文組織 (United Nations Educational, Scientific and Cultural Organization, UNESCO) 肩負。山姆大叔不是省油的燈，除了以觀察員身分參與文盟的雙年會， 更在 2003 年重返已經退出將近二十年的 UNESCO 。 文盟最後促成 2005 年通過、 2007 年生效的 《保護與促進文化表達多樣性公約》 (Convention on the Protection and Promotion of the Diversity of Cultural Expressions，以下簡稱《文多公約》)。雖然實效無法高估，但若說該約已經製造了 UNESCO 與 WTO 管轄權的潛在衝突，並不為過。該約的存在已是美國的挫敗，反對傳媒內容（跨境）依據商業原則而自由貿易的精神，得到伸

張。2009 年，西班牙商業廣電業者指控該國政府將其百分之五收入用於支持歐洲電影違反了歐洲法規，但歐洲法庭據以裁定西國政府並未違法的長篇大論，有相當部分就是引述《文多公約》作為論證的奧援。

相通於《文多公約》的精神，歐洲二十一個國家在 2008 年金融核子爆炸之後，在 2009 至 2011 年間用以補助文化活動的金額有九個國家減少，但亦有九國增加，另三個不變。在公共服務傳媒（廣電）方面，歐洲廣電聯盟及其他加盟國總共五十六國有八十五家公營廣電機構，其執照費或公務預算在 2005 年是一百九十五億歐元，至 2010 年仍有小幅成長至二百零九億，兩個年度的非商業收入占總經費的比例，也從百分之五十六點四增加至百分之五十九點三。

相較於南韓以及其他《文多公約》簽約國，過去許多年來，臺灣因為政府認知錯誤而沒有積極作為，未曾提出有效的傳播政策，加上學界及輿論主流當中，對於積極的傳播（新聞）自由的認知同樣不足，致使國內傳媒生態與工作條件日趨惡化，連帶使得我們進口愈來愈多的海外節目，等於是我們的影音工作者就業機會減少，難以穩定生產內涵與質量可喜的作品讓國人觀賞，進入國際交流與傳播的機會自然也就減少。

1980 年臺灣本地電影（不含港片）還能占有百分之十七點六二票房，1990 年代至《海角七號》崛起於 2008 年之前，僅剩百分之一到三，近三年稍「好」（且不一定能持續），平均百分之十三左右。南韓與香港電影占有各自電影票房的最低值則在百分之十六到百分之二十之間，但南韓近十多年都超過百分之五十，香港在本世紀以前，最多甚至高達百分之八十。

電視方面，李金銓教授出版於 1979 年的成名作《再思考媒介帝國主義》有言：「雖然身陷重重的政治與經濟的依附情境，臺灣抗拒『媒介帝國主義』現象的成效，頗有可觀之處。（在臺灣政府主控下）美國媒介（對於臺灣）的影響能力，刻意地被約制壓低了，而日本媒介的影響力則是微不足道。」現在呢？除了新聞頻道如同腫瘤般的惡性存在，而國內外新聞的質量乏善可陳，本地電視劇所占份額低於百分之五十，黃金時段違反國際慣例，外劇長驅直入，

換來經濟自由派學者的「黑色幽默」，指「臺灣的電視產業絕對是典範……美歐日韓中港等的戲劇節目……各式各樣的節目供各種消費者各取所需，極大化其享受。」

　　《國際傳播——全球視野與地方策略》是多年來最值得推薦的類書之一，立足在地且觀點原生，卻有普世的訴求與價值。熟讀本書，既能掌握國際傳播的歷史與沿革，必然也對如何改善國人的傳媒環境、豐富我們的國際認知，會有領悟。政府有司若能捧閱，也會幡然醒悟《文化創意產業發展法》的不足，並進而起身行動，仿效《公民與政治權利國際公約及經濟社會文化權利國際公約施行法》的制訂，同樣將 UNESCO 的《文多公約》化作國內法，輔正《文化創意產業發展法》的執行偏差。

馮建三

政治大學新聞館，臺北木柵

2014 年 4 月 20 日

修訂二版序

　　《國際傳播：全球視野與地方策略》於 2014 年成書時，一個目的是透過國際傳播研究的視野，檢視因為國際政經局勢變化而湧現的新問題、新經驗資料與學術論述。2020 年 5 月，我們接獲三民希望改版的探詢，由於深感近年來國際間傳播生態巨幅的變化，初版中許多章節的內容，已無法支應近期的發展，因此我們決定進行部分章節內容的更新。

　　初版問世至今的八年間，亟待填補的無疑是網際網路為全球帶來的影響。即便新自由主義全球化的軌跡不變，資本依舊是推動跨國資訊流通的主要動因，但「玩家」顯然已經易主！今天的媒體「巨獸」，不再是時代華納或新聞集團，而是如谷歌、臉書、微軟、亞馬遜、蘋果等位居關鍵「守門」地位的網路科技公司。這些事業體以平臺之姿，吸引無數使用者、軟體開發商、廣告商與企業進入其打造的生態系，並且透過掌握使用者數據所累積的資本，進行與本業相關或不相關事業的轉投資或整併。包含基礎設施、電子商務、媒體，以及大數據演算等，都成了這些平臺事業體的經營項目。

　　近年來，國際間對於網路科技公司的全球擴張行徑是否該被限縮，或課以責任，產生了包括使用者的數據主權、假新聞與不當訊息流通、平臺治理，以及與新聞產業的分潤機制等論辯。有鑑於此，我們在修訂二版原有的章節架構下，分小節補充了包括：網路平臺的數位經濟特性、影音串流對於產業生態的衝擊、網路科技與監控社會、網路對於傳統新聞業的衝擊、網路國族主義現象、網路中介的閱聽人樣貌，以及網路的全球治理等討論。此外，對於政府如何透過文化與經濟政策靈活介入，創造有利於多樣在地文化發展的環境，在此版中的討論也做了補強。希望這些近況的補充，有助於提供作為課堂討論的新素材。

　　學者李金銓曾指出，國際傳播研究打從一開始，便和權力與國家的利益

及目標緊密連結。他主張全球理論與地方經驗的連結，應從反省在地經驗的內在理路開始。本書呼應這個主張，即便因為採教科書的章節安排，我們的討論順序是倒著進行。二版付梓此刻，全球尚未走出新冠肺炎的肆虐，而陷入膠著的烏俄戰爭，已導致全球市場陷入多重生產供應鍊的危機。許多跡象似乎顯示地球並不平整，「地緣」仍至關緊要！期盼安然度過這些全球性的不確定危機之餘，我們也希望一個「後……」的全球社會能開展更多在地的相互理解與包容。

唐士哲、魏玓

2022 年 6 月

初版序

　　《禮記》的〈禮運大同篇〉是這麼作結語的：「故外戶而不閉，是謂大同。」白話的意思是：即便家裡的窗戶不關、門不上鎖，也不需要有所擔憂，這就是大同世界了！

　　華人社會的「大同」思想，起源於兩千多年前兵馬倥傯的戰爭時代。那時候書不同文、車不同軌──猶如當前我們所體認的「全球社會」；但其所蘊含的世界主義胸懷，已論及平等的公民待遇、同等的民主自由權利，以及一個與外鄰修好、沒有猜忌與盜匪的理想社會。

　　單就技術層面來說，當代的傳播媒介網絡或許可能成為創造大同社會的先鋒。姑且不論傳播文化是否有助於打造「謀閉而不興，盜竊亂賊而不作」的禮樂社會，單就衛星、網路與行動通訊撲天蓋地下，個資與隱私棄守而言，「外戶而不閉」已成為個體傳播經驗的「心靈現實」。

　　然而當技術配置遭逢特定的傳媒組織經營模式、資本化誘因，以及國際間不平等的政治權力關係，門戶之見仍是體現國際傳播的「政治現實」。「行遍全球」的資訊跨界流通對許多地方而言，遠非眼界的解放，而是差異、排除與成見的生成。在這過程中，交雜了國族國家的主體意識與去主體化焦慮、去國族化的跨國或全球資本誘因，以及對於世界體系抱持定見的國際組織、規範、協議，此外更有因資源分配不均而極端化的社會階級矛盾。

　　這些因素加總起來，使得國際傳播的課題化與問題化，其背後往往不是價值觀衝突，便是被特定商品化意識漂染過的文化多元性。自 1980 年代以來席捲全球的新自由主義浪潮，其所造成的市場化思維擴張、公共生活限縮，大抵更加遽了問題的急迫性。

　　本書希望對於指出這個急迫性有所貢獻，它源於兩個企圖：其一是更新國際傳播研究的視野，檢視因為國際政經局勢變化而湧現的新問題、新經驗

資料與學術論述；其二則是在已出現不少西文中譯本的前提下，產出一本融會在地觀點、生活經驗與語彙，且顧及不同面向的教科書。

循此初衷，我們為此書建構一個較全觀的格局，處理包括思潮、市場發展、治理、新聞、科技，以及「地方」層次下的在地閱聽人、國族認同，和傳播文化政策等課題。各章籌寫時，希望盡量求格局廣泛。即便我們知道這會犧牲深度，但我們相信作為相關課程的教科書，多重面向的觸探更甚於單一面向的挖掘。因此，若讀者感覺點到為止、隔靴搔癢，我們雖難辭其咎，但並不引以為憾。

在一切重視效率，以及可量化的學術影響力的學術環境裡，單純為了一門課程書寫一本教科書所兌現的勞動價值，可能遠遜於經國際索引認證過的單篇期刊論文，因此不是一門「好交易」。但我們寧可相信大學的博雅教育裡，仍需要一些具統攝功能的基礎文本作為課程的骨幹、課堂論辯的箭靶。本書的成書過程漫長，感謝三民書局對於出版進度拖延的海量容忍，編輯翁英傑的耐心校閱與出色編輯，更增加這本書的可讀性，一併致謝。

唐士哲、魏玓

謹識於 2014 年夏至

目次 CONTENTS

▌第四章　天涯共此時?傳播科技的全球連通性

▌第五章　雞犬不相聞?國際新聞流通的複雜圖像

第二部　地方策略

▌第六章　月是故鄉明？全球與地方的辯證

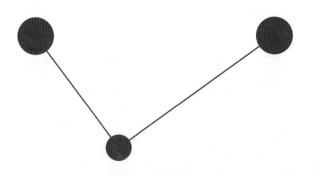

緒　論

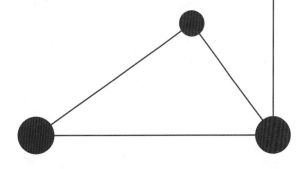

　　在臺灣，日常生活中的視聽媒體所折射出來的國際傳播想像是什麼？是每四年一次的奧林匹克運動會轉播？報紙裡的國際要聞版？各國的藝術電影？美國有線電視新聞網 (CNN) 的報導？還是下載國籍不明的網友所提供、尚未上檔的好萊塢新片？

　　跨出臺灣，有哪些傳播系統將臺灣與世界各地連結成一個綿密的網絡？是好萊塢電影或電視影集的全球發行網？萬維網？谷歌地圖？衛星全球定位系統？還是臉書？

　　如果將國際傳播定義為「跨越國界的傳播行為」(Fortner, 1993)，則上述現象似乎告訴我們，這個定義所指涉的現象、突顯的問題視角，以及問題的解決對策，正經歷巨大的變化。以全球為腹地或強調全球連通的傳播技術、機構、事件、文本或消費場所，自上個世紀中期以來，已快速改變了人們的社群意識、生活方式、幻想、認同，或者世界觀。身處不同地理區域的人們可以瞬間產生聯繫，甚至形成遠距離的社會連結。但同住一地的人們，彼此之間的認知差距卻可能拉大，誤解衝突也可能加深。

　　在 1980 年代以前，國際傳播研究關切的主軸是，各國政府之間的資訊交換所牽涉的傳播權、國家發展與文化自主權問題。從聯合國成立初期，美、蘇兩國在資訊自由流通或管制上的針鋒相對，歷經冷戰時期北美學術界甚囂塵上的發展主義思維，再到 1960 年代反思拉美世界在全球體系之處境的文化帝國主義批判，乃至 1970 年代南半球國家在聯合國教科文組織力推，但未竟其功的「新世界資訊與傳播秩序」主張，國族[1] 國家政府是否應為傳播與資訊管制或開放的領頭羊，以及各國需要何種傳播與資訊政策，始終是爭議的焦點。

---

① 　nation 一詞的中譯包括國家、民族、國族等。本書採用「國族」譯法，理由是 1990 年代之後重要的相關理論家，都指出 nation 是政治行動建構下的產物，而不是先天本質的構成（相關討論可參見本書第六章），而建構 nation 的政治行動目標，就是建立政治主權實體，也就是 nation-state。因此將 nation 中譯為國族，是著重其中打造國家政治實體的意涵。

　　從通訊社的國際新聞採訪、衛星訊號的地面涵蓋範圍、跨國電信費率的制定，乃至電視節目、印刷品的跨國流通等，「國家」始終是國際傳播研究的要角。國際間訊息流通的方向與範圍，及其所造成的權力關係是宰制或賦權，基本上皆是透過國家作為檢視問題的濾鏡。

　　不過，1980 年代以後浮現的許多現象，使得國際傳播研究必須超脫單純的地緣政治思維。傳播與通訊科技的連通、全球資本主義市場的形成、新的權力代理者（如跨國集團與經貿組織），還有各種視聽產品、資本與人的流通所構成的社群想像、認同關係以及市場化誘因，皆使得國族國家的政府角色被邊緣化。

　　「全球化」作為一個具統攝意涵的概念，成為標示各種複雜且異質現象的「便利貼」。「全球化的」、「全球化下的」或「全球化時代」等說法，自1990 年代便頻繁地出現在學術專論、企業的市場布局，甚至國家技術官僚的政策思維裡。而「全球／在地」作為一個闡釋現象的對照組，突顯了許多地方的社會、文化與政治實踐，於今已不能不被放在一個全球的互動脈絡中來思考。

　　不管是慶賀全球化世界帶來的機會，或質疑全球化論述不過是合理化資本擴張活動的借殼上市，又或是較謹慎地使用這個字眼來檢視一個變動世界的邏輯，「全球」顯然已經成為傳播研究中，一個探索傳播訊息流通無從迴避的視野，而各種全球化過程或勢力對於國族國家的穿透，以及地方的境遇或回應機制，也是邁入二十一世紀後的國際傳播必須嚴肅以對的課題。

　　社會學家紀登斯曾指出，國族國家體系是現代社會的主要特徵之一。當前國際關係架構下的各種跨政府連結和組織，仍是與全球資本主義的經濟邏輯共同形塑國際傳播面貌的最主要力量。

　　因此，本書將以「全球」視野重新檢視國際傳播近來的重要現象，但保留「國際傳播」作為書名的主標題，希望在全球化論述已然汗牛充棟下，仍舊確認「國族」作為檢視全球化現象的量尺。本書也希望剖析全球化洪流下，國際傳播的過往、現狀，以及未來。

　　具體而言，本書分為「全球視野」與「地方策略」兩大部分，共有八個章節。

　　「全球視野」這部分有五個章節，鋪陳全球或跨國訊息流通的現狀與幾個問題脈絡，討論了國際傳播的思潮演進、傳播與通訊市場、跨國治理、傳播科技，以及國際新聞交流等議題。

　　「地方策略」這部分則是在國族的層次下，探討地方的文化實踐，及其因應全球化的對策。三個章節分別討論了國族文化、閱聽人，以及國族層次下的傳播與文化治理策略。

　　為了使每一章節裡的討論清晰明瞭，我們盡量以圖表、相關數據、方塊短文與時事範例來補充解釋。但國際傳播討論的範圍極廣，且相關現象涉及的理論與學門眾多，因此本書難以窮盡當前國際傳播或全球化論述的所有層面。不過，我們仍希望本書能作為一個入門指引，幫助讀者瞭解現今全球傳媒與傳播的政策、機構、科技、生產與消費。

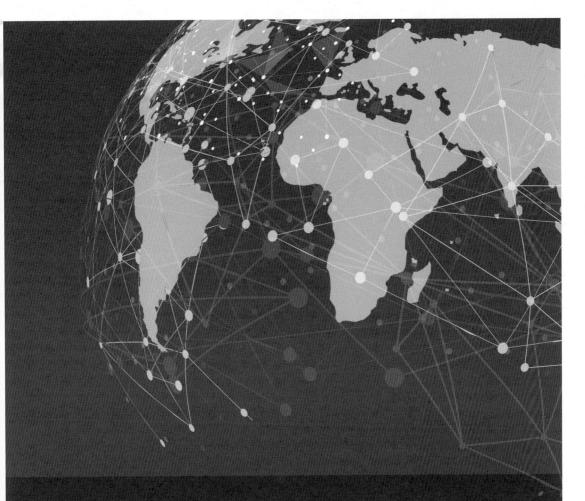

第一部

全球視野

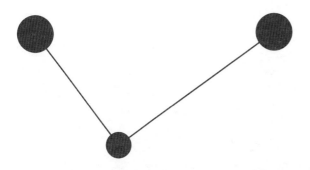

第一章

堅實化無形？

國際傳播的
思潮演變

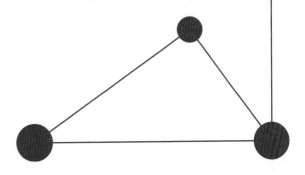

(((A))) 前言

> 日益擴張的市場，驅使布爾喬亞為了找尋產品出路而奔走全球。它必須築巢四海、屯墾八方，且到處建立聯繫。
>
> 馬克思《共產主義宣言》

馬克思在 1848 年寫下這段話時，工業資本主義在歐洲發展正炙，西方列強為了開發原料與尋求低廉勞力而四處征戰，當時全球逾半土地淪為其殖民地。

與此同時，通訊社藉由電報迅速將殖民帝國各個據點的情報傳回帝國中心，成為國際新聞的代理者。電報、通訊社與大眾化報業所構成的現代傳播系統，成為馬克思筆下跨國資本主義市場最佳的觸媒。

從十九世紀至今，傳播媒介再現了全球經濟、文化與科技之間複雜的聚合現象，也再現了區域間更為複雜的互動。在不同的歷史時期裡，國際乃至全球的資訊流通，在迥異的政經脈絡下激發出不同的思潮。本章將循著歷史的縱線，探討國際傳播的思潮，自二十世紀初以來的演變。

一、發軔：二十世紀初的宣傳研究

二十世紀初期的兩次世界大戰，既是武力之戰，也是思想之戰。當時，在西方社會正風行的廣播，淪為交戰國政府操縱民意的工具。如何役使大眾傳播媒介作為宣傳工具，成了國際傳播研究的開端。

1914 年第一次世界大戰爆發。學者在戰爭期間首次見識到傳媒凝聚群眾意識的威力。李普曼的《民意》及拉斯威爾在戰時的宣傳研究，都在討論傳媒如何更有效地服務民主社會，並作為大規模社會動員的工具。

李普曼認為，宣傳已經成為當代「群眾治理的常設機關」(a regular organ

of popular government)，且隨著大眾傳播媒介的普及，在手法上也日益精進複雜。他並認為，鑑於宣傳的巨大效力，應該要有資訊管制的專責機構，針對媒介訊息的蒐集與發布進行過濾。

拉斯威爾則在《世界大戰中的宣傳技巧》中，主張宣傳是武力征伐與經濟封鎖外，現代戰爭的另一致勝關鍵。他並強調，承平時期，大眾傳媒作為宣傳工具，正適合長期營造具「主控意涵」的集體象徵，例如全方位的宣傳可成為民主政府與民意互動的重要管道，而社會科學家則可扮演技術官僚角色，役使傳媒為良善的社會目的服務 (Lasswell, 2004; Baran & Davis, 2006)。

宣傳的重要性，在第二次世界大戰期間達到高峰。例如，德國納粹的宣傳部即擅用心戰手段，作為武力侵略的藉口。宣傳部長戈貝爾所奉行的便是納粹領袖希特勒在《我的奮鬥》中的話：「戰爭期間，語言即是武器。」（段慧敏譯，2007; Kris & Speier, 1944）

戈貝爾相信民意是可以創造的，而廣播正可作為塑造大規模民意的宣傳工具。納粹不但在國內操縱輿論，製造日耳曼人與猶太族裔間的對立，更以德裔猶太移民在波蘭遭到殺害為由散布謠言，並以保護僑民為藉口出兵波蘭。

納粹的宣傳促使美國力圖反制。美國軍方堅信，正面的宣傳可激勵民心，並強化初次作戰的士兵為何而戰的信念。當時，由傳播學者賀夫蘭主導的美國陸軍「戰爭與資訊部」實驗部門，便曾試圖偵測影響勸服的心理障礙，並評估出一套有效的訊息來加以克服 (Baran & Davis, 2006)。

當時的媒介宣傳，與國家整體戰略及外交思維密不可分，也見證了國族國家政府在現代社會中日益擴張的權力。當時的社會科學研究者也認為，媒介的宣傳工具性角色是理所當然的。許多社會人文學者甚至接受政府委託，欲找出有利於影響民意走向的資訊操縱模式。

雖然宣傳研究隨著戰後國際政治情勢的轉變而不復以往，但將傳媒作為常設性國際宣傳機構的趨勢卻未曾停歇。特別是在冷戰時期，國際短波廣播成為自由與共產陣營對峙下的心戰武器。即便在今日，還是有許多國家利用衛星成立宣傳國家形象的頻道。因此，宣傳對於主權國家的重要性可見一斑。

二、冷戰時期的國際傳播研究：發展傳播與文化帝國主義

從二次戰後至 1980 年代末期冷戰結束前，國際傳播研究有兩個重要的理論典範：發展傳播與文化帝國主義。這兩個國際傳播研究被視為典範，除了因各自均有生產論述，在以聯合國為主體的全球治理機制之下，也都曾實際影響跨國傳播政策的思維與走向。兩個理論典範分述如下：

㈠發展傳播

發展傳播的思維流行於 1950 至 1960 年代，主張西方現代化的發展經驗可以作為新興國族國家的表率；而傳播媒介在現代化的過程中，正可以扮演觸媒的角色，將傳統社會改造為現代社會。

傳播學者冷納在《傳統社會的消逝：中東的現代化》一書中主張，衡諸歐美社會的發展軌跡，「現代化」一詞代表的不只是開發的過程，更是改造一般大眾的社會性格，使他們普遍具有「移情能力」[①]。而在推動社會現代化的過程中，傳媒正是可以在短期內培養「未來導向」人格，並傳遞移情能力最好的工具。因此，要使社會從傳統的價值觀與陋習中掙脫出來，提升一般民眾的媒介使用率將是一個重要的途徑。

冷納將大眾傳播媒介當作是能在短期內促成大規模社會改變的「動力擴大器」(Lerner, 1958; see Sparks, 2007)，他並發展出一個簡單的公式：

> 增加工業化便會提高都市化；增加都市化便會提高（人民）讀書識字的能力；增加讀書識字的能力便會提高媒介的使用；增加媒介的使用便會促進經濟和政治生活的參與 (Lerner, 1958)。

發展傳播與 1950 年代盛行的「有限效果論」結合，強調改變需有社會代理人。技術官僚、地方菁英以及教育機構，皆在這個現代化社會改造的過程中，扮演配合大眾傳播媒介的要角。例如，在鄉村推廣新的農耕技術，光倚

---

① 即是指對於國家社會的發展具有同理心。

賴傳媒是不夠的，若再讓地方菁英作為影響大眾態度的意見領袖，則傳媒傳布新知識的效用將會更高 (Rogers, 1992; Sparks, 2007)。

　　發展傳播論述高舉「現代化」的大旗，希望提升全人類的生活水準，因而在早期成為國際組織重建戰後世界秩序、協助經濟弱勢國家的論述典範。包括世界銀行、聯合國農糧組織與教科文組織等，皆贊助相關研究計畫，或協助發展鄉村廣播媒介，落實發展主義欲藉傳播改造社會的理想。

　　然而不可否認的是，在冷戰的氛圍中，發展主義的論述突顯了以西方的特殊經驗作為普世參考價值的西方中心思維。問題的癥結點有二：

1.對發展的狹隘界定

　　發展主義學者將發展狹隘地定義為「經濟」的發展，並將西方資本主義社會現代化的生活方式，定位為所有第三世界國家應仿效的典範。傳媒建設的充實，成了冷納所言「塑造現代化人格」的手段，因為現代化媒介可以加速新興國族國家經濟體質的轉化，從而使其在逐漸成形的全球資本主義體系中各安其位。

　　許多新興國族國家應合這種現代化論調，在缺乏資金與技術的前提下，便貿然在國內建立起現代化的傳播媒介，且大量進口外國的影視產品，但這便突顯了媒介產業的控制權問題。

　　有些國家是由政府控制傳媒的經營權；或由政府特許少數商業勢力寡占傳播通路。因此，傳媒往往淪為當權者的傳聲筒，或成為既得利益者鞏固勢力的工具，鮮少鼓吹社會改革。且傳媒的使用多集中在都會區的菁英階級，城鄉的中、低階級沒有受惠，其結果反而擴大了社會階級間的矛盾與對立。

2.發展政策未能與自由、共產兩大集團的國際權力政治脫勾

　　發展論述的起源，約莫是二次世界大戰後歐洲殖民帝國沒落、美國開始主導西方世界的政治與經濟秩序之時。因此由第一世界學者、技術官僚所建構的發展主義論述，十足是冷戰時期的產物，無法與美國所發起的全球反共

行動脫勾 (Sparks, 1998)。

　　若說第一世界國家將發展與現代化表述為一種基於人道援助的善意，對接受善意援助者的新興國族國家而言，卻有完全不同的體認。對它們而言，雖然國內建設百廢待舉，亟需外來的經濟與技術援助，但它們也希望釐清援助與支配的界線；一些國家不免擔憂，隨著電臺、通訊社與進口電視節目而來的，是國族文化自主權的旁落。雖然經濟發展、改善生活是要務，但主權獨立與文化傳承也同等重要，「對等且公平的均衡發展」才是重點。

㈡文化帝國主義

　　發展傳播依附西方現代化的路徑，成為 1960 年代以後左翼學者嚴詞批判的對象。文化帝國主義的論述，主要便是批判西方的跨國傳播媒介，如何剝奪了第三世界國家的國族自決權與文化自主權，並成為西方世界剝削第三世界國家勞工、市場與自然資源的護身符。

　　美國學者許勒在 1969 年出版《大眾傳播與美國帝國》，指出美國傳播產業在政府強勢的羽翼下打開了許多國家的影視市場，不但導致各國文化主權的淪喪，也提供了美國在二戰後成為世界霸權的文化條件。

　　在 1970 年代，文化帝國主義的論述曾引發廣泛的討論。例如，鐸夫曼與馬特拉在 1972 年於智利出版《如何閱讀唐老鴨》，直指迪士尼公司的漫畫是「帝國主義者的文本」。他們主張，迪士尼漫畫的故事情境與角色之間的關係，皆在鼓吹一個漠視傳統、追求財富與殘酷競爭的資本主義世界，漫畫中的探險情節還將已開發國家與第三世界之間的種族、性別差異與歧視合理化。麥克菲則批判歐美各國發展通訊衛星後，因為電視訊號突破各國的管制界線，而形同一種「電子殖民主義」(McPhail, 1987)。

　　1970 年代後，許勒受到華勒斯坦「世界體系論」的影響，主張應開始觀察傳播媒介在資本主義世界體系中扮演的角色 (Schiller, 1976)。

　　華勒斯坦主張，資本主義的全球化過程，已經將全世界的風貌依照市場的擴張路徑，區分為核心、半邊陲與邊陲地區。位居核心的歐美資本主義國

家，與邊陲地區發展出經濟的依附關係。這些核心國家除了將邊陲地區視為廉價的原料、勞工供應地外，也將它們視為大量傾銷商品的市場。

許勒認為，文化／傳播的發展為這種依附關係提供了合理的文化條件。不但國際資訊呈現單向流動，由核心流向邊陲；而且西方多國公司的勢力在進入發展中國家後，也與這些國家國內的政治或經濟菁英培養密切的主從關係，役使他們成為跨國資本主義的「買辦階級」。從此，發展中國家的種種文化與傳播建制都必須配合核心國家的要求。

例如，發展中國家的商業電視制度，成為美國傾倒廉價娛樂內容的市場；教育制度淪為訓練美式多國企業所需人才的職業培訓中心；到發展中國家旅遊，則因為「物美價廉」而廣受核心國家中、低階級的歡迎，如此一來也複製了西方社會中的階級意識 (ibid.)。

許勒主張，像這種以文化手段支配第三世界國家的帝國主義，與過往以軍事征戰為手段的帝國主義很不一樣，因為這種支配關係通常沒有遭到第三世界國家統治者太大的抗拒。這些統治者急於將人民與國家推向全球資本主義經濟的舞臺，因而在國內複製了核心國家的價值觀。許勒為文化帝國主義提供如下的定義：

> 文化帝國主義是許多過程的總和。經過這些過程，某個社會被吸納進入現代世界體系之內，而該社會的主控階層被吸引、脅迫、強制、有時候是被賄賂了，以至於他們塑造出的社會機構制度屈就於，甚至是促進了世界體系之中，位居核心位置而且占據支配地位之國家的種種價值觀與結構 (ibid.)。

由於許勒的論點廣泛涵蓋政治、經濟與文化等面向的觀察，因此也遭致一些批評。

其中一種批評主張，以文化產品的輸出與輸入關係，來斷定美國對其他國家的文化宰制，忽視了發展中國家其實也能自主發展影視文化的能力。

例如，普爾便以「商業週期性發展的自然過程」說法，試圖為美國文化

的強勢輸出緩頰。他認為，美國影視產業的暢銷並非導因於文化帝國主義，而是「市場自然擴張」的結果，符合商業邏輯的週期性發展。這種觀點強調，第三世界國家初期大量進口美國影視產品，但隨著內需增加，進口的影視產品勢必引起當地業者群起仿效，假以時日，終將帶動當地影視產業的製作水準來與舶來品抗衡 (de Sola Pool, 1977; see Straubhaar, 1991)。

但週期論忽視了看似自主的商業邏輯背後，其實是強國運用政治手段，強行打開發展中國家的國內市場。例如，美國以單方面的貿易報復手段，要求特定國家開放國內的影視市場，藉以交換其他商品的輸出，這就絕非市場自然擴張的結果。

另一種批評則是針對文化帝國主義突顯的「民族等同國族」基調。學者湯林森便強調，當我們論及文化帝國主義時，多半想到的是弱勢國族文化受到強勢國族文化的「侵略」，從而造成傳統文化衰亡。然而這種支配的思維，是建立在對於單一國族主權的「空間」想像——即是以國族疆界的純粹性，去思考複雜的文化問題。

由於單一的國族文化認同，涉及大量的「文化建構」工程，其中也不乏在國族國家的疆界內，強勢壓制弱勢的情形。因此，不論任何時期，國族文化只是人們經驗文化歸屬感的眾多方法之一。既是如此，文化帝國主義論述的批判性，就不能只是以「國族國家」作為對抗文化「他者」的唯一主體（Tomlinson, 1991／馮建三譯，1994）。

第三個對於文化帝國主義的批判，則是這個概念往往強調多國媒體集團在發展中國家的貿易行徑，並以此作為全面性的文化論述。然而，文化商品的擴張邏輯未必等同於文化消費的結果，真實生活中，世界各地的人如何體驗資本主義文化，發展出什麼態度或理解，與探究文化商品的單向輸出同等重要。傳播學者凱茲與利比斯曾就 1980 年代風行全球的美國影集《朱門恩怨》做跨國的閱聽人分析。他們發現，不同文化背景的閱聽人對於影集描述的資本主義社會價值觀大多有所保留，而不是全盤接受 (Katz & Liebes, 1993)。

即便有上述批評，文化帝國主義作為一個彰顯國際間資訊流通結構性失衡的論述，與第三世界國家企求建立的新世界資訊與傳播秩序相呼應，並成為 1970 年代第三世界國家與西方先進資本主義國家協商的重要理論基礎。

1980 年代以後，文化帝國主義論述隨著全球化理論的風行，而受到較少的關注，但有學者主張不應忽視「帝國主義」突顯的國與國間權力失衡的問題。例如學者巴瑞特及李金銓主張以較為聚焦的「媒介帝國主義」，來代替文化帝國主義所突顯的依附現象。巴瑞特主張將媒介帝國主義定位在觀察特定國家媒介的所有權、經營結構、傳輸過程與內容等，如何受到他國特定媒介利益的影響，且此影響沒有建立在對等的基礎上 （李金銓，1987；Boyd-Barrett, 1977; see Sparks, 2007）。而英國學者史巴克斯，則強調即便文化帝國主義在概念上缺乏精準，但強國透過各種經濟、政治或文化手段控制發展較弱的國家所造成的後果始終存在，他因此主張重新建構「帝國主義」的意涵，且以文化、經濟或政治發展程度較高的國家 (states) 彼此間的種種競爭與衝突，作為觀察帝國主義的軸心 (Sparks, 2015, pp. 166–167)。

三、後冷戰時期的國際傳播研究：全球化

1989 年柏林圍牆倒塌，昭告冷戰政治對峙的結束。資本主義的開放市場、自由貿易制度，成為整合跨區域不同社會脈絡的最重要驅力。同時，衛星電視與 1990 年代以後數位匯流所帶動的跨媒體整合，讓不同區域的人有愈來愈多種路徑可以接觸異文化。這些轉變，使得一種「新世界」的想像油然而生。

「全球化」一詞概念化了這種想像。一些學者認為，思考當前世界的格局，應該跨越以國族國家為單位的「國際社會」，邁向高度複雜的「全球社會」(Robertson, 1992; Waters, 1995; Held, et al., 1999; Held & McGrew, 2000)。因各國政府已無法有效主導國內許多領域的活動；這些活動的本質可能是國內的、區域性的、跨國的，也有能是上述不同層次間的串連 (Rosenau, 2000)。

全球化起於何時？或者根本沒有發生？它代表的是既成現象？還是願景？若是現象，全球化展現在哪些生活層面？若是願景，全球化所彰顯的去疆界化，該不該成為國家或超國家關係運作的依歸？全球化的研究有各種不同的主張，以下整理出五種關於「全球化是什麼」的說法：

㈠資本主義全球化

馬克思與恩格斯在 1848 年的《共產主義宣言》中便已指出，資產階級開發市場，本來就具有超越個別國家的特性。他們認為，個別國家內的產業「被那些不採用自己本地生產原料，而是使用其他偏遠地區所產原料的產業所取代；這些產業的產品不只在國內被消費，全球每個角落也都有人消費」(Marx & Engels, 1967)。

當代部分學者遵循這個命題，主張全球化只是進行了兩個多世紀的資本主義擴張過程的一部分 (Ferguson, 2002；陳衛星譯，2001)；但新一階段的全球化，具備了嶄新的經濟與政治特徵，例如信用擴張、貨幣資本的國際流通，以及投機行為等現象。這一波全球化加速發生的結果，是核心與邊陲國家之間不斷擴大的鴻溝所引發的矛盾，而全球化則是合理化當代資本主義意識型態之存在的托辭 (Sweezy, 1997)。

㈡世界體系

華勒斯坦在 1970 年代發展出世界體系論，認為現代世界體系根植於十六世紀在歐洲形成的資本主義世界經濟，包含核心、半邊陲與邊陲區域。資本主義世界經濟不斷擴大區域間的經濟和社會差距，同時這股動力超越了一般國族國家的疆界，持續進入世界各個角落 (Wallerstein, 1974, 1979)。

華勒斯坦主張，二戰後至 1990 年代間，發生了「一系列的制度建造和改造」(Hopkins & Wallerstein, 1996)。世界經濟在前所未有的成長後，進入利率的衰退期，並引發了幾項結構性轉變，包括核心地區的企業開始將生產部門移往半邊陲和邊陲地區，以降低成本；相當比例的投資從生產活動轉向金融

領域，以獲取較高利潤；以及少數國家（特別是美國）增加軍事支出，作為試圖抗拒衰退循環的策略 (ibid.)。

華勒斯坦並提出構成當代世界體系的六個交互影響的向量：國族國家的國際體系、世界生產結構、世界勞動力結構、世界人類福利型態、國家內的社會凝聚性，以及世界知識結構 (ibid.)。他認為，任何一個向量或是向量之間發生變化，都會牽連到其他向量，顯示了一個動態分析的觀點。

㈢現代性的結果

相較於前兩種觀點強調以經濟動態作為觀察重點，社會學家則試圖提出一個較為多面向的解釋架構。

例如，英國社會學家紀登斯從他對現代性的研究出發，主張全球化趨勢原本就內在於現代性，全球化即是現代性的結果之一。紀登斯認為現代性的特徵包含四種體制的建立：資本主義、政治監控、軍事力量，以及工業主義，而全球化的四個面向，則分別對應這四個體制，分別是：資本主義世界經濟、國族國家體系、世界軍事秩序，以及全球資訊體系／國際勞動分工。

紀登斯認為，正是這四個面向促進了現代性制度的全球擴散。在這種狀況下，「某地的和另一遙遠地方的社會形式與事件之間的關係，因此『延展』(stretched) 了」。據此，紀登斯將全球化定義為：「連接世界上各個遙遠地方的社會關係強化了。某地發生的事件，有可能是另一遙遠地方的事件所引發的；反過來說也是如此」(Giddens, 1990)。

這個定義包含著紀登斯全球化論點的兩個主要特徵：⑴時間／空間關係的變化（而非經濟方面的變動）乃是全球化過程的核心；⑵全球化是一個辯證的過程，「發生在一地的轉變是全球化的一部分，同時也是橫越時間和空間的社會性連結」(Giddens, 1991, 1994, 1999)。

㈣全球意識

全球化理論家羅伯森將焦點放在全球化過程所帶動的文化變遷。羅伯森

主張，全球化除了加重了區域間的互相依賴，另一個同等重要的核心特徵是「全球意識」的發生 (Robertson, 1992)。他主張由於傳播媒介的全球擴張，文化在全球化中扮演了在意識上召喚我們共處「一個世界」，且命運休戚與共的關鍵角色。這種全球意識不單純是源自於全球社會不同因素如政治、經濟等互動的結果，而是有其自主性和邏輯。此外，他還特別強調全球與在地的互動，並運用「全球在地化」這個來自行銷界的名詞，指出全球化與在地化其實是同一過程的兩面。

華特斯承襲羅伯森的論點，將全球化定義為「一個社會過程，其中地理條件對於社會和文化的限制正在消散，而且人們更清楚地意識到這種消散的發生」(Waters, 1995)。他同樣將焦點放在全球化的文化和意識型態，指出經濟領域的物質交換總是連繫著地方性的社會關係，政治領域的政治交換則通常是國際性的，只有文化領域的符號交換能超越空間限制，而是全球性的。因此，經濟和政治領域唯有「化身為文化」(culturalized) 才有可能徹底全球化 (ibid.)。

㈤美好富庶的全球化世界

上述理論家無論如何解釋或定義全球化，至少都認為這仍是進行中的過程。但另有一些學者深信，全球化的世界已是既存事實。

例如，日本學者大前研一指出，全球化作為既存事實，展現在經濟的四大趨勢 (4 "Is")：⑴投資 (Investment) 不再受限於地理疆界；⑵當前的產業 (Industry) 比十年前更具有全球取向；⑶投資和產業都深深受到資訊 (Information) 科技的推動；⑷個別 (Individual) 消費者也變得更加全球取向，因為他們可以接觸、使用來自全球的生活風格資訊 (Ohmae, 1995)。

用大前的用語來說，在這個新的「無疆界世界」中，資訊和資金越過國家邊界流動，跟國家無關的跨國企業成為主要的行動者，國族國家將愈來愈無力去掌管疆域內的經濟活動 (Ohmae, 1990)。

這類論點最重要的特徵在於，認為全球化本身是一個良善 (benign) 的過

程，會為世界帶來繁榮與和諧。而且這個過程是無可避免的，政府的干預不是無效，就是會帶來反效果。

以上五個論點彼此之間不完全互斥，但在若干環節上的見解有程度不同的差異。如果以人們開始體認到世界是一個互有關聯的經濟體系，則全球化的歷史起源可以追溯自十六世紀，歐洲的大探險時代打開了對於世界地理的認知，隨之而起的遠洋貿易拓展了全球市場的想像。但如果著眼於社會過程或個人意識超越了地理條件的限制，那全球化是二十世紀的電訊傳播科技塑造的「延展」現象。即便種種議論莫衷一是，如果將上述的看法歸納、統整為「全球化論述」，此論述至少包括四項主要特徵：

1.跨越國族國家框架

當前的世界體系仍是以國族國家為基本架構，但全球化趨勢是超越國界的，而且產生許多國家管制的困難和挑戰，諸如金錢、犯罪、疾病、汙染、勞工、文化的流動等。因應這些流動，全球化過程也展現在既有的跨國政治或經濟體系下，各種不同形式的跨國串連，包括各式各樣的民間或非政府組織活動，例如國際特赦組織、無國界記者組織、綠色和平組織，或反全球化運動等。

2.多面向的過程

全球化不僅牽涉到經濟，也牽涉到政治、文化和社會意識。而且這些面向之間，並非相互獨立，而是相互關聯。例如於 2019 年底出現在武漢的新冠肺炎疫情，於 2020 年隨著人們的旅遊或遷徙，快速造成一場全球的公共衛生危機，不僅造成大量的人口死亡，因為防疫而封閉的國境，也重創了各國的經濟與全球的旅遊業。然而疫情使得人們宅在家的時間增加，反倒使得影視消費的習慣改變，串流影音平臺鵲起，人們接觸到來自世界不同地區的影音內容機會也增加。

3.複雜辯證的關係

全球化不是一個單向的過程，它涉及幾種矛盾關係間的辯證，以下以文化、經濟與社群意識說明這種關係：

(1)既是同質化也是特殊化：

各種跨國的流通日益頻繁，使得原本殊異的在地文化型態，因為交互參考、模仿或創意挪用而日漸模糊，各地文化內容的同質性增高。即便如此，閱聽眾對於跨區域文化內容的詮釋，仍舊存在極大的差異。此外，隨著人的大規模遷徙所造成的各種離散社群，得以透過來自祖國的文化內容建構新的國族想像，這種想像甚至成為客居社會裡，引發族群或種族衝突的反作用力。

(2)既中心化（跨國集團的全球布局）也去中心化：

經濟的新自由主義所鼓吹的全球自由貿易，使得少數跨國集團的全球市場布局能力大幅提昇，在地的產業風貌益發容易受到跨國集團中心的決策影響。然而，跨國集團深化的影響力，必須以更靈活且投機的金融資本流通，以及更彈性化的勞動力徵用為前提，這些皆增加了全球經濟的不確定性。

(3)既產生連結也造成隔離：

便利且快速的全球傳播與運輸科技，使得少數扮演樞紐角色的都會型城市成為全球社會網絡的關鍵節點，且這些「全球都會」彼此間關係日益密切。然而這些上升的城市卻以鄰為壑，不但與這些城市所在國度裡其他地區產生巨幅的城鄉差距，更在都會裡形成更大的貧富階級差距與社區隔離。

4.不平衡狀況的加劇

全球化過程帶來機會，但也加劇各種形式的不平衡，例如國與國之間的經濟表現、城鄉差異、資訊機會、階級貧富差距，以及對於美好生活的想像等。這突顯出全球政經文化結構不平等的事實並沒有真的改變，改變的是權力關係的內容及其運作動態。

四、全球化與傳播：勾勒一些問題意識

即便定義莫衷一是，全球化仍是理解當前傳播文化的重要視野。今天當我們觀賞外國電影、上傳自拍影片到 YouTube、在臉書上按「讚」、手機的衛星定位等，這些習以為常的媒介消費行為，背後是複雜的科技網路、市場配置，以及新型態的國際政經互動關係。同時，傳播技術的全球連通已經跨越國族國家的框架了，於是透過這些技術帶來的是特殊的全球文化經驗。

湯林森主張，全球化與文化的關連之所以重要，是因為文化表意和詮釋可以導引個人或集體進行某些特定行動，同時它瓦解了「文化必定聯繫著某地」的成見 (Tomlinson, 1999)。其中，媒介文化確實是文化全球化的一個主要來源和推動者。媒介科技（尤其是電腦系統、衛星和光纖網路等）更是提供了全球化在各個面向上得以進展的基礎結構 (Harvey, 1989; Castells, 1996; Boyd-Barrett, 1997)。

有關文化全球化的相關辯論，大都圍繞在「影響」的問題上：當前的全球文化流通創造了一個多邊文化交流的全球環境，使得文化更多樣化嗎？或者，世界文化變得更為同質化，對非西方國家來說更「西方化」了？還是說，相關結果不斷變動、太過複雜，因此根本難以得到一個普遍性的答案？以下幾個近年來的傳媒研究主題，約莫勾勒出傳播／文化全球化的問題意識：

㈠全球媒介市場

傳播領域的跨國企業不斷地在全球媒介市場擴張規模，已是不容忽視的現實。傳媒產業的市場交易與產值屢創新高，傳媒部門已成為全球經濟與金融市場的核心 (Herman & Chomsky, 1988; Hamlink, 1994; McChesney, 1998; 1999)。

這個新興的全球媒介體系是由數家大型跨國企業主控，這些企業的母公司大多位於先進的資本主義國家內，且所有企業的擴張都是透過多角化經營

來達成。最新的整合趨勢則是電腦、電信、網際網路，以及訊息內容工業的匯流 (Herman & McChesney, 1997; Held et al., 1999)。

由於這些趨勢基本上都是由市場機制所推動的，所以對於利潤的追求，使得全球的文化工業日漸朝向標準化與可預測性發展。

不過，在最大的市場提供標準化的產品，只是這些全球傳播企業的全球行銷策略之一。它們也試圖結合地方的特質，重新包裝成新商品。這正是羅伯森與紀登斯等人持續強調的「全球在地化」或「全球在地辯證」過程。

然而，這個過程並不是完全遵照地方意願，也不是沒有限制的。羅賓斯即提醒，「世界文化反映的也許是對差異性和特殊性重新賦予價值；不過大體上，這個動作是為了獲得利潤」(Robins, 1991)。確實如此，全球傳播企業追求利潤時，必須滿足市場差異、針對特定區隔市場提供適當商品。

㈡國際政治與國家治理對文化的影響

傳媒市場的擴張帶動傳媒內容與流通平臺的全球化，突顯治理議題的關鍵性。國際傳播的治理向來以國族國家的政府為關鍵的單位，但超國家治理體系如聯合國轄下的組織或委員會、世界貿易組織、掌管網路網域名稱制定的網際網路名稱與數字位址分配機構，皆因扮演跨政府，乃至民間機構的協商機制，而影響文化內容的傳輸或者資訊流通管道的暢通性。除此之外，國家層次以下的各種社會團體，包括特定的商業組織，非營利企圖的民間團體，也有可能因為特定的議題而參與國際文化交流事務的討論，並進而影響治理政策的制定或調整。因此，針對特定的國際傳播議題，必須思考上述這些不同層次的政府、組織、機構或團體之間的互動關係。

近年來，由於全球市場的形成，以及衛星和網際網路使得訊息流通打破地理限制，一些析論主張：國族國家的政府不應該，也愈來愈無法有效地介入傳播領域。在全球化論述尚未成為顯學的時候，美國政府就開始對發展中國家施加壓力，要求它們開放國內的文化產品市場，並降低政府的管制角色。世界貿易組織在 1995 年成立之後，其開放市場的前提，更威脅到許多國家的

文化產業與文化政策的自主性。然而，透過強國或者全球性組織的干預，要求特定政府對於文化採取自由放任的作法，便是試圖管制全球文化交換的進程。

從這些狀況來看，國族國家的力量並非注定式微。比較恰當的提問是，該如何再建構全球化過程裡，國族國家的角色（Held et al., 1999）。超國家的治理體系、特定政府、本地資本，以及國外和跨國資本之間的多重組合，會在不同議題上形成非常多樣的互動可能，所以我們必須細緻地分析各個特殊案例，才有可能獲得恰當的瞭解。

㈢傳播科技造成的全球流通

在全球化過程中，數位傳播科技一直扮演非常重要的角色。網際網路如何影響新的社會關係或社群意識的形成，成為一個以「流動」特性為關切主軸的問題意識。

例如，柯司特主張，資訊流通所構成的新型態「網絡社會」是資本主義社會的延伸。在網絡社會中，資訊流通已成為社會運作的原則。資訊甚至取代人際關係，成為建構社會權力的主要依據 (Castells, 2000; Urry, 2003)。

這個觀點承繼了 1950 年代以後盛行的後工業社會或資訊社會理論，強調社會的模式已從生產導向、資本與勞力密集的工業化社會，過渡到消費導向、著重資訊流通的資訊化社會。傳統的地理空間、文化認同甚至社會型構，已經因為跨國金融資本主義與跨國媒介科技的盛行，而變得愈來愈模糊。數位科技和媒介匯流帶來多樣的訊息內容與訊息使用，從此我們不再是被動、選擇有限的大眾閱聽人 (Castells, 1996)。

然而，新傳播科技帶來了全球流通，卻也可能為媒介工業和文化帶來限制。社會學家包曼主張，資訊的近用與消費所建立之流動的社會連結，除了加大有與無此權利的人之間的差距，也成為一種社會排除的手段 (Bauman, 1996)。莫多克因此強調：「新科技創造了新機會，但若這不僅僅是為了讓企業從中獲取好處，還為了在政治脈絡裡產生根本變化，那麼所有人都要能夠

自由運用這些技術才行」。所以我們應該「小心不要太過誇大科技創新的重要性，也不要以為在企業的發展過程中，科技扮演的角色是完全自主或具決定性的」(Murdock, 1990a)。

㈣地方文化產業和制度的變遷

全球性的條件與在地政府的管制，形塑了地方文化的形貌。例如，傳媒產業採取公共服務、私營或某種混合形式、對於特定文化產業的補助輔導等，都對地方文化的生產造成影響。因此，對於地方文化產業的研究，也就成為聯繫巨觀的全球結構因素以及微觀的在地文化結果之間的關鍵中介角色。

㈤全球化的矛盾文化結果

如果我們掌握了全球化過程的辯證特性，就可以瞭解全球的文化交流，無法忽略背後的政經力量。若沒有考量全球文化領域中的不平等權力關係，全球化的文化結果就無法獲得適當的分析。

全球化最明顯的文化結果，是少數跨國傳播企業藉著高度不平衡的文化貿易，壓縮了大部分國家傳播工業的生存空間和資源。

當然，在擴大市場的考量下，跨國傳播企業也會結合地方文化元素，重新包裝文化商品，或是吸納地方的創作勞動力進行文化生產，最後視商品特性出售給全球或特定市場，這些都會對地方文化生產帶來複雜的影響。

在這個文化工業化與商品化脈絡的前提下，我們才可以適切地檢視一些學者所指出的，文化全球化帶來的文化「去疆域化」或「混雜化」意涵(Tomlinson, 1997a, 1997b, 1999; Appadurai, 1996; Lull, 1995)。

文化全球化對於國族文化或國族認同，可能帶來以下幾項變化：

1. 進口的文化產品將為國族文化空間帶來新的文化元素，並因此可能形成複雜的文化互動。

2. 國族基於團結，可能因受到威脅而引發對於外來文化的反動，產生對於傳

統文化的反思或基本教義派復興運動。

3. 過去不受青睞或非官方定義的區域或次族群文化，可能因此擺脫過去的國家控制，重新組織並彰顯其主體性。

在任何案例中，上述這些可能性都強烈受到全球市場的經濟邏輯以及國際權力關係的政治邏輯所左右 (Robins, 1991)。

五、小　結

以上的討論，大致循著歷史的縱線，回顧了二十世紀初至今的國際傳播思潮——自二十世紀初的宣傳研究，歷經二十世紀中期各種對於資訊自由流通、社會發展與國族自主性的辯證，如發展主義及文化帝國主義論述，乃至現今的傳播全球化論述。國際傳播思潮關切的視野，也從國族間互動的地緣政治關係，發展至今必須廣泛考量各種以「傳媒跨國流通」為前提的市場、社會關係、全球與地方文化產業型態，以及地方文化結果等。

當今在世界任何角落思考傳播或文化的風貌，無法不同時處理全球與地方之間複雜的辯證關係。上文所勾勒的全球化與傳播的五個問題意識，因此成為檢視國際傳播的過往與現狀的重要問題面向。如何在社會生活的不同層次上，兼顧全球視野與地方策略，成為當前國際傳播研究必須考量的課題。

接下來，我們也將在全球視野與地方策略這兩個脈絡下，分章檢視國際傳播在這些面向上的發展。

第二章

商賈無祖國？

全球傳媒市場的
資本流通路徑

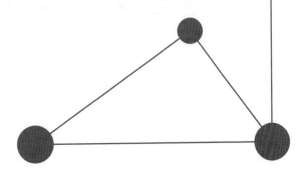

📞 前　言

> 我們不想被視為一個美國公司，我們的思考是全球的。
>
> 前時代華納公司總裁萊溫

在電影《世界是平的》中，在美國從事電話行銷業的陶德突然發現，公司將整個部門外包到印度了！雖然他沒被解僱，但他必須遷到印度的新部門，訓練當地員工以美國中西部的標準美式英語，接聽來自世界各地的客服電話，並想辦法提高他們的績效。

後來業務有了起色，陶德也逐漸融入並喜歡上印度的生活。但美國總公司此時卻要求他關閉印度分公司，到工資更低廉的中國大陸去訓練另一批員工。面對這樣一個朝令夕改的跨國企業，陶德選擇離職。

與陶德類似的際遇，正發生在世界各個角落。隨著通訊技術的發達，許多跨國企業開始在世界各地尋找工資低廉、素質好又馴良的勞工。例如，大英電訊公司在 2005 年將二千五百個客服工作移往印度的邦加洛爾省，因為印度客服中心全職員工的時薪為零點八英鎊，英國同樣工作的時薪則是六英鎊 (Bryson, 2007)。

但印度不只提供廉價、優質勞力，印度企業也大膽「西進」。例如，印度工業信貸集團除了在印度成立電話客服中心，提供印度與外國企業包括客服與電話行銷等服務，也在美國水牛城收購美國公司，承接國際銀行信用卡帳單的催繳工作（羅世宏、唐士哲譯，2006）。

「流動」是全球各地市場日益緊密連結的一個顯著現象。如果過往將英、美與印度分別歸類為第一世界與第三世界，並區分第一世界有資金與技術、第三世界供應勞力與原料，或者第一世界與第三世界間存在不平等的貿易關係，在這一波的全球化轉移中，情況顯然已經改觀 (Bryson, 2007)。跨國企業不再單純代表「西方」的多國公司，發展中國家也並非永

無翻身之地。發展中國家的企業，有可能從西方跨國企業的在地「買辦」角色，變為其合作伙伴，甚至藉由購併已開發國家經營不良的企業，而躋身為跨國企業。

全球傳播與通訊市場的發展，也呈現相同的趨勢。例如，好萊塢藉由綿密的全球發行網絡，以及靈活的商品化策略，仍舊是影視產品全球化過程中，最具主導性的推手。不過，巴西與墨西哥的肥皂劇、印度寶萊塢的歌舞電影、香港與中國大陸的武俠片與動作片，以及臺、日、韓的電視劇與流行音樂，也都有區域甚至全球流通的市場。

這一波傳播與通訊市場全球化的形成，源自 1980 年代的新自由主義思潮。新自由主義強調降低市場管制、鼓勵市場自由競爭，藉此提升企業的服務與獲利。然而，市場開放導致企業藉由購併或合併的手段擴大經營規模，造成少數企業壟斷的局面，且規模已達全球之廣。

即使如此，但流動的資本可能展現在資金、創意、勞務與科技條件等跨區域的多方互動關係中；這些流動，都使得評估新自由主義全球化的市場表現時，必須考量更多區域的因素，以及資本運作於其中的變與不變。接下來，本章將進一步闡釋這些主題。

一、新自由主義與去管制的全球傳播市場

1980 年代前，許多國家的傳播與通訊事業，其經營範圍仍是封閉的國內市場。為了防堵少數企業壟斷市場，政府往往會將特定產業設定為公營型態，劃歸在非市場競爭的區塊中。

即便採取民營化，大多數國家也都會明確限制業者擴張、防止外資併購。因此，管制使得傳播與通訊事業之間井水不犯河水。例如，迪士尼公司的經營重點放在電影與遊樂園，《時代》雜誌是出版業，美國電話電報公司則專門經營美國的長途電話市場 (Warf, 2003; Jin, 2008)。

　　但從 1980 年代起，英、美政府推動新自由主義經濟政策，採行一系列產業自由化措施，包括國營事業私有化、限縮政府對特定產業的補助、放寬傳播或通訊產業在本業經營家數的門檻，以及鬆綁跨業或跨國經營的限制等。

　　這樣的解禁措施，使得媒體產業紛紛藉由合併與購併的方式擴大企業版圖。以好萊塢電影工業為例，幾個大型製片廠皆成了外資企業的囊中物，像是澳洲的新聞集團買下了二十世紀福斯電影公司、日本的索尼電器併購了哥倫比亞三星公司、《時代》雜誌買下了華納兄弟公司，而迪士尼公司則購併了美國廣播公司 (Thussu, 2000a)。

　　到了 1990 年代，媒體合併與購併的熱潮有增無減。隨著東歐共產世界解體、中國大陸改採計畫性社會主義政策，以及南半球許多國家改採新自由主義經濟政策，企業跨國合併與購併的情形日益增加。同時，數位化也帶動了影像、聲音、資料傳輸的匯流趨勢。各國政府為了吸引資金以整合傳播與通訊技術，紛紛推出產業自由化政策。

　　這波媒體合併與購併的風潮，更加使得向來居於不同經營市場的產業，因為技術匯流的前提而結盟。例如，有線電視業者與電信業者結盟、地方電話業者與長途電話業者合併、新興的網際網路事業與有線電話事業整併，或電信產業進軍傳播內容供應市場等。異業結盟除了擴大企業的經營項目，也設法在世界各地尋找策略聯盟的伙伴，以擴大其全球版圖 (Hills, 1998)。

表 2-1　1990 年代全球電信產業合併與購併數量及產值

年	合併與購併數量	總產值（十億美金）	平均產值（十億美金）
1993	1	12.6	12.6
1994	0	0	0
1995	2	12.9	6.4
1996	3	56.3	18.8
1997	7	2.2	.5
1998	23	62.9	3.9
1999	30	808.3	26.9
2000	27	507.0	18.8

參考資料：Warf, B. (2003). Mergers and Acquisitions in the Telecommunications Industry. *Growth and Change, 34*(3): 331.

通訊與媒體產業的合併與購併不但日趨頻繁，且成交金額屢創新高。在1987 與 2000 年間，企業跨國合併與購併的金額，膨脹了十倍之多 (McChesney, 2008)。光 1999 年的金額，便超出過往數年所有企業合併與購併金額的總額 (Warf, 2003; McChesney, 2008)。

二、全球媒體集團的形成

在一波波的併購風潮下，媒體產權快速集中，部分產業甚至近乎寡頭壟斷。1980 年初期，貝迪肯在《媒介壟斷》一書中指出，有二十家機構在全世界擁有絕大部分的媒體產權；然而二十年後，該書於更新版本中指出，這個數據已下修到少於十家 (Bagdikian, 2000)。

目前全球一百大經濟體中，已超過一半不是國族國家，而是跨國企業。這些企業富可敵國，其影響力之大，足以使各國保護國內產業的措施被移除 (Miller et al., 2005)。

跨國企業多發展為集團規模，且經營項目幾乎橫跨了所有與媒體、娛樂相關的事業，擁有綿密的通路與內容產業經營權。這些集團多數於 1980 年代以後才陸續成型，且由於頻繁的併購與拆解，全球媒體集團的成員迭有變更。例如時代華納集團曾由雜誌與電影產業合併，並於 2000 年時被網路公司美國線上併購，全盛時期集團事業版圖橫跨電影、出版、廣播、有線電視與網路，但時代華納與美國線上的合併於 2009 年破局，近年集團則被美國電信業龍頭AT&T 整併，且時代雜誌由集團事業體拆分出來。而由於網際網路的盛行帶動高科技業者經營的多角化，如谷歌、臉書、亞馬遜、蘋果等位居關鍵守門角色的網路平臺業者，也因為兼營媒體事業，而成為全球媒體集團的俱樂部成員。

新自由主義的支持者強調，去除管制的市場可創造業者之間的競爭，但實則不然。由於許多跨國集團間的經營項目有所重疊，所以它們深諳合則謀其利的道理。集團間董事會成員交叉持股的情形很普遍，一些傳媒大亨在大

部分的跨國集團中皆擁有股權。這使得媒體產業市場雖有競爭，卻是少數業者共存共榮的局面。

三、集團化策略與綜效

集團化的整合模式包括兩種策略：垂直整合與水平整合。

垂直整合是指單一集團擁有一系列與生產、行銷相關的子企業。例如，若一個媒體集團同時擁有電影製片廠、發行公司、戲院、有線與無線電視頻道、平面刊物與網際網路，那麼當它生產出一部電影，則接下來的發行、宣傳、映演、周邊商品開發，都能在這個體系中由單一企業全程照料。

水平整合則意味了企業藉由整併擴張，提高在單一產業中的市占率。如此一來，企業便能降低經營成本、提高議價能力，還可藉由削價逼使競爭者失去優勢。待競爭者減少，達到寡占甚至獨占規模的企業，就可以恣意漲價，或阻礙特定傳播科技的進步。同時，新競爭者也由於經營門檻提高、難以進入市場，而容易形成市場長期的壟斷。

在傳播產業市場中，集團化對許多企業而言，更大的誘因在於「綜效」。例如，當一個電影製片機構，隸屬於一個擁有戲院、付費電視、DVD 發行或影音串流平臺的媒體集團時，其產品映演的生命週期，除了戲院映演外，還可延伸到電視臺重播或在串流平臺上架等。簡而言之，「綜效」的好處就是，媒體集團旗下子機構整體的利益，大於個別機構單打獨鬥所得之利益的總和 (McChesney, 2008; Bagdikian, 2000)。

集團化策略當初僅是一個精算後的經濟考量，但它卻快速地改變許多傳播與通訊產業原有的面貌。

例如，1980 年代後，幾乎所有的好萊塢大型電影製片廠，都成為跨國傳播或娛樂集團旗下的子企業。在此情形下，戲院映演不再居於核心；一部電影更高的獲利來自衍生性市場——書籍、玩具、電玩、原聲帶，甚至主題樂園的遊樂設施等。集團化的企業除了可將電影內容「商標化」，自行開發商

品；也可「版權化」，授權給願意支付版權費的機構來開發商品。因此，製作電影時便須考量集團整體營收，好讓集團下的其他獲利窗口都能雨露均霑。

四、跨國企業的商品化策略

文化商品的衍生性市場，使得單一產品的生產越發成為多層次的商品化行為。例如，電影製片業的經營重點逐漸由製作轉至發行與行銷，希望藉由版權控制、多樣化商品來獲利。這套邏輯使得相同的文本能以不同的商品形式，在不同的窗口或平臺上以不同方式被消費 (Grainge, 2008)。

這個結果是觀看電影愈來愈像一個消費不同商品的「事件」。電影產製朝向高額製片預算、有大明星、動作片掛帥與重視特效畫面發展，因為如此公式化的拼裝，有利於電影成為在全球廣泛行銷的事件（馮建三譯，2003）。

除了自行開發商品，行銷導向也使得電影製片業與其他產業發生互動。許多電影藉由開放產品置入、將內容或肖像使用權特許給製造商，或是將肖像提供給其他業者作為搭售等，來創造豐厚的收入（魏玓譯，2005）。

這種現象在好萊塢的影視作品中已是屢見不鮮。例如，華納兄弟公司取得《哈利波特》的電影版權後，還將內容與肖像權特許給許多商業機構，光是第一集便特許給八十五種商品，整體宣傳活動則與可口可樂公司跨業結盟。

影視文本因此成為創造「全包式娛樂」的主要觸媒。觀眾進戲院看電影

表 2-2　好萊塢電影高商標化收益案例

電影名稱	商標或版權收益（百萬美元）	票房收益（百萬美元）
《終極保鑣》	約 420（原聲帶）	411
《霹靂高手》	72（原聲帶）	55
《獅子王》	約 1,000	945
《星際大戰》系列	約 9,000	4,370
《哈利波特》系列	約 7,000	約 7,700
《汽車總動員》1、2	約 2,000	1,022

參考資料：統整自 IMDb 網站，宋偉航譯 (2011)。

國際視窗

全包式娛樂個案：《魔戒》三部曲

　　在電影開拍前，就預先策劃好上映後的商品化生產、行銷以及流通路徑，最顯著的個案莫過於《魔戒》三部曲系列電影。

　　時代華納集團旗下的新線影業買下《魔戒》小說的電影版權後，於2001年推出首部曲。在電影上映前兩年，新線即架設網站，針對小說的忠實讀者不時提供電影預告、幕後紀實，以及導演、演員訪談等，藉由網站的高點閱率創造話題。正式上映前，時代華納更利用旗下的雜誌、電視網、有線電視等為電影強力宣傳。

　　搭配戲院上映，《魔戒》更衍生出多樣化商品。除了由華納音樂集團發行電影原聲帶，肖像權售予全球超過三百個代理授權者，生產包括玩具、Ｔ恤、郵票、錄影帶、DVD、遊戲卡與電子遊戲等商品，也與速食業者漢堡王等企業簽訂產品搭售協議，電影人物的肖像因此出現在可樂紙杯上，藉此增加銷量。

搭上《魔戒》行銷列車的爆米花桶、可樂杯與咕嚕耳　　　　　© 中國時報資料照片，馮惠宜攝

　　總計，《魔戒》三部曲創造了十億美金的商品化營收，也挽救新線影業瀕臨解體的命運。《魔戒》不僅是改編自小說的電影，它更藉由複雜的衍生性商品，成為好萊塢將電影內容商標化，創造全包式娛樂體驗的顯著個案。

這件事，在整體行銷中的重要性淪為刺激後續一連串商品化或商標化體驗的誘因（魏玓譯，2005; Grainge, 2008）。如今，許多電影開發一系列衍生商品所獲得的利潤，已高於電影的票房收入。

這使得一些學者主張電影已死，因為商品化使得電影產業不再只專注於美學創意以及與觀眾互動；而是為了創造利於產品流通的氣氛，與開發版權。

此外，電影的商品化在跨國娛樂集團的經營下，正加速跨越國家藩籬，改變電影產業的獲利結構。據統計，自 1993 年後，好萊塢在美國國內市場的營收已低於國際市場營收。

五、全球傳媒市場的彈性化生產

跨國或全球媒介集團除了藉由垂直與水平整合來擴張全球版圖與行銷網絡，近年來也發展更為彈性的區域化投資策略，試圖針對區域市場的獨特性，讓商品的生產與流通方式更加多元。

哈維主張，新型態的資本主義市場已更有彈性，與傳統福特主義[1] 式的大規模、規格化生產，以及創造齊頭式的大眾消費市場相比，當前的資本主義市場採取的生產與行銷手法，有更碎裂化的趨勢。

新的資本累積模式，仍是以全球市場為腹地。但在生產部分，則是將技術與勞務等切割外包；在消費部分，則是打破單一市場的概念，針對不同區域或品味的消費者來設計商品，並可靈活變換行銷策略，以因應市場變化 (Harvey, 1989)。

對跨國或全球媒介集團而言，彈性化意味著調整傳統垂直整合的工業體系。例如，好萊塢的大型片廠不再「無所不包」，而會因應不同的拍片需求，靈活地與全球電影工業部門的許多小型單位建立合作關係。拍攝與製作地點

---

[1] 福特是二十世紀初美國汽車業的大亨，他所研創的 T 型車，強調產品的規格化、生產線分工製造，以及售價低廉。福特所獨創的生產與消費模式，是理解當時大眾社會形構的重要特徵。

可選在國外，運用其低廉的勞力成本或寬鬆的賦稅條件；發行也可在地化，不只是以全球觀眾為目標 (Grainge, 2008)。

　　跨國或全球媒介集團希望藉由這種彈性策略，降低對企業的「國籍」聯想。維康集團總裁雷史東便曾說過：「能保證獲利最豐的市場才是公司的經營重點，這意味著這些市場在國外。」

　　傳統自由商業市場的「競爭」邏輯，已被這些集團強調的彈性擴張與友善的合作策略所取代。它們體認到，在全球市場上與其捉對廝殺，還不如利益均分、降低風險。它們會利用靈活的境外投資活動、與不同區域的媒介集團合作，而成為十足的「全球企業」。

六、區域影視市場與多種形式的資本流通

　　跨國或全球媒介集團彈性化的全球發展策略，使得我們在討論全球市場的發展時，必須進一步檢視各種不同的區域文化產製，如何被整編進全球的生產與行銷體系裡。

　　近年來，許多國家張開雙臂歡迎好萊塢影視製作的外包趨勢，因為與跨國集團合作可以確保本地相關產業的就業榮景，以及製作技術的提升。同時，跨國集團的全球發行網絡，也讓本國影視產品有走出國境的機會。因此，許多國家會在政策上主動配合跨國集團，提供稅賦優惠、產業補助，或鬆綁勞動法令等。

　　在全球化市場裡，除了跨國集團基於籠絡整合，而與在地文化產業發展各種形式的交易關係，還有源於區域的文化產製勢力，藉由各種相同形式的跨國合縱連橫，試圖進入全球市場。

　　全球與在地產業的關係，有一些是依循傳統的從屬關係，有一些是對等的伙伴關係，但也有與大型跨國集團相抗衡的競爭關係。這種全球資本與國家政策間的複雜關係，底下將以馬克思對於資本與資本化的討論來說明。

　　在《資本論》中，馬克思將資本定義為特定歷史階段中的社會生產關係。

資本的形式不限於金錢或商品，任何能藉由市場交易過程促進價值的增加或轉換的，皆可被定義為資本。例如，迪士尼的卡通人物米老鼠不等於金錢，但依據米老鼠的形象所開發出來的各種商品，確有幫迪士尼賺錢的能力。因此，米老鼠肖像所代表的版權概念，即因為可以帶動許多營利行為而被「資本化」了。資本的意涵，主要展現在流通的「物質過程」中 (Lee, 1993)。

在影視產品的跨國流通過程中，除了文化創意內容可以被資本化外，文化生產過程中的創意人才及其勞務，也都可以被資本化。企業之所以行走全球找尋低廉的工資，為的就是累積薪資水準價差所造成的鉅額利潤，勞務的資本化因此成了影視製作外包的誘因。而由於文化產品牽涉到符號意義與價值的創造與再製，但各地的文化差異頗大，因此跨國集團會收編不同地域的創意人才，讓他們的創造力能如同商品跨國流通，也確保跨國集團的產品永遠推陳出新，且更投合各個地域的消費者品味。

因此，在討論影視文化市場的全球化時，區域性的文化產製勢力便不容小覷。在媒體集團的全球擴張過程中，區域的影視產業勢力，也可能隨著勞務、創意、文本的內容或形式等的跨國交易而興起。

印度、埃及、巴西、澳洲、墨西哥、紐西蘭，以及東亞的臺、港、日、韓、中等國，近年來都成為區域影視文化的重要產製中心。若依照世界體系論的中心／邊陲來劃分，這些地區或許都曾屬於好萊塢影視文化強勢輸出的「邊陲」地帶。但如今，隨著文化產製、行銷能力的日趨成熟，這些地區可以擺脫接收者的角色，而成為區域的影視文化新勢力。

這些地區有些是因為成為跨國媒體集團彈性化生產的合作對象而崛起，有些則因為本身即有旺盛的內需市場，有些則是希望藉由與鄰近地區的分工合作，而成為跨區域影視文化流通的重要作手 (Curtin, 2003; Keane, 2006)。

以資本化的邏輯觀察全球傳播市場，便需突顯各種資金、創意、勞務等的跨國整合情形。而所謂的市場，除了意指受到跨國經貿組織鼓勵與規範，或各國政府保護與規範的市場外，更可能包括各種區域化、未必受到合法規範的市場。

　　以下將著重於三種因資本化誘因而興起的市場，分別是合製、創意流通與離岸製作，並以此突顯資金、創意與勞務的跨國影視資源流通情形。

㈠合　製

　　近幾年，集結跨國資金、針對跨國或全球市場推出的電影與電視節目，成為各國影視產業走出國境的重要手段。印度傳播學者彭達庫曾為「國際合製」提出較為寬鬆的定義：「一個電影或電視節目製作者所採用的重要機制，從世界各地整集資金或勞工，並藉此掌握全球市場。」(Pendakur, 1990)。

　　根據米勒等人的研究，現行的跨國合製分為條約合製與股份合製（馮建三譯，2003）。

　　條約合製是指經過參與國政府某種形式的認可，並獲得政府津貼或稅賦減免等優惠的計畫。例如，歐洲聯盟於 1989 年創立的「歐影」即是其中的代表；它是一個在歐洲議會下，整合歐洲各國資源，促進跨國電影合製的官方機構。

　　股份合製則是私人企業間的合資或合製行為，較不涉及國家政策的引導。投資者可藉由利潤分紅或取得當地發行權的方式，來參與影視產品的製作。股份合製在好萊塢早已行之有年，好萊塢製片藉此試圖使影視產品的內容多元化，增加在地的關連性，因而得以繞過風險高的創意部分，將資源集中在行銷與發行上。

　　隨著影視產業規模的擴大，以及對於風險分散的需求，近年來有愈來愈多區域性的股份合製電影或電視節目誕生。例如，李安的《臥虎藏龍》集結了臺、港、中、美的資金籌拍，美商哥倫比亞電影公司僅出資取得亞洲的發行權。

　　合製也是非好萊塢電影集團的擴張路徑。自從《臥虎藏龍》成功打開了西方市場，有愈來愈多的亞洲跨國合製希望複製其模式，結合臺、中、日、韓、港等地資金與人員拍攝，並藉由複雜的國際發行體系，在亞洲甚至歐美地區映演。

國際視窗

跨國合資、合製的三國志：《赤壁》

電影《赤壁》是多國參與投資製作的華語片，其八千萬美金的製片成本，由臺灣的中環集團、韓國的 Showbox、日本的艾迴集團出資，並結合了臺、港、中、日、韓等地的演員與工作人員。

《赤壁》的故事來源《三國志》在日、韓等地也為民眾所熟悉，所以電影上映時也在這些國家締造了極高票房。

然而作為一部合資電影，《赤壁》真正的目標還是在中國大陸加入世界貿易組織後所開放的映演市場。負責《赤壁》在臺發行業務的二十世紀福斯電影公司大中華區董事總經理涂銘便表示：「目前所謂合製的電影，應該就是純粹為了中國的市場。其他非中國的投資方為了要進入中國，只好藉由與中國合製進入其市場……。」（梁銓壹，2010）

集結臺、日、韓、中等多國資金、技術與人才拍攝的《赤壁》
© 中藝國際影視股份有限公司

　　香港與中國大陸在 2003 年簽訂「內地與香港關於建立更緊密經貿關係的安排」（簡稱 CEPA）之後，也造成很多港、陸合拍片的出現。

　　以電視節目而言，近年來東亞各國所謂的「合拍劇」也蔚為風潮。例如，自 1980 年代末期以來，臺灣與中國大陸即以合拍劇試探影視交流的可能——由臺灣電視節目製作者居中，臺灣電視臺以少於全額的經費出資，將中國大陸電視機構的資金或勞務拉入，藉此分擔相關資源的籌措（賴以瑄，2011）。

　　從自由主義經濟學的角度來看，國際合資或合製的作法有許多優點。例如，整合財務資源、取得各地方政府給予的財務補助、藉此進入第三者市場、享有合作對象所在地較為低廉的拍片成本，以及從合作對象身上學習等（魏玓，2006）。

　　基本上，合製是一種藉由跨國集資或勞務分擔，來創造市場消費的手段。然而，合製畢竟不是單純的成本分攤或文化加總，而是明顯的符號介入過程（魏玓，2006）。由於大部分的合製計畫都是基於經濟考量，因此創作上也就傾向在跨區市場具備最大獲利潛能的主題或類型，這使得合製的產品極可能與在地文化及社會脈絡產生相對疏離。此外，由於須顧及國際市場，使得合製往往偏好國際知名的創作者或明星，結果僅強化了既有的創作生態，無助於發掘及開創新的文化創意。

㈡創意流通

　　除了資金的跨國流通之外，創意也是影視產業中的重要資本流通形式。舉凡創作人才、文本敘事或特定產製類型，都在跨區域流通的過程中，為不同地區的文化產製帶來不同刺激。而隨著跨國傳媒的多元化，許多創意的流通也往往不循正常的交易管道進行，例如節目抄襲。

　　好萊塢電影工業早在 1950 年代，便徵召各國創作人才（如導演、編劇或演員）進入片廠體系為其效力。然而創意的跨國流通，並不僅止於好萊塢的跨國徵召，一些國家的影視內容也會藉由複製或抄襲，融合歐美影視類型與本土題材，發展出特有的文本敘事。

例如，1960 年代，巴西軍政府與美國關係親近，積極地複製美式商業電視制度，並發展出融合美國通俗肥皂劇與巴西社會文化特色的電視連續劇 telenovela，廣受巴西與其他拉丁美洲國家的歡迎 (Oliveira, 1993)。

1980 年代以來，有線電視頻道增加，對電視節目的需求大增，因此許多國家也都把創意的模仿，作為快速刺激節目產量的手段。例如，在 1990 年代，臺灣尚未正式開放進口日本電視節目前，日本綜藝節目的類型、搞笑短劇的橋段，早已隨著錄影帶的進口，被臺灣的綜藝節目大量抄襲。

然而近年來，創意的流通開始受到版權的規範。有些製作單位開始將熱門節目的創意概念或製作模式套裝化，藉由跨國合製或正式授權的方式，將節目創意輸出至其他國家。

例如，美國影集《醜女貝蒂》源於哥倫比亞的連續劇《我叫貝蒂，我很醜》。又如，從英國發跡、在美國獲得高收視率的益智節目《誰來當大富翁》，在全球一百二十個地區都有複製版，包括了臺灣等七個亞洲國家。

不過，跨國複製的結果並不總是成功。例如，《誰來當大富翁》引進亞洲後，雖然在菲律賓創下高收視率，在臺灣卻表現不佳。

電視節目的創意流通所引發的「文化轉借」現象，使得我們在探討文化品味的跨國轉移時，對於什麼是外來、什麼是本土的節目，有了不同的思考基準。

依照文化帝國主義的主張，一國的影視文化受到外來文化的影響，主要的觀察面向在於文化產品的進出口關係。這個邏輯將影視產品的「出口國」視為強勢的侵犯者，而「進口國」則是無力招架的受害者。

但創意的流通複雜化了這個簡單邏輯。由於跨國影視文化交流路徑日益多元、頻率日漸密集，任何區域的製作能力或創作類型，都有可能被鄰近地區，甚至是好萊塢仿效。「外來的」文化影響已不再能單純以商品的交易量作為判準。

㈢離岸製作

在資金跨國化的過程中，影視文化產品的生產過程也開始脫離本國原有的工業體系，而呈現高度分散的狀態。

好萊塢傳統工業體系的垂直整合是以片廠為重心，因此不論是「線上」的創意執行，如製片、導演、編劇與演員，或是「線下」的勞務，如化妝師、木匠、服裝、電工或布景設計師等，皆集中在片廠體系內，不易有太大的波動，且受到工會的保障。

不過，在好萊塢全球化的過程中，近幾年為了撙節成本，出現將線下勞務移往勞動成本相對低廉、勞動法規寬鬆、工會不甚強勢地區的現象，這種現象即是「離岸製作」。

例如，負責出品電視影集《X檔案》的福斯廣播公司，便選擇在加拿大的英屬哥倫比亞製作該影集。而電影《駭客任務》則遠渡重洋至澳洲拍攝，其製作團隊是標準的雜牌軍，結合了好萊塢的製作人、香港的武術指導、美國矽谷的電腦特效工程師，以及澳洲當地的線下工作人員（Grainge, 2008；馮建三譯，2003）。

米勒等人曾以「文化勞動的新國際分工」形容影視產業的勞動市場逐漸跨國化的現象，這現象突顯了弱勢的勞動階層被剝削的問題。

例如，離岸製作導致好萊塢的製片量下跌，很多線下的勞工頓時因為製片外移而失去不少工作機會，甚至面臨失業的困境。同時，各國政府為了吸引好萊塢製片業至當地取景或拍攝，紛紛下修勞動條件以迎合外資，而外資的流動又具有高度不穩定性，是另一個值得關注的議題。

七、網際網路與平臺資本主義

如果影視文化產品透過傳統媒介如電視、電影、出版等跨界的流通，體現了以服務資本累積為目的的文化傳播，那麼網際網路近年來在全球的普及，

更進一步突顯了全球影視音市場生產的彈性化趨勢。

　　網際網路自 1990 年代崛起後（相關討論請見第四章），近年來已經快速成為自成一格的數位經濟生態，且對於不同市場部門的生產與行銷造成衝擊。網路事業經歷自 2000 年以來的快速發展，現今已成為經營項目包含甚廣的集團經濟模式。

　　一如傳統的傳媒集團的市場整合，新型態的網路科技集團也同樣透過併購或新創事業等手段，在不同的產業區塊裡，造成經營市場的集中化。谷歌在二十年間收購了超過兩百六十家公司，包括影音分享平臺 YouTube。臺灣的 HTC 手機研發部門，也成為谷歌收購的對象。臉書自 2004 年創辦後，總共併購了六十七家科技公司，其中也包括曾經對臉書構成競爭威脅的照片共享社交網路 Instagram (Nadler & Cicilline, 2020; Napoli & Caplan, 2016)。

　　然而更甚於傳統的傳媒集團之處，在於網路科技集團透過各種行動通訊載具的普及，以及使用者使用習慣的培養，正快速的成為具排他、壟斷性質的「平臺」。例如，全球有超過九成的使用者使用谷歌進行網頁搜尋；而有將近七成的社群媒體積極用戶使用的是臉書。

　　目前全球有五個扮演類似守門平臺的網路科技公司，分別是谷歌、蘋果、臉書、亞馬遜，以及微軟。這五個扮演平臺的業者，雖然由不同網路服務起家，但是隨著併購與新創事業，已經快速成為經營區塊橫跨基礎設施、電子商務，以及數位媒體的寡占型市場。

表 2-3　全球五大科技公司營運項目（截至 2019 年）

			字母集團（谷歌）	蘋果	臉書	亞馬遜	微軟
基礎設施	硬體	手機	✓	✓		✓	✓
		平板電腦	✓	✓		✓	✓
		串流裝置	✓	✓		✓	✓
	軟體	搜尋引擎	✓		✓	✓	✓
		瀏覽器	✓	✓			✓
		電子郵件	✓	✓			✓

		短訊	✓	✓	✓		✓
		音／影電話	✓	✓	✓	✓	✓
		地圖	✓	✓			
		操作系統	✓			✓	✓
		職場或企業生產軟體	✓	✓	✓	✓	✓
		相片儲存	✓	✓	✓	✓	✓
	電信器材			✓		✓	✓
	資料中心	雲端儲存／運算	✓	✓	✓	✓	✓
	物聯網	電動車	✓	✓			✓
		穿戴裝置	✓	✓			✓
		虛擬／擴增實境	✓	✓	✓		✓
		虛擬助理、聊天機器人	✓	✓	✓	✓	✓
		人工智慧	✓	✓	✓	✓	✓
電商	企業間			✓		✓	✓
	企業對消費者	APP 商店	✓		✓		✓
	個人	電子支付	✓	✓	✓	✓	
數位媒體	直銷數位媒體	購物	✓			✓	
	免費數位媒體	社群網絡	✓		✓	✓	
		影片分享／直播	✓	✓		✓	✓
		音樂、電影、出版、遊戲	✓	✓	✓	✓	✓
		線上廣告	✓	✓	✓	✓	✓
		地區指南	✓	✓	✓		✓
		新聞	✓	✓	✓		✓
	大數據	使用者數目	4萬筆搜尋／秒；10億小時／天 YouTube	5億8800萬信用卡帳號；13億隻iPhone	22億積極用戶；12億個messenger用戶	1億個Prime用戶	12億個微軟視窗使用者

參考資料：J. C. Miguel de Bustos, J. Izquierdo-Castillo (2019)

　　這些科技公司之所以能夠在短期內快速成長，得力於以下的數位經濟特質，這些特質往往墊高了潛在競爭者的進入門檻：

㈠以免費服務交換使用者數據

　　正如一些學者的觀察 (Plantin, Lagoze, Edward, Sandvig, 2018; van Dijck, 2014)，「平臺化」了的網際網路，在於透過免費服務的提供，組織了使用者的傳播或溝通行為。使用者享有服務之餘，也貢獻了寶貴的社會資料。當使用者透過入口網站、搜尋引擎或社群網路平臺搜尋資訊、購物或者擴展人際關係的連結，這些平臺同時也藉著服務的提供，獲取使用者的數位足跡，提供給網路服務提供商作為廣告或者行銷的資訊。例如，谷歌關鍵字搜尋、臉書上的按讚、分享，推特的轉推，以及 YouTube 上傳使用者生產的影音內容等，都成為網路平臺提供給廣告商或者商品販售者可以觸及更廣大消費者的有效工具。

　　平臺業者不僅掌握使用者的個資，也掌握了他們的社群網絡連結資訊。平臺經營者藉由取得、分析這些行為的「數據」，作為提供給廣告商或者商品販售者可以觸及廣大消費者的門路。因此網路平臺的商業邏輯，並不是建立在行銷特定的商品上，而是不斷地吸引為數眾多的參與者，包括個人、組織或企業，並能夠透過連結而貢獻給這個軟體的生態。

㈡使用者的網絡效應

　　由於特定網路服務的價值，取決於連結所提供的資訊豐富程度以及網絡的普及性，因此網路生態呈現特殊的「網絡效應」，即是當愈多人使用特定平臺提供的服務時，該平臺就愈有價值，愈難有競爭者。比方說，谷歌的搜尋引擎因為被絕大多數人青睞，使得「拜谷歌大神」成了網頁搜尋的代名詞，谷歌作為平臺的價值因此建立在難以被超越的使用者網絡。當谷歌的使用價值愈高，關鍵字搜尋服務也立下了新的技術標準，使得更多的投資者傾向發展與谷歌搜尋引擎可以搭配或相容的技術，因此也使得谷歌更富有價值

(Nadler & Cicilline, 2020)。

　　這種平臺的網絡效應，往往使得多數使用者或業者被「鎖定」(lock in)在特定平臺服務裡，而不容易做出其他選擇。比方說，當使用者周遭的所有人都使用臉書，即便個別使用者不喜歡臉書，也很難退出，因為除了其他的臉友很難跟進，使用者在臉書所留下的照片、打卡、發文等，也很難一併帶走。例如亞馬遜作為連結買家與賣家的電商交易平臺，已經打造出一個連結商品行銷、販售與物流的跨國平臺，當商家業者已經在這個平臺生態裡，便很難選擇退出，因為它將自絕於這個商品交易的生態之外。

㈢數據掌握即壟斷權力

　　平臺業者由於掌握巨量的使用者資訊，因此往往能夠利用這些資訊，做最有利於旗下事業體的安排。這些使用者個人或社群連結匯聚而產生的巨量數據，已成為科技公司最有價值的無形資本，因此也造成一些違反自由市場競爭狀態的商業行徑，例如：

1. 透過不透明的服務條款，獲取使用者的個人資料，以預測或判斷使用者的偏好或行為，並將這些資料提供給廠商或廣告商，協助其定位市場。例如臉書是社群媒體，透過提供使用者儲存空間與連結，掌握許多使用者的社群圖像，臉書可以摘取這些個人資料，提供給廣告商以換取利潤。另外，谷歌除了提供搜尋引擎，也包括 Gmail 電子信箱、YouTube 影音分享等服務，這些也都使其可以掌握使用者個資，對於旗下的廣告服務部門谷歌 Ads 有絕對的競爭優勢。

2. 平臺業者因為其守門的優勢，使得其掌控的事業相較於同部門的其他競爭業者，獲得更好的待遇。例如谷歌仰賴其搜尋引擎的主導優勢，以及擁有行動通訊的安卓操作系統，因此可以要求手機製造商將其瀏覽器 Chrome 作為手機預設的瀏覽器。一般消費者因此被動地使用谷歌提供的服務。而谷歌「自我偏袒」的作法，也包括調整關鍵字搜尋呈現的優先順序，把旗

下特定事業的網頁置於搜尋結果的最頂端，並將同類型的競爭者排序拉後（彭玲林譯，2011）。

3. 當平臺業者旗下的特定事業面臨競爭者的威脅時，平臺業者可以享通路經手之便，獲取競爭者相關的資料，嘉惠旗下的事業。更甚者，平臺業者透過快速模仿該業者的經營模式，分割競爭者的用戶，並使得該競爭者迅速被邊陲化。例如當臉書警覺到競爭者 Snapchat 在市場竄起，並對臉書旗下的 Instagram 構成威脅時，臉書便快速在 Instagram 推出與對手類似的功能，搶奪競爭對手的市場。

八、網路串流經濟對於影視文化流通的影響

數位經濟的特性，是產品或服務乃「無形資產」，且透過網路串連，其流通的規模似乎不費吹灰之力，就達到全球的規模。上述位居守門關鍵地位的科技公司，由於迅速膨脹為經營範圍涵蓋基礎設施、電子商務，以及數位媒體與內容提供的全球性組織，其對於全球影視產業的影響，便不單純僅是商品交易量的起伏，而是整體產業生態系統的重組、重塑，因為每一個守門人業者，便象徵一個獨立的生態系統。

以網際網路作為影視音產品流通的手段，其最顯著的特性便是發行的邊際成本趨近於零。傳統的大眾傳播媒體產品如電影、電視、音樂與書籍，由於許多都牽涉到實體的商品或服務的販售，因此往往需要投注大量的資本解決商品的「通路」問題。例如電影由產製到電影院首映，以及後續的映演窗口如二輪戲院、電視、DVD 發行，是龐雜的發行通路安排。而當發行通路涉及跨國的產品流通時，更需要龐大的行銷與宣傳成本，本章前述提到的多種影視市場的資本流通形式，自不在言下。

網際網路使得發行成本大幅降低，在於影視產品成為影視音平臺上「選單化」的選擇。當消費者購買的不是單次付費的產品，而是服務，平臺業者相對不用承擔鉅額的宣傳成本與發行通路。最初由音樂串流平臺如 Napster

的帶動，「串流」打破影視音產品的「個體」界線，而成為平臺上供分享、選擇、下載的選單選項。除卻 Napster 因為非法下載的侵權而遭到傳統媒體工業的反撲，終而隕落，「串流」技術卻帶動了視聽產品隨選化的經營模式，串流業者如網飛 (Netflix) 與 Spotfiy 便是最顯著的範例。

　　跨國線上串流影音平臺的興起，對於傳統電影與電視產業構成威脅。如網飛或者 Spotify，皆強調以定額的用戶訂費，提供閱聽人吃到飽的視聽服務。挾著雄厚的資本以及影音資料庫，網飛觸達的國家，在地的新興串流業者往往無法與其匹敵。由於提供的內容跨越地域的限制，這些業者雖然來自美國，卻不會僅提供本國的視聽內容。仗著充足的製作經費以及精準的演算機制預測消費者的品味或喜好，網飛近年來大量投資不同地區的影視製作，對於當地的影視製作產業，也構成一定程度的影響。若說「網飛模式」造成什麼影視生產消費生態的轉變，可由以下數個面向瞭解（參考蔡蕙如，2020；Lobato, 2019）：

1. 串流平臺提供的內容選單，一次上架所有或者單季的劇集，因此更加劇了從錄影帶以來便存在的「追劇」現象。閱聽人可以隨時隨地切入、重播、快轉每一集，或者無間斷的持續收視。再加上串流平臺內容沒有廣告插播，對於各國傳統的電視產業仍以線性節目排程、定時播出，以及廣告商贊助節目製作的經濟型態構成不小的威脅。

2. 串流影音平臺提供的推薦機制，透過演算法綜合下載量、評鑑，以及使用者過往的閱聽習慣提供客制化的推薦機制，除了以更精準的閱聽人資料，提供節目內容安排或產製的參考，並意圖以更制式的選單，主導閱聽人的視聽選擇。

3. 對於許多國家而言，串流業者自我定義為「數位媒體服務」，因此不適用於傳統規範各國廣播業者的法規，例如進口管制、內容檢查或管制，以及賦稅等。然而同時，網飛也透過在地內容的提供，以及投資在地影視業者生產影視作品，而意圖作為一個在地化的內容提供者，其服務的內容與閱聽

眾與各國的影視產業明顯高度重疊。

　類似網飛經驗的竄起，也正被守門人平臺產業以及傳統的電視業者意圖複製，例如亞馬遜成立 Amazon Prime Video，近年來投資原創電影的製作，積極與傳統的電影工業合作。包括音樂、影像、新聞、電玩以及書籍出版等，高科技業者意圖透過串流服務或者雲端平臺，將傳統媒介的內容或服務收納進各自的生態系統中。而傳統媒體也不遑多讓，包括迪士尼與 HBO 等業者，近期也紛紛投入串流影音的市場。對於各國的影視文化生產而言，這種平臺的積極吸納難免產生「西瓜偎大邊」的效應，由於規模已達全球的科技平臺的生態系統內，有猶如八爪章魚一般的事業體，網絡化效應使然，口袋深且市場觸達率無遠弗屆的平臺業者，自然使得本地的文化生產工作者趨之若鶩，有學者即已「文化生產的平臺化」解釋這種現象 (Poell & Nieborg, 2018)。

表 2–4、五大科技公司經營的媒介事業

	音樂	影像	新聞	電玩	電子書
谷歌	谷歌 Play Music	YouTube	—	Youtube Gaming	谷歌 Books
蘋果	ITunes, Apple Music	iTunes	iTunes	—	—
臉書	Lip Sync Live	Watch	Instant Articles Twitter	Instant Games	—
亞馬遜	Amazon Prime Music	Amazon Prime Video	—	Twitch	Kindle
微軟	Xbox Music/ Groove Music	Microsoft Stream	—	xCloud	—

國際視窗

彈性的網飛

　　網飛最初由提供郵寄影音光碟租售起家，於 2010 年開始對國際市場提供網路串流服務。透過資料庫訂購的型態，消費者繳交月租費，便可以透過行動載具的應用程式 (APP) 或者電視機上盒，使用網飛提供的電影、電視片庫。

　　由於不想自我設限於二輪電影重映或電視重播的角色，自 2011 年起，網飛開始進軍原創內容的產製。網飛自製的《紙牌屋》劇集於 2013 年推出，打開原創影集知名度，此後並投資原創電影。除了與美國的影視產業合作，網飛也投資各國不同的影視產業工作者。例如韓國導演奉俊昊的《玉子》、墨西哥導演阿方索‧柯朗的《羅馬》，皆有網飛參與發行。後者並成為首部未在美國主流戲院上映，但獲得奧斯卡最佳電影的作品。

　　網飛自 2016 年進軍臺灣，並與公視、三立、瀚草影視、凱擘影藝等合作。除了推出原創劇集如《雙城故事》、《罪夢者》、《彼岸之嫁》、《誰是被害者》、《華燈初上》，網飛也上架多部口碑票房俱佳的臺灣電影。

　　自 2019 年底新冠肺炎疫情爆發後，由於防疫使得電影映演市場幾近停擺，帶動娛樂產業的宅經濟發展。疫情使得線上串流影音市場應勢上揚，網飛可謂最大的受惠者，截至 2021 年，網飛已名列全球十大娛樂媒體公司。

　　作為串流影音業者，網飛的跨國經營策略充分體現國際資本在數位經濟時代的彈性化生產與累積策略。網飛發行的原創電影，由於跳脫傳統電影產業的戲院首映、接續電視、網路等映演窗口的作法，因此曾經遭到電影工業的抵制。其網頁透過運算法的推薦機制、流量紀錄與評鑑，使得網飛可以靈活調整其製作策略。網飛的竄起，也促使傳統媒體轉進、成立類似的串流服務，例如迪士尼的 Disney+、HBO Max 等。

九、全球傳播市場：流動的資本，不平等的累積與支配

上述由傳統電視電影到網路的跨國資本流通的形式，共同突顯出全球傳播市場的資本累積邏輯，已難以放在一個國與國間的權力「推拉」關係中去解讀。

雖說多國公司的國際擴張所造成的資訊單向流通，曾被發展中國家詬病，並成為國際傳播政治在 1970 年代的主要爭辯話題 （見第三章的討論）， 但 1990 年代以來的「整併狂熱」所帶動的產業跨國集團化，以及隨之而來的資金、技術與人才流通，卻不總是被美國以外的其他國家視為洪水猛獸。

新全球媒體集團彈性化的利益積累原則，靈活利用外包、合資、合製等策略，顯然使得在地文化不再被邊陲化或壓制，因為在地文化有可能在表象上被「友善的跨國資本」所青睞，甚至成為其積極籠絡的對象。

因此，有學者認為，隨著新的符號生產中心的出現，以及影視文化產品流通路徑的日益複雜 ， 全球文化權力顯得去中心化且高度分散 (Iwabuchi, 2004)。而且隨著資金、技術與人才的多方流通，非西方國家在全球產品市場的影響力正與日俱增，社會學家紀登斯甚至用「逆向的殖民」來形容這種西方與非西方世界權力關係翻轉的現象。

然而情況真是如此？不管是「去中心化」還是「逆向的殖民」，這些詞彙著眼的仍是有些偏狹的地緣政治思維。若依支配關係審視這些文化現象，則當非西方的人民、科技條件與文本重要性提升時，它們的出現是否能翻轉「殖民」一詞所牽涉的不平等權力宰制關係，使之前被支配的人民一躍成為支配者？

這個問題的答案，牽涉到如何定位目前全球市場結構性的變與不變。上述各種形式的資本流通，或許代表了資本主義市場全球化過程的新轉變，它們為在地文化產業的生產與流通帶來機會，同時也使得跨區域的互動更為頻繁。然而，若從資本形式的轉換與擴張行徑的邏輯來看，其實集團化與跨國

化的資本權力結構並沒有改變。

傳播學者許勒曾主張，全球化市場的主要問題是，跨國企業文化對社會文化生活更廣泛的影響力。許勒認為，必須優先處理的是跨國企業的「套裝文化」問題——除了在家看外國電視節目、進戲院看外國電影，也包括出國旅遊、旅館電視裡的美國有線電視新聞網、在美式速食連鎖店用餐、閱讀翻譯的英文暢銷書，以及去迪士尼這類的主題樂園消費——這些都是英語世界的跨國企業文化支配下的產物 (Schiller, 1991)。

即便我們較難以這些許勒指認的文化消費「結果」，來論斷跨國企業文化的全球影響軌跡，但這些消費性文化經驗的提供者——跨國集團，對於各國文化政策自主權的剝奪，以及對於多元文化實踐的資本化收編，則是多變風貌下不變的常數。

許勒強調，在跨國傳播集團的眼界裡，市場的發展早已超越了國族國家的疆界。且在這個市場裡，各種資本化的形式競逐經濟效益的極大化，並以這把尺武斷地衡量全球文化的風貌。所以，許勒主張當今全球傳播市場的真正動力，是市場邏輯驅動下的企業跨國主義 (ibid.)。

這種企業跨國主義，正在限縮甚至排除既存的多元文化實踐與公共文化價值。例如，歐盟基於鼓勵市場競爭而譴責一些國家行之有年的公共廣電補助政策，這使得一些國家的公共廣電機構被迫與商業妥協，不是面臨經費刪減，便是被私有化。

同樣的市場化迷思也衝擊了一些曾是發展中國家，但近年來極力發展出口貿易的新興工業化國家。這些國家在此迷思下，將私有化、市場化、跨國或跨業經營，作為社會現代化、追求經濟高度成長的利器。

集團化的傾向也發生在這些國家的傳播通訊市場上。新的區域化傳播勢力希望與跨國集團合作，迅速提升製作與行銷能力，並利用跨國集團的全球傳輸網絡，打開本國文化產品的外銷市場。

例如，中國大陸自上世紀末喊出「改革開放」以來，市場化使得接受國家補助的國營製片廠面臨淘汰，或轉型為民營企業，而小型的獨資企業則快

速被淘汰 (Zhao, 2005; Fung, 2008)。

　　集團化的民營企業則積極尋求與外資合作，以類似好萊塢式的大製作，試圖打開西方市場。但電影學者戴錦華質疑：「當大片『撐大』了中國電影的工業規模，那麼在如此規模之下，是否開敞了數個多元化的空間給中小成本電影，甚至先鋒、實驗、藝術電影？」（戴錦華，2011）

　　整體而言，「是否有利於商品跨國流通」的思維，正凌駕在許多既有的在地文化或社會發展政策之上，並使得生產文化的權力，更加集中在少數擁有獨斷經濟利益的經濟機構。

　　在各式資本流通的過程中，多元社會價值是否得以保存或發展，以及發展過程是否符合公平正義原則，成為論斷這波全球化市場意涵最主要的參考座標，這也使得國家的重要性仍舊存在。本書第八章，將更進一步探索全球化下，國家政策所扮演的角色。

第三章

世界一家親？

跨國治理的
過往與現狀

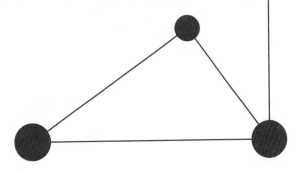

前　言

　　1912 年 4 月 14 日深夜十一點四十分，一艘載滿二千多名乘客的郵輪，在橫渡大西洋的處女航途中，不幸撞上了冰山。兩小時又四十分後，斷成兩截的郵輪沉沒，一千五百二十三名乘客葬身海底。

　　這艘郵輪備有當時最先進的無線電通訊設備，船難發生時，無線電操作員雖緊急發出求救訊號，無奈當時已近深夜，附近可趕來救援的船隻已關掉無線電，所以未能立即回應。後來，幾艘數十哩遠的船隻收到訊息，火速趕往現場，但為時已晚，只救起七百多名乘客。

　　這場船難，即是好萊塢票房電影《鐵達尼號》的取材來源。鐵達尼號的沉沒，促成美國國會通過《無線電法案》，要求所有船隻都必須備有無線電通訊設備，以及可輪班的操作員。此事件也是促成二十世紀初期，各國協商訂立無線電使用規範的重要關鍵。

　　在此之前，由於無線電通訊業者壟斷電波市場，排擠了非客戶，所以世界無線電會議便已決議，將海岸無線電臺與船隻間的通訊定義為「公共服務」，並規定任何商營的無線電服務系統，不得拒絕其他系統傳來的訊息。該會議還劃定五百千赫為國際海事緊急通訊專屬的電波頻率，也將 "SOS" 作為災難發生時的國際呼救碼。

　　在當代眾多訊息流通的跨國規範機制中，海事安全只是其中一環。十九世紀以來，多元的大眾傳播媒介將全球各地連結成一個便捷的網絡。然而，全球連通的理想與各國的通訊傳播主權、跨國企業的市場化之間的角力，使得跨國甚至全球治理成為一項高度複雜的課題。

　　舉凡通訊衛星的軌道使用權、智慧財產權的保護、網際網路的網域與網址制定、網上資料傳輸的隱私性、文化商品的跨國交易，乃至新聞記者的採訪權與人身自由保障等，都需要各個國家或地區協商出特定規範，才能保持傳播通訊系統的暢通、保障個人的權益。

一、國際傳播的治理政制

由於國際事務治絲益棼，且國與國之間的關係相互依存但又互有衝突，使得跨國之間透過常設的或者非常設的協商機制變得日趨重要，這也彰顯了「全球治理」的重要性。

所謂「全球治理」，並不是以建立一個世界政府為標的，因為不論就實務或理想上，建立一個世界政府並不可行。較適切地定義「全球治理」，是泛指在國際層次上，任何有助於解決問題或促進集體行動的組織、治理體制、程序、夥伴關係，或者網絡。

以全球的視野探討治理，便同時包括國族國家以及非國族國家的要角。舉凡各國政府、公民團體或非營利組織、宗教團體、跨國集團，皆有可能在不同的問題出現時，進入全球治理的討論範疇。此外，區域層次的合作關係也具備全球治理的特性，只要這種關係對於理解更廣泛的跨區域事務有所幫助 (Global governance 2025, 2010)。

羅森諾指出，國際傳播的治理在任何時期，都沒有單一的運作規範可循。「全球治理」只是無數控管機制的組合，各個控管機制都導因於不同的歷史、目標與社會結構，並有不同的運作過程。因此，國際傳播的跨國治理實非穩定，在不同的歷史時期裡會有不同的「治理政制」，個別治理政制的表現，則反映了當時的國際政治經濟現勢 (Rosenau, 2000)。

傳播與通訊的跨國治理政制，始於 1865 年成立的國際電報聯盟。當時成立的目的是希望解決歐洲兩大電報聯盟間的費率差異，並建立標準化的摩斯電碼，以作為國際電報傳送的基礎。

隨著電報、電話與無線電廣播的發展，以及跨國資訊流通糾紛的增加，規範傳播與通訊事務的國際組織逐漸增多。例如，1874 年成立的環球郵政聯盟，以及 1886 年成立的世界智慧財產組織。另外，國際電報聯盟在 1932 年更名為國際電信聯盟，統理國際電報、電話與無線電廣播的技術標準、頻譜

分配與市場管制等。

　　1945 年聯合國成立後，上述這些組織陸續成為聯合國經濟與社會理事會下的常設單位。之後，聯合國教育、科學與文化組織（以下簡稱教科文組織）成立，負責協商各種傳播與文化跨國流通事務。這些聯合國系統下的國際組織，主要成員單純是各國政府。

　　到了二十世紀的後半期，由於全球層次的科技發展如衛星與網際網路帶動的資訊流通，全球資本主義的市場互動、跨國之間的人口移動，以及環保危機等問題的浮現，使得全球治理日趨複雜，因此非政府組織開始扮演重要的角色。諸如資訊社會世界高峰會、無國界記者組織等，關切的國際傳播與通訊議題，涵蓋特定個人或族群的傳播權利，以及資源開發或分配的合理性等，且在特定議題上，也有不遜於政府的影響力。例如攸關全球網際網路的順暢運作以及協調管理的「網際網路名稱與號碼指配機構」（簡稱 ICANN）目前即為一非政府、非營利的機構。

　　從二十世紀中期至今，提供各國協商平臺、影響全球傳播與通訊秩序最重要的政制，當屬聯合國與世界貿易組織。這兩個治理政制分別在不同時期，發揮跨國政治、經濟與文化交流的平臺功能；從成員國在特定議題上的針鋒相對，也可看出國際政經權力傾軋與意識型態鬥爭的痕跡。以下將分別討論這兩個治理政制的組織型態與發展過程。

二、聯合國與傳播權保障

　　歷經兩次世界大戰的慘痛教訓後，各國對於和平的企求，促成了聯合國在 1945 年成立。

　　聯合國除了維護區域安全、提供各式議題的國際決策論壇外，另一項任務就是保障與推動人權。這個立場首先載明於 1948 年的《世界人權宣言》，宣言第五十五條規定：「聯合國必須無視於種族、性別、語言與宗教的差異，提倡對人權及基本自由的尊重與維護。」

　　縱使聯合國強調人權的普世性，人權保障的「內容」卻隨時間有所更迭。聯合國在成立初期，將人權定義為個人不受國家任何形式壓迫的權利，因此參政權與公民權是最重要的保護項目。後來，人權保障的範圍擴充至經濟、文化與社會權利等層面。自 1960 年代以來，則更涵蓋了發展權、傳播權，以及反對種族歧視、女性歧視與不人道酷刑等權利。

　　其中，「資訊的自由流通」自聯合國成立之初，便已是其檢視人權狀態的主要指標 (Hamelink, 1997)。聯合國早期的核心成員國，將「資訊的自由流通」定義為「意見表達、持有，以及資訊蒐集、接收與傳遞的自由」，並主張國家不應加以干涉。《世界人權宣言》第十九條規定：「任何人皆有意見表達的自由權利；這項權利包括不受干擾地持有意見，以及可無視國界的限制，藉由任何媒介搜尋、接收、分享資訊與觀念。」

　　在冷戰初期，第十九條規定要不要有但書，曾引起自由與共產兩大陣營的激辯。以美、英為首的自由主義陣營，將資訊自由流通視為終極價值，因此主張這個價值不應該因為個別國家或社會的差異而打折。

　　以蘇聯為首的共產主義陣營則強調，第十九條中明示的權利，保障的不只是使用資訊的個人，更是經營與販賣資訊的傳播機構。資訊自由無異是「華爾街的銀行家、企業家所代表的民主」，極有可能淪為西方少數資本主義企業的「商品輸出自由」，因此極力主張國家管制的重要性。

　　教科文組織成立初期，蘇聯即因為對資訊自由流通存有疑慮而拒絕加入，但也因此使得這項原則成為教科文組織憲章的核心精神。直到 1954 年，蘇聯才加入教科文組織（繆詠華、廖潤珮譯，2011），但資訊自由流通是否應該超越各種形式的限制，日後仍引發廣泛的爭議。

㈠管制與國家發展

　　資訊自由流通的議題到了 1960 年代重新浮上臺面，但爭議的兩端從自由與共產陣營，換成北半球的已開發國家與南半球的新興國族國家。

　　二戰落幕後，亞、非與拉丁美洲的殖民地在一片國族自決的呼聲中紛紛

獨立。1955 年，二十九個亞、非新興國族國家的代表，在印尼的萬隆召開會議，商討促進亞、非間經濟與文化交流，並譴責美、蘇的國際擴張，以及一切形式的殖民主義。之後，拉丁美洲國家也加入了結盟，並將經濟發展問題帶入論壇中。萬隆會議促成了 1961 年的第三世界國家非結盟運動 (Hamelink, 1994)。

到了 1970 年代，非結盟陣營增加至七十多個成員國，在聯合國組織裡已經可以左右投票結果。新興國族國家成為國際政治的新勢力，直接影響到冷戰時期自由世界（第一世界）與共產世界（第二世界）對峙的國際政治架構，也因此成為美、蘇陣營積極拉攏的對象。

代表非結盟陣營的「第三世界國家」，開始在國際組織裡表達獨立建國過程所遇到的諸多障礙，包括國際資訊流通的不對等，以及新興國族國家需要何種發展的問題，癥結例如：傳播通訊系統的依附、新聞與娛樂節目單向流通、直播衛星發展，以及廣告的跨國化等 (Hamelink, 1994; MacBride & Roach, 1993)。

許多國家在脫離殖民統治邁向獨立後，內政百廢待舉，因此期待發展出符合經濟或社會需求的獨立傳播通訊系統。然而，貧窮與薄弱的基礎建設能力，以及鬆散的治理架構，使得這些國家仍難以擺脫西方國家的控制。例如，許多國家無力建立自主的電信線路，以致國際電話仍需輾轉經由原殖民母國，才能傳入國內（龐文真譯，1996）。

引發更多不滿的是傳媒內容的依附問題。許多新興國族國家在發展主義的思維下接受外援，建立起廣播電臺與電視臺，卻缺乏自製節目的能力，必須由歐美進口節目，或依賴國際新聞通訊社提供的新聞服務，這使得西方國家的通訊社及多國公司的國際擴張，在 1960 年代達到了高峰。

隨著境外傳播內容而來的還有廣告。第三世界國家指控跨國集團廣告的國際流通，帶來的不僅是商品或服務的資訊，更是意識型態的控制。廣告喚起對西方資本主義社會的美好想像，賠上的卻是國族傳統文化價值的維繫。

第三世界國家也指控，先進國家發射直播衛星至太空軌道，事前並未知

會軌道下方的國家，絲毫不尊重其權益；此外，衛星促使跨界的資訊流通得以繞過各國的通訊管制，對國內的傳播秩序構成威脅 (MacBride & Roach, 1993)。

凡此種種，皆使得文化殖民的陰影揮之不去。第三世界國家主張，國家應有適度管制外來資訊的權力，並希望先進國家或財團挹注資源，增進發展中國家間的橫向互動，以建立傳播資訊流通的新秩序。促進第三世界國家的自主發展，以及資訊交流的均衡與對等，便成為建構這個新世界秩序的核心訴求。

㈡重建「新世界資訊與傳播秩序」(NWICO)

1970 年代中期至 1980 年代中期，如何平衡南、北半球間嚴重的資訊落差，成為教科文組織的主要議題。

教科文組織因應南半球國家的訴求，在聯合國檢視人權狀態的主要指標「資訊的自由流通」中加入了「均衡」的字眼，成為「資訊自由且均衡地流通」。此外，教科文組織也主張，人權保障的項目應加上人民近用及參與文化生活的權利。在此主張下，傳播媒體不應淪為文化宰制的工具，應慎防商業化的大眾文化侵害，也應確保營利的標準不會對文化活動產生決定性的影響。

1976 年，教科文組織在肯亞首都奈洛比召開會議，在塞內加爾籍會長門波的主導下，通過了重建「新世界資訊與傳播秩序」的宣言，之後還成立了特別調查委員會，針對南、北半球國家的通訊、傳播、電信與文化產業現狀進行調查，並於 1980 年的第二十一屆大會中，標舉了十一項目標：

1. 消除現況的所有不公平與不平衡。
2. 消除公共與私有的壟斷，以及管理權過分集中的負面效應。
3. 除去影響資訊或思想自由流通以及更廣、更均衡傳布的所有內外部障礙。
4. 資源與資訊管道的多元性。
5. 出版與資訊自由。

6. 新聞記者與所有傳播媒體專業人士的自由；且自由應與責任不可分離。

7. 提升發展中國家促進自我進步的能力，特別是充實設備、人員訓練、改善基礎建設，以及創造可應付個別國家需求的資訊與傳播媒體。

8. 已開發國家幫助上述目標達成的誠摯心願。

9. 尊重每個人的文化認同，以及尊重每個國家宣揚各自的利益、抱負以及社會文化價值的權利。

10. 尊重所有人類本於公平、正義與互利的原則，參與國際資訊交流的權利。

11. 尊重不同的族群與社群近用資訊來源與主動參與傳播過程的權利。

　　在一連串的會議與調查之後，教科文組織下的「馬克布萊德國際委員會」（又稱「國際傳播問題研究委員會」）於 1980 年發表一份最終報告〈許多聲音，一個世界——傳播與社會，今日與明日〉（又稱〈馬克布萊德報告〉）(UNESCO, 1981)，坦承傳播資訊流通的現狀，確實存在結構性的不平等。

　　該報告除了重申傳播是個人的基本權利外，也尊重各國發展一套連結整體社會、文化和經濟發展目標的國家傳播政策，並希望在資訊自由流通與國家傳播政策的自主性之間取得平衡。此外，也針對傳播與發展、傳播與民主化、記者的專業責任與安全，以及培植國際合作等提出廣泛建言；同時呼籲改善傳播資源分配的結構性不平等，並關切大眾媒體商業化的社會效果。

　　該報告也回應了一些發展中國家對於國際通訊社偏差報導的批評，指出應設法改進通訊社特派員的報導技巧與態度。言詞雖然委婉，但也間接點出跨國通訊社介入發展中國家內政的問題。

　　在推動 NWICO 的過程中，第三世界國家直指美國應該為其資訊流通的宰制地位負責。它們不滿的不只是西方娛樂內容與商品文化的入侵，更在於美式企業囂張的跨國擴張行徑。

　　面對這樣的指控，美國的態度自是否認。在 NWICO 運動的早期，美國對於第三世界的訴求尚有讓步的空間，但該報告促使美國的立場轉趨強硬，重申資訊自由流通是一個客觀力量，無損於任何國家，而且意見與資訊市場

的開放，符合國際社會的整體福祉。因此，任何強調管制資訊或抑制商業媒體的舉措，都不符合《世界人權宣言》第十九條的精神。

美國格外反對的是，該報告支持新聞媒介應符合各國政府設定的「社會、文化、經濟與政治的目標」，美國認定這擺明是向文化保護主義傾斜，勢必會影響其傳播媒體與通訊社在各國的活動。因此，反對 NWICO 的勢力集結了美國政府、自由派新聞媒體與代表大企業的利益團體，它們堅決反對新聞和資訊行動遭受任何形式的限制。

由於與第三世界國家之間立場針鋒相對，美國最終在 1985 年退出教科文組織 (Roach, 1990)，NWICO 的訴求也因為美國退出，抽走教科文組織大量的金援而無以為繼。

經過十年的努力，NWICO 未竟其功，關鍵在於美國堅持資訊自由流通的普世性，但此堅持的背後其實是赤裸裸的政經利益。美國雖一再宣稱傳播權不應受政治力量干預，但事實證明美國盤算的正是媒介產品外銷世界各地可以深化政治影響力。二戰以後，資訊自由流通便與美國的外交政策緊密接合，這可從 1946 年時，助理國務卿班頓有關美國對外政策立場的一段話而得到印證：

> 將窮盡一切政治與外交的能力，破除任何妨礙美國私營的通訊社、雜誌、電影與其他傳播媒介向全球擴張的人為壁壘……新聞自由——以及廣泛的資訊交換自由——是我們對外政策不可或缺的一部分（轉引自 Alleyne, 1995）。

NWICO 引發的爭論雖在 1980 年代後期偃旗息鼓，但它卻突顯出南半球發展中國家對於「發展」的兩個呼求：平等的資訊互動與國家自主。藉由教科文組織的討論平臺，發展中國家將長久以來的資訊依附現象臺面化，並突顯資訊自由流通背後的宰制意涵。對這些國家而言，歐、美等國鼓吹自由民主的普世價值，卻刻意忽略資訊交流的自由，其實是建立在各國不對等的權力關係上。資訊交流的結構性失衡，使得許多南半球國家在終結西方的政治

殖民統治後，仍未走出文化殖民的陰影。NWICO 的論述與行動，便是促使聯合國將社會集體的發展權也納入人權的一環。

　　具體而言，聯合國的治理體系強調的是各國藉由對話、合作與互助的機制，增進世界不同地區的發展與進步。其採用的論壇方式，使得每個成員國皆能發表意見，進而參與決策的制定。第三世界國家縱使在國際政治上的影響力較低，仍然能夠因為數目眾多，藉由彼此間的結盟來達到與西方國家「對話」的目的。但這樣的跨國治理架構，卻在 1980 年代以後逐漸失去影響力，代之而起的則是世界貿易組織所代表的「開放經濟」思維。

三、全球化趨勢下的新治理政制：「開放經濟」

　　隨著 NWICO 偃旗息鼓，冷戰終結，1980 年代末期以後，跨國治理政制朝向以狹義的市場自由化為基準的「開放經濟」思維。

　　所謂的「開放經濟」，即是將全球視為商品、服務與資本可自由流通的單一經濟體。以文化與傳播的發展而言，這意味各國放寬管制，藉由跨國協商，創造一個產品或服務可以全球通行的市場 (Raboy et al., 1994)。

　　關稅與貿易總協定（以下簡稱 GATT）以及繼承其宗旨的世界貿易組織（以下簡稱 WTO），成為推動開放經濟最重要的做手。而區域為因應全球貿易自由化，自 1990 年代以來，也各自藉由結盟或協定，推動跨國的市場開放，例如歐洲聯盟（簡稱 EU）、北美自由貿易協定（簡稱 NAFTA）、南錐共同市場（簡稱 MERCOSUR）等。以下分述之：

㈠從關稅與貿易總協定 (GATT) 到世界貿易組織 (WTO)

　　1944 年二戰結束前夕，歐美各國代表在布雷頓森林召開會議，商討如何重整被大戰毀壞的世界金融秩序。該會議促成了世界銀行與國際貨幣基金的成立，也催生了 GATT。

　　GATT 最初是由二十三個國家於 1947 年簽定，希望建立一套跨國協商規

範與爭端仲裁機制，以作為世界貿易運行的準則。在長期目標上，則希望逐步消除各國之間的貿易障礙。

GATT 採取雙邊或多邊談判的方式來運作，亦即締約國須各自與有經貿往來的國家商談貿易開放項目及方式。

早年 GATT 的談判重點在於開放實體「貨品」市場，例如工業與農業產品。自 1980 年代以來，鑑於視聽與服務部門的產值大量提升，GATT 在原有的架構下，另外發展出「服務與貿易總協定」（簡稱 GATS）。GATS 要求在與視聽、服務相關的產業部門上，締約國能承諾不差別對待境外的服務提供者、極小化國內的管制措施，以及避免因為補貼而造成的扭曲交易效應 (Freeman, 2005)。

1947 年至 1997 年，GATT 經歷了九回談判，締約國也快速增加到一百四十多個。其中，從 1986 年持續到 1994 年的烏拉圭回合談判（第八回合），與會國認為既有的架構雖具有規範功能，卻非一個國際組織，因此決議成立一個常設貿易組織，次年 WTO 便在這樣的背景下成立（林育霆，1997）。

WTO 取代 GATT，除了象徵國際貿易自由化的組織常設化，WTO 也擁有更多仲裁糾紛或制裁的權力 (Siochru et al., 2002)。

目前，WTO 管轄的協定包括商品交易 (the GATT)、服務交易 (the GATS)，以及與交易相關的智慧財產權總協定 (the TRIPS)，其提倡的全球貿易自由化則立基在兩個原則上：無歧視待遇與市場近用原則。

無歧視待遇強調成員國不能對其他貿易伙伴有任何的差別待遇，給予單一貿易伙伴的任何優惠措施，也必須普及至其他成員國；同時，此原則下的「國民待遇」，也禁止對進口商品與本地商品實施任何差別待遇。

市場近用原則強調，基於公平競爭，成員國必須藉由不同回合的貿易協商，承諾降低貿易壁壘。例如，取消對進口商品的高額關稅或配額等 (Puppis, 2008; Siochru et al., 2002)。

在 WTO 成立前，上述這兩項原則是否適用於攸關文化自主權的視聽服務項目，曾在烏拉圭回合談判中引發美、法兩國的激烈爭論。

美國採取激進的自由化態度，主張各成員國應開放所有視聽服務產業，但法國持反對意見，堅持將視聽服務列為自由化的豁免項目。加拿大與其他 EU 成員國亦跟進，主張視聽產品足以形塑國族與次國族的文化認同，因此不應等同商品。以法國為首的 EU 各國代表，因此堅持「文化例外」的原則，希望維持原保護措施。美、法兩國僵持不下，烏拉圭談判幾乎破局。最後雙方各退一步，決議文化視聽項目暫不開放 (Pauwels & Loisen, 2003)。

其實自 1947 年以來的 GATT 談判，美國就已積極主張將視聽產業列入開放項目。西歐各國為了防堵美國流行文化（特別是電影）大舉入侵，堅持對視聽產品的進口採取配額管制，GATT 的國民待遇原則因此被排除在外。到了 1960 年代，美國再次要求針對電視節目的出口重啟談判，但各國仍舊不為所動；它們堅持影視產品攸關文化傳承與國族認同，因此不是商品 (Pauwels & Loisen, 2003; Raboy et al., 1994; Wheeler, 2000)。

WTO 成立後，歐盟堅持的保護立場面臨更嚴峻的挑戰，主要是因為在新的 GATS 架構下，廣電產業（如電影的發行與映演、電視節目的製播等）被劃入「視聽服務」項目，而許多國家對於本國廣電產業，仍採行種種基於扶持的貿易保護措施，包括政府對公共廣電事業的補助、制定商業電視本國節目的播出配額、進口電影的配額與賦稅，以及政府鼓勵的跨國合製協議等，這些作法皆被認定牴觸了 WTO 鼓勵市場競爭與無差別待遇等基本精神。

另外，所謂的「視聽服務」，傳統上指的是電視、電影與出版業，但在數位科技帶動產業匯流的趨勢下，新的傳輸方式模糊了傳播與電信產業間的界線。例如，影像傳遞的手段除了電視與電影，現今透過網際網路的影音串流已然成為主流，但網路產業屬於電信產業，是 GATS 規範下各國已有共識的開放交易項目（詳見第四章討論）；「文化例外」或許防堵得了美式影視產品進入傳統媒介，卻防堵不了這些產品經由網路進入歐洲市場 (Banerjee & Seneviratne, 2006; Pauwels & Loisen, 2003)。

在 GATS 談判架構下，「文化例外」雖是化解僵局的暫時性舉措，卻被很多國家採用。目前全世界承諾完全開放視聽服務的國家不到三十個，西方

國家更只有美國與紐西蘭承諾完全開放，顯見多數國家對於視聽產業與文化創意自主的關連性，皆有相同的體認 (Puppis, 2008)。

不過，歐盟成立之後，各成員國有義務對彼此開放廣電市場，支撐「文化例外」的國族文化自主性說法頓時失據；另一方面，隨著科技匯流帶動的視聽傳輸路徑日趨多元，以實體的文化產品衡量市場影響性的思維（如一部電影在多少家戲院上映）正面臨轉型。當傳統的實體通路重要性降低，舊有的文化保護作法勢必無法兼顧更多元的文化傳輸行為。除非有更積極的政策重新思考政府扶助與保護文化產業多元的重要性，否則美國的激進自由化主張終將更強勢影響 WTO 的談判協商 (Nowell-Smith, 2006; Freeman, 2005; Puppis, 2008)。

㈡歐洲聯盟 (EU)

EU 的前身是歐洲共同體（簡稱 EC）。1991 年，原 EC 成員在馬斯垂克締結《歐洲聯盟條約》；該條約於 1993 年生效，EU 正式成立。

EU 雖然志在創造單一的政治、經濟與文化政體，但在原始意義上，EU 傾向於經濟貿易的互相開放，即以單一歐洲市場為目標，迎接全球化的挑戰。

歐洲意識所代表的，其實是一個進化的政治實體，在不同的歷史階段有不同的政治形構。中世紀前，神權政治提供一個整合機制，基督教文明成為歐洲在文化上的整合力量。但在十八世紀工業文明、資本主義發展後，新的民主政治與國族主義思潮席捲歐陸，歐洲進入國族國家年代。國族意識則因語言、風俗、政治制度差異而界線分明。

EU 成員主張，各國如果要跨越原有的國族意識、邁向統一，文化將有助於建構歐洲認同。EU 主要的理想是「異中求同」，希望在創造集體的文化認同過程中，仍能兼容並蓄地體認各地的文化差異。因此，EU 的文化政策考量的是以下幾個條件：

1.維持現有國族國家國族文化的認同。

2.維持次國家的文化認同（種族、地域、方言、城市市民文化）。

3.幫助移民的少數族群，即「我們皆是少數族群」(we are all minorities)。

4.建立 EU 的集體文化認同。

　　基於上述條件，EU 的影視文化政策主要是對內創造共享機制，同時維持地方特色，藉以抵抗美國化、同質化，並透過跨區域交流建構「歐洲的視聽空間」（馮建三譯，2003）。

　　基於這個理想，歐洲議會在 1989 年簽定了一項名為「電視無國界」的影視產業指導原則，該原則有兩個目的：一是鼓勵歐洲各國跨國界的電視交流；二是透過歐製節目基本「配額」的設立來刺激生產，各個參與國的電視臺必須保留至少百分之四十以上的播出時間給歐製節目。

　　此外，自 1990 年代以來，EU 還施行了數次「米迪亞方案」（全名是「鼓勵歐洲影視工業發展方案」），藉由各成員國集資補助歐洲創作人才的方式，鼓勵跨國合製電影與電視節目。

　　EU 對內開放市場、對外施行配額的作法，褒貶不一。雖然面對貿易自由化的全球浪潮，EU 想方設法保護文化產業，但在執行上仍遭受一些批評：

　　首先是「電視無國界」的政策，雖然原意是保護視聽產業，但在作法上，EU 鼓吹各國將傳播系統自由化與商業化，希望藉此提升歐洲視聽產品的生產力與外銷力。用意雖可理解，但歐洲許多國家長久以來的公共傳播服務，卻因此受到擠壓。一些國家原有的公共傳播體系，因為鼓勵私人投資衛星電視而終止獨占，甚而被民營化，付出的代價是鼓勵了少數泛歐的傳媒集團勢力崛起，例如法國的正渠道公司與義大利前總理貝魯斯柯尼的媒體集團。

　　另一方面，歐洲影視製作的產能並沒有跟上激增的電視頻道與播出時間。在「電視無國界」指令施行的初期，EU 各國的電視頻道總共只有四十五個。近年來，隨著成員國增加，以及數位壓縮技術釋出的頻道空間，電視頻道的數量已達千計，這使得私營頻道轉而購買廉價的美國娛樂節目填充時段，EU 與美國間的影視貿易逆差因此不減反增 （馮建三譯， 2003 ； Schlesinger,

1993; Doyal, 2012）。

此外，EU 境內目前有超過二十種語言，且各國觀眾喜好不同的節目類型。例如，法國觀眾喜歡電影，英國觀眾偏好戲劇，而義大利觀眾則偏好運動與綜藝節目；所謂「歐洲」觀眾的收視喜好，往往不是本國節目就是美國節目，對其他歐洲節目反應冷淡 (Meza, 1996; Galperin, 1999)，「無國界」理想仍待克服語言與文化差異。即便如此，透過播出時間配額與條約合製，歐洲影視產業仍能維持起碼的自主性與產品多元性。

㈢北美自由貿易協定 (NAFTA)

北美自由貿易協定在 1994 年由美國、加拿大與墨西哥共同發起。在 GATT 的貿易自由化精神下，NAFTA 主要的目標是強化美、加、墨的經貿合作，降低貿易壁壘。

相對於 EU，NAFTA 並沒有積極的文化合作計畫，對文化產業的社會功能也缺乏共識；NAFTA 僅是希望藉由協商，降低自由貿易區內的交易與投資障礙。因此，文化產品如同其他開放交易的項目，都是「商品」。

NAFTA 對於美、加、墨的衝擊不一。美國自然是最大的受惠者，其強大的影視產業出口能力更形壯大。

墨西哥也蒙其利。在墨西哥，美、墨的語言差異使得英語的影視產品影響力有限，國內的影視市場不會受到太大的影響；NAFTA 反而還能幫助墨西哥拓展美國境內高達三千萬拉美裔族群的市場。

墨西哥影視產業向來表現亮眼，其商營的特萊維薩集團目前是拉丁美洲第二大的跨國影視集團，旗下含括廣播、電影、無線電視、衛星電視、有線電視以及出版業。該集團出品的電視劇外銷至許多國家，堪稱拉美流行文化的代表。NAFTA 的簽定對墨西哥的文化外銷有不少幫助 (Galperin, 1999)。

相較之下，加拿大就沒這麼幸運了。就算沒有 NAFTA，加拿大向來對美國文化頗感壓力。加拿大百分之八十的居民，住在離美國邊界不到一百哩的範圍內，且英語人口占國內人口的大多數。加拿大施行的是公共傳播體制，

因此文化產品的市場競爭性並不強。除了電視節目仍保有近一半的自製率外，加拿大的電影、書籍與音樂市場有高達八成以上仰賴進口。因此，面對NAFTA 開放市場的訴求，加拿大更顯得勢單力薄。

因為 NAFTA 對加拿大與墨西哥的衝擊各有不同，因此協議採取雙重標準。一如 EU 的「文化例外」作法，NAFTA 的附加條款言明：美、加的貿易協議中，文化產業被排除在開放項目之外；加拿大同時保有審查外資投資的權利。美、墨的貿易協議，則仍遵守 NAFTA 的開放精神 (Galperin, 1999; Mosco, 1990)。

㈣南錐共同市場 (MERCOSUR)

南錐共同市場由巴西與阿根廷於 1991 年發起，目前的成員包括巴西、阿根廷、巴拉圭、烏拉圭與委內瑞拉等國。MERCOSUR 的目標包括：

1. 取消關稅或非關稅壁壘，創造自由貿易區。
2. 對外採行共同的關稅制度。
3. 整合總體與特定部門的經濟政策。
4. 協調各國的立法規範。

呼應 GATT 的國民待遇原則，MERCOSUR 成員相互開放國內市場、取消境外投資限制。至於文化產業，部分國家只將特定傳播產業劃歸開放項目之外。例如，巴西不開放廣播、電視與電信業的境外投資；巴拉圭與烏拉圭不開放廣播、電視、出版與電信業的境外投資。阿根廷對外資則較不設限 (Galperin, 1999)。

相較於 EU 與 NAFTA，MERCOSUR 的區域整合能力最強。由於成員國同文同種，且體認文化是凝聚拉丁美洲團結意識的重要基礎，因此對於支持「勇於表現歷史傳統、共同價值，以及成員國多樣性」的文化活動不遺餘力，其「文化整合協議」便對於保護共有傳統文化遺產的藝文表演活動、創作者與團體給予補助 (ibid.)。

雖然「文化整合協議」的補助集中於精緻藝術，較忽視視聽產業，但MERCOSUR 區域內的視聽產品流動卻因協議而更加頻繁。成員國中的巴西與阿根廷，本身即有具備外銷實力的影視產業。其中，巴西的商業電視臺「環球電視」為拉丁美洲規模最大的傳播集團，其電視節目大量外銷至鄰近國家；特別是巴拉圭與烏拉圭因為電視節目產量始終有限，所以大量進口巴西與阿根廷的節目，使得美國節目的進口率顯著降低 (ibid.)。

㈤亞洲地區的自由貿易協定

近年來，WTO 的協商架構也驅使亞洲各國對彼此開放國內市場。例如，東南亞國協與中國大陸於 2002 年簽署「全面經濟合作架構協定」，同意未來十年內成立自由貿易區，該自由貿易區已於 2010 年啟動。香港則與中國大陸在 2003 年簽定「內地與香港關於建立更緊密經貿關係的安排」，香港電影不再受進口配額限制，並可在中國大陸發行，也放寬港資投資中國大陸影視產業的限制。

在臺灣，與中國大陸簽訂的《海峽兩岸經濟合作架構協議》(ECFA) 成為政府在亞太區域各種自由貿易協定簽訂下，意圖打開貿易活動的敲門磚。在ECFA 下，《服務貿易協定》於 2013 年簽訂，其中與傳播相關的產業開放包括印刷、廣告與第二類電信事業。

除了自由貿易協定，中國大陸近期也積極透過投資友邦的交通與通訊基礎設施，試圖擴大其國際的影響力。習近平上臺後，中國大陸於 2013 年喊出「一帶一路」的倡議，便以建立陸上與海上「絲綢之路」為目標，提供沿線國家基礎設施的開發與融資。其中，關乎網路傳輸順暢的後勤設施海底電纜的鋪設，也成為其打造「數位絲綢之路」，擴張區域影響力的關鍵策略。

四、網路的跨國治理

上述於二十世紀中期以來成立的國際傳播治理機制，皆建立於傳統大眾

傳播媒介普及的年代。由於傳統媒介的內容皆以可交易的符號產品型態存在，例如一部電影、一套電視劇，或者一片 CD，這些文化商品的跨界流通，往往反映的是國與國政府之間透過組織、協定等形式議定的結果。

網路的出現與普及化連帶浮現的跨國治理課題，卻顛覆了這種簡單的國與國關係。單就技術而論，網路的連結穿疆越界，傳遞的資訊極可能由全世界各個不同的角落紛至沓來，輕易地繞過了國族國家既有的傳播系統。即便在極權專制的國家裡，網民們仍舊可以透過種種「翻牆」的手段，接觸到受特定政府管制的網域或境外網站資訊。近年來，隨著電子商務的發展，網民們更已經透過各種線上交易的平臺，直接參與全球的消費市場。

此外，隨著行動通訊與社群網路平臺的普及，訊息透過網路的流通更為迅速與巨量。面對瞬息萬變的網路世界，各國政府的資訊封鎖極有可能被突破，使得內政問題成為國際間關注的議題，更甚者，特定的境外勢力更有可能透過網路與境內的組織或個人串連或結盟，使得過往被視為自主但封閉的國家治理瞬時變得脆弱不堪 (Price, 2002)。

2011 年爆發的「阿拉伯之春」便是最特出的例證。當時發生在突尼西亞的反政府貪腐、爭取民主的街頭抗議事件，透過臉書與推特的轉傳，在極短的時間內在阿拉伯世界裡傳開，並誘發了北非與中東超過十個國家的群眾上街頭抗議，掀起伊斯蘭世界民主化改革的浪潮，成為一場沒有領袖的運動 (廖珮杏、劉維人譯，2020)，「阿拉伯之春」的結果更撼動包括突尼西亞、利比亞、埃及與葉門的政權。

即便「阿拉伯之春」彰顯了網際網路作為民主化媒介的特性，但網路賦予的個人資訊或言論自由與網路的國家主權治理之間，不應該被視為孰是孰非的選擇題。網路的流通有助於民主思想的快速傳遞，卻也是散布極端民族主義、恐怖主義、兒童色情或者假訊息的溫床。同時，有鑑於網路平臺資本主義的盛行，使用者大量的個資是否被不當取得、利用做交易的籌碼，也突顯了網路治理架構的重要性。

網際網路由研發到普及化的過程，最早的治理機制出現在技術標準的制

定與統一。 1970 年代中期，網路科技的出現得力於採用通用的傳輸協定 TCP–IP，[①] 這套協定提供了跨越不同的電腦硬體系統之間的互用性，也成為日後規範全球所有連線電腦的資傳輸與辨識電腦主機位址的通訊範式。當時美國政府採行由民間與學術社群研發的傳輸協定，成功阻絕了不同的電腦科技公司意圖透過開發各自的通訊技術標準，並將標準產權化的企圖 (Drezner, Fall 2004; Castells, 2001)。

1998 年，專責網域名稱與數字資源的制定與管理組織 ICANN 成立，參與的成員為網際網路領域內的產業、技術、非商業性與學術性社群。ICANN 意圖成為一個公開而透明的全球性論壇組織。ICANN 成立初期由美國的商務部主導，並接受美國政府的監督，因此也備受批評。到了 2016 年，商務部正式交出網域名稱系統的管理權，ICANN 擺脫美國政府的監督，成為一個代表「多方利益關係人」的全球性機構 ("ICANN," 2021, Aug. 26)。

即便網路世界通行無誤需要全球統一的技術標準，但 ICANN 的性質，與過往統轄傳播技術標準的組織如國際電信聯盟有本質上的差異。除了 ICANN 的成員不是各國政府的代表，且強調治理的基礎來自於全球網路社群的共識，ICANN 僅作為網路技術標準制定與採用的參照標準。

聯合國系統下的國際電信聯盟沒有直接參與網際網路的治理，但仍希望在網路的社會發展上，作為重要的論壇組織者。1998 年，國際電信聯盟體認資訊傳播科技的快速發展，已造成資源分配的嚴重落差，因此成立資訊社會世界高峰會議（簡稱 WSIS），廣泛討論相關問題。2001 年時，聯合國大會決議 WSIS 採取的峰會形式，應突破只有各國政府代表與會的作法，邀請非政府組織參加。

WSIS 成立初期，關注南、北半球的數位落差。關於充實南方國家的資訊傳播科技建設所需的經費，WSIS 主張政策須跨出單向的「援助」思維，

---

① TCP（Transmission Control Protocol，傳輸控制協定）是電腦可以相互承認作為通訊系統成員的範式的招呼語言；IP（Internet Protocol，通訊協定）則是提供辨識主機的位址。

改採多邊、互信、互利的原則，並於 2003 年發表《建設資訊化社會》的原則宣言，重申以《聯合國憲章》的宗旨和原則為前提，建設一個以人為本、具有包容性的資訊化社會。這個宣言揭示了六十三項政策目標，包括增加資訊基礎建設的接續性、提升婦女與弱勢族群的網路近用、普及網路初級教育、加強網路安全性、鼓勵創造性並保護智慧財產權，以及網路科技的全球標準化等議題，並明白揭示網路已成為全球性的公共設施，因此其國際管理也應是多邊、透明與民主的，且應廣泛包括政府、私營部門、公民社會與國際組織等 (ITU, 2003)。

即便在網路科技的發展歷程中，國族國家的政府不曾擔任治理的要角，但網路特定的資訊往往成為社會動盪的催化劑，包括假消息、色情、暴力、種族或性別歧視，乃至非法藥物、武器的販賣，以及鼓吹國際恐怖活動等涉及社會整體安全的資訊等。有鑑於此，國家透過特定網路訊息的守門機制，也成為近年來網路治理不得不面對的課題。然而，各國政府對於網路內容的治理機制，反映特定政府既有的政治環境。

美國作為網路科技的宗主國，向來對於網路的治理強調自由市場的機制。基於尊重使用者的「連結權利」，美國政府的網路治理以體現言論自由價值為依歸，因此揚舉網路的開放性，強調應當把全球視為暢行無阻的「單一網路」。美國視「網路自由」為網路治理的核心價值，大體上與其倡導自由化的經濟體制高度一致，皆是著眼於廣大多重的市場商機（Price, 2015, 2018)。因此近年來包括大型網路科技公司的市場壟斷行徑、個資的保護，以及網路不當資訊內容的管制等，美國政府抱持的立場皆採取尊重市場機制，至多要求業者自律。唯一真正介入網路治理的近例，是川普政府提出的「乾淨網路計畫」，要求淨化來自中國的網路業者或者服務，然而這也是美國政府面臨其認為有資安疑慮的中國高科技產業的反制之舉。

相較於美國視全球為連線暢行無阻的單一網路，中國則是「一國一網路」，始終強調網路治理的國家主權論。在 2010 年發布的《互聯網白皮書》裡，中國政府即與美國唱反調，強調網路的功能在於促進既有社會和諧與經

濟發展，因此主張每個國家都有參與網路基礎資源管理的平等權利。中國支持建立一個在聯合國框架下的國際管理機構，在這個框架底下，各國在平等互利的基礎上進行交流與合作。中國對於網路治理的「主權」主張，也同樣反映在俄羅斯、伊朗等國對於網路的管制政策上 (Price, 2018)。

　　歐盟各國的網路治理雖然也強調數位主權的重要性，但其思維主要作為抗衡美、中兩國高科技產業的發展可能侵害的數位自主性。面對近年來美、中政府在高科技領域上的對峙，歐盟備感威脅，因此希望提倡網路的發展能夠符合更高的倫理標準，目的是建立更值得信賴的網路。歐盟網路治理的幾項重點，包括資料保護、網路安全、對於仇恨、歧視與色情內容的管制，以及朝向建立獨立的資料處理基礎設施等，皆在歐盟的治理體制下成為著力的重點 (European Commission report, 2020, February 19)。歐盟的具體舉措，是於 2018 年施行「一般資料保護規範」，規定網路服務提供者任何關於使用者的資料處理，必須事先知會使用者，並獲得同意；以及特別強調基於隱私權保護的匿名處理原則，藉以突顯網路使用者的被遺忘權以及資料攜帶的權利等。

五、跨國治理的演變

　　綜觀跨國治理自二戰至今的演變，可以發現國際組織或跨國協定在不同的時期有不同的決策規範，也突顯出特定議題交涉各方的不同考量。

　　從 NWICO 論述至開放經濟，從追求資訊自由且均衡的流通，到創造一個無國界的全球市場，跨國治理這些年的演變約可歸納為兩個現狀：

1. 聯合國組織與各國政府在媒介與傳播治理事務上角色的弱化，以及非聯合國系統的世界貿易組織在治理權力上的擴張。
2. 跨國治理議題關切範圍的窄化。過往關注資訊流通過程廣泛的社會、經濟與文化影響，現今則關注是否將文化與傳播等同於可交易的「文化財」。

表 3-1　國際傳播治理政制比較

組織或協定	成立時間	主要目標	訴　求	作　法
UNESCO	1945	重建「新世界資訊與傳播秩序」	平衡南北差距、尊重各國傳播主權、自由而負責的新聞、消除不公平與不均衡	1.尊重各國依發展所需來制定傳播文化政策 2.發展中國家成立通訊社，培養新聞專業人員 3.充實、改善發展中國家傳播設施與通信建設
GATT & WTO	1947/1994	全球貿易自由化	市場近用無差別待遇	1.開放外資投資 2.取消視聽產品進口配額 3.取消或降低外來文化「商品」的關稅
EU	1993	歐洲認同	藉文化塑造歐洲認同 創造「歐洲視聽空間」	1.鼓勵跨國合製 2.堅持視聽部門對外採進口配額 3.電視臺保障時數給歐洲產製作品 4.集結資金，補助影視產業製作、發行與映演
NAFTA	1994	貿易自由化	創造美、加、墨自由貿易區	降低貿易區內文化貿易與投資的障礙
MERCOSUR	1991	貿易自由化	創造南美自由貿易區	1.對內取消貿易壁壘 2.對外採行統一關稅制度 3.「文化整合協議」補助具拉美意識的文化藝術活動
ICANN	1998	確保全球網際網路運作的穩定、可靠、安全	一個世界、單一網路	1.網路協定數碼與網域系統的分配與管理 2.協調、仲裁全球網域名稱制定爭議的單一機制

　　1980 年代前，聯合國是協商國際傳播與文化事務的主要論壇。南半球發展中國家以教科文組織為平臺所力推的 NWICO，主要訴求的是平衡南、北半球國家間的資訊落差。教科文組織基於對國家主權的尊重，傾向於伸張分配的正義。

　　在實際作法上，成立南方國家的跨國通訊社、培養新聞與製作人才，以及充實南方國家的基礎傳播、通訊設施等，都是建立新傳播秩序的重要手段。

雖然 NWICO 最終功敗垂成，但在聯合國決策機制強調成員國共桌辯論、票票等值的前提下，「形式上的權利對等」仍是聯合國架構下的決策體系試圖維繫的原則。

1980 年代後，「開放經濟」成為跨國治理主流。從鼓吹全球貿易自由化的 GATT 與 WTO，到推動區域貿易自由化的 EU、NAFTA 或 MERCOSUR 等，皆高舉「自由貿易」作為創造消費者社會，以及全球或區域共存共榮的手段。

然而，創造「無國界市場」的理想，實際上卻有可能造成國族或地方多元文化主體性的危機。因此，一些自由貿易協定仍將至關緊要的影視文化排除在開放項目之外。例如，EU 多數成員國堅持「文化例外」，藉以保障岌岌可危的影視文化產業。由此可知，「開放經濟」的大原則，仍可因為國家或區域基於國族集體認同、地方文化發展等需求而有所折衝。

但問題也在於，類似 EU 的堅持有多少國家可以仿效。不管是 WTO 還是 GATT，都強調在開放國內市場的原則下，成員國各自協商開放交易的項目。因此，協商的過程或結果，往往反映協商國間既有的權力政治現實。政經實力表現較強勢的國家，有較多的籌碼討價還價，但弱勢的國家呢？

在視聽服務是否應該自由化的爭議中，主張「文化例外」的多是西方先進資本主義國家，真正處於文化與經濟雙重弱勢的發展中國家，反而在這場文化保衛戰中噤聲，這反映的即是在雙邊或多邊協商的治理架構下，各國並非對等地商議與經貿相關的文化事務。經濟表現較為強勢的國家，若要求經濟表現較弱勢的國家在特定項目上開放國內市場，後者迫於被全球市場邊緣化的恐懼，多半委屈求全且多方配合 (Siochru et al., 2002)。

跨國治理機制未來關切的主題，應是如何在全球化市場的洪流中，重新思考傳播文化的公共性特質，以及各國政府在維繫文化自主權與公民權中的政策主導角色。跨國治理的理想狀態，應在兼顧國族主體性、公平與正義，以及社會集體與個人的傳播權下，使各國基於對等且互助的原則，維護傳播資訊管道的穩定發展。同時，也必須防止狹隘的國族主義思維成為執政者鞏固政權的工具。

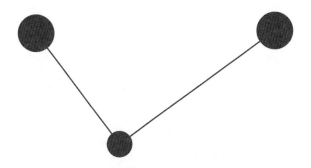

第四章

天涯共此時？

傳播科技的
全球連通性

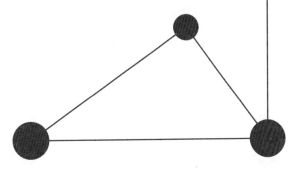

📡 前　言

　　傳播學者麥克魯漢曾在一個電視節目訪談中，解釋他所提出的「地球村」概念：

> 電子科技的普及象徵著地球村時代的到來。以衛星為例，衛星創造了全球所有地區與所有人「即時共現」的景況。透過衛星訊號的全球覆蓋與電視直播畫面，不同族群、世代與文明群體間的時空距離瞬間被弭平，人們猶如「親臨」各種事件發生的現場。衛星打破了印刷媒介對「讀者」所造成的孤立與隔閡，將失落已久的聚落文明又找回來了！

　　過去兩百年間，傳播科技在形式上確實是朝全球連通的理想邁進，但是否重現了消失已久的聚落文明，則不無疑義。從海底電纜、越洋電話、短波收音機，到當前的傳播通訊衛星、網際網路等，似乎皆以不同形式試圖實踐「地球村」的想像。然而，全球連通終究沒有消除溝通障礙，許多人批評麥克魯漢過分相信地球村美好的一面，卻忽略了在這個科技打造的虛擬聚落裡，仍處處充滿權力傾軋，以及種族、語言、宗教與社會隔閡所帶來的誤解與衝突。

　　對此，麥克魯漢在另一次的訪談裡為他的概念辯護。他自承「地球村」並非一片祥和，而是充滿衝突的；但重點是，在新的電子聚落裡，人們無法不去關注發生在自家門外的事物。

　　本章分析的重點將放在衛星與網際網路這兩項最具全球連通性的媒介科技，討論其發展與普及過程所牽涉的政經意涵；並嘗試在本章結尾，以經濟學中的公共財概念，思考當前這兩項傳播媒介的全球流通的經濟與政治意涵。

一、直播衛星與主權爭議

1957 年，蘇聯發射史普尼克號衛星，遠距傳訊進入了以太空為路徑的年代。1965 年，美國發射晨鳥衛星，成為第一個與地球自轉同步，且固定提供電視傳輸服務的商用衛星。此後，衛星廣泛運用在軍事、航海、氣象、農業、通信與傳播等領域，尤以通信與傳播衛星的功能最吃重，也受到最多關注。

近年來衛星促進了跨國商務，稱其為「空中商路」並不為過 (Price, 1999)。但在早期，衛星是國際政治權力傾軋下的產物，曾引發不少爭議。例如，當衛星運行的軌道通過特定主權國家的空域時，該主權國對領空的主權是否也及於衛星？當直播衛星發射訊號涵蓋的範圍波及鄰國時，是否需要徵得鄰國的事先同意？衛星帶來國境外的訊息，究竟是個人傳播權的伸張？還是對國族主權的侵害？

聯合國對於直播衛星的訊號擴散問題，傾向衛星發射應尊重各國的文化主權。1959 年時，聯合國成立「外太空和平使用委員會」，其下的直播衛星工作小組主張，直播衛星的使用應該建立在接收國的「事前同意」上（鄭植榮譯，1994）。

聯合國教科文組織在〈許多聲音，一個世界──傳播與社會，今日與明日〉報告中也重申，直播衛星必須以不牴觸國家傳播政策的完整性為前提；然而「事前同意」的原則是否該落實為強制性的國際規範，始終未有定論。

在 1982 年聯合國大會通過的「國家使用人造地面衛星作為國際直播電視廣播原則」中，僅規範任何國家欲從事國際直播衛星廣播服務時，應該無延遲地將此意圖告知接收國，並且立即與該接收國協商。不過，這項規則對於擁有衛星科技的歐美各國而言，大抵不具備任何法律的約束力。

即便衛星訊號落地的事前同意原則始終未能落實為國際條約規範，某些國家仍會行使權力，防止衛星訊號落地。例如，中國大陸在加入世界貿易組織後，雖然逐漸鬆綁境外文化產品的輸入，但對境外衛星的落地卻仍採取嚴格的「事前同意」原則 (Price, 2008)。

國際視窗

衛星的功能、種類與經營

衛星的主要功能，是接收、放大與發出由地面發射站傳出的訊號。

依運行的軌道來看，衛星可分為同步衛星與非同步衛星。同步衛星運行於距離地球赤道表面約二萬二千三百哩（約三萬六千公里）的太空軌道上，環繞地球一周的時間與地球自轉的時間相同，都是二十四小時。一枚同步衛星約可涵蓋地球三分之一的表面，因此只要有三顆衛星在同步軌道上運行，就可以覆蓋全球。

非同步衛星運行在低於三萬六千公里的橢圓形軌道上。這類衛星由於環繞地球一周的時間不及二十四小時，且與地球自轉不同步，因此每天出現在天際的時間也有限。為了配合這種特性，地面站需要至少兩座全向迴轉式天線，來交互追蹤衛星。

傳統的衛星量體較大，且造價與發射成本昂貴，一顆衛星通常可以重達數公噸，體積大約像一輛巴士，且必須以火箭推進器升空。近年來，衛星開始朝向微型化發展。所謂的「奈米衛星」，最小只有二十五公斤重，體積大約是兩個鞋盒的大小，且可透過一般的航空器載運至特定高度後發射推進器，推進至高度僅一百六十至一千公里左右的低空軌道。由於造價、發射成本大幅降低，且因應近年來數位經濟的快速發展，天際上出現數以千計的奈米衛星。

單顆衛星通常並非獨立運作，許多不同衛星可以組成衛星星座，即一組協同工作的人造衛星，建立起範圍可以涵蓋全球的通訊系統。

衛星對應的地面設施，是訊號的發射與接收站。傳統的地面站，僅扮演衛星訊號的上鍊、下鍊功能，但近年來隨著個人化行動通訊（如手機或行車導航設施）以及物聯網的發展，地面設施成為資料處理的節點。例如接收站結合資料中心，可以連結衛星星座構成的通訊系統，即時傳遞、處

理資料。

　　1990 年代透過衛星星座經營全球通訊網系統的業者如 Intelsat、Iridium、GlobalStar、Teledeic 等。近幾年則出現像是 SpaceX 與 OneWeb 等發展衛星通訊系統的事業。另外，由於行動通訊與物聯網的興盛，高科技業者亦紛紛投入通訊衛星的經營。微軟的雲端事業 Azure 與電動車鉅子馬斯克的 SpaceX 結盟。亞馬遜則於 2000 年成立 Blue Origin，其 Kuiper 計畫發射三千多顆衛星升空。臉書則於 2019 年發射了 Athena 衛星升空。

參考資料：汪琪、鍾蔚文，1998；莊克仁，1987；Russon, 2021；Narayanasamy, et al. 2017

二、衛星的市場化

　　在冷戰時期，衛星的發展多與美、蘇等太空科技先進國家的戰略競賽有關。因此，衛星的生產、發射與租用等管理與服務，多是在跨政府聯營的架構下運作。以美國為首的自由主義集團，控制國際電信衛星組織、國際海事衛星組織等；而以蘇聯為首的共產主義集團，則以國際太空傳播組織來抗衡。由於只有少數先進工業化國家有能力發展衛星科技，因此大部分沒有衛星的國家，都是透過這些衛星組織來使用通訊衛星線路。

　　美國的聯邦傳播委員會於 1972 年宣布了一項「開放天空」政策，容許任何非政府團體申請太空軌道，從此衛星不再由政府壟斷經營。隨著跨國商務愈趨頻繁，衛星的商業價值日益突顯，出現區域衛星集團如歐洲衛星、亞洲衛星、泛美衛星與阿拉伯衛星等。1990 年代以後，衛星與廣播、電腦、有線電視、網際網路與行動通訊等媒介整合成的加值型服務網路，成為各國發展

資訊經濟、加速本地資本市場與全球接合的重要手段。愈來愈多國家擁有衛星，甚至具備發射衛星的能力。在 1990 至 1996 年間，升空的商用同步衛星總數，已高於過去三十年的總和 (Thussu, 2000a)。

衛星產業的市場化蔚為新趨勢，也使得既有的跨政府衛星組織因備感競爭壓力而轉為民營化。例如，國際海事衛星組織有鑑於全球衛星行動通訊市場的商機，於 1999 年轉變為商業機構，八十六個會員國一夕之間變成主要「持股人」(ibid.)。國際電信衛星組織也於 2001 年成為私人機構，終結了長達三十七年的跨政府組織型態。國際電信聯盟更配合市場自由化的趨勢，分配廣播與衛星頻譜給跨國的商業經營者，並進一步釋出更多參與決策的權力 (ibid.)。

商業價值的提升，連帶影響了衛星普及服務。早期的衛星租用、轉接服務，多由跨政府衛星組織推動。即便在冷戰時，不同衛星組織因政治意識型態的對立而涇渭分明，但基於普及服務的理想，仍強調不分區域提供價格合理的服務。國際電信衛星組織甚至採取一套交叉補貼的平均計價制度，將先進國家的長途電話線路營收，補貼較落後國家的長途電信費率，藉此使得落後國家的電信費率不會因為營運成本過高，而與先進國家有所差異。但衛星組織成為營利機構後，首當其衝的便是原有的普及服務理想與交叉補貼政策。

三、直播衛星帶動影視文化的多方流通

1990 年代衛星市場化的重要誘因，是直播衛星扮演影視文化跨國流通的載體。

隨著有線電視與衛星電視的出現，電視產業從過去的電波稀有，轉變為多頻道環境下的內容稀有。多餘的播出時間，促使一些跨國媒體集團經營的衛星頻道得以迅速發展，舉凡新聞、電影、運動、旅遊、電視劇與流行音樂等，藉由衛星而進入了許多國家的頻道市場。臺灣也在 1993 年頒布《有線電視法》，將境外的頻道播出合法化（國家通訊傳播委員會，2013）。

　　為了突破各國政府對於境外內容的心防，跨國衛星頻道業者深諳「削足適履」的道理。它們並不把全球視為單一市場，而是在體察文化、語言與政治等差異後，再把全球細分為不同的經營區塊，提供在地性的節目，甚至與在地業者合作，創設純然在地經營的衛星頻道。

　　以傳媒鉅亨梅鐸經營的新聞集團為例，該集團自 1990 年代初期，便積極以衛星拓展全球電視市場版圖，對亞洲市場更是興趣盎然。1993 年，梅鐸便以百分之六十三的持股，入主總部位於香港的衛星電視臺。

　　在梅鐸接手之前，衛星電視臺僅提供五個頻道，其中四個以英語發音，對全亞洲提供同一套節目。但這個作法曾導致新加坡、馬來西亞以文化侵略或影響社會安定為由，拒絕衛星電視臺入境 (Chan, 1997)。

　　梅鐸接手後，開始強調在地化的節目策略，針對每個特定語言或文化族群，推出不一樣的節目。因此，臺灣的衛視中文臺與香港的鳳凰衛視看似本地的衛星頻道，背後的經營者其實都是新聞集團。

　　梅鐸拓展亞洲市場的策略，是藉由合資或策略聯盟與在地業者合作，節目製播的前提是盡量不牴觸當地政府的政治意識與文化價值。

　　除了全球傳媒集團經營的衛星頻道之外，直播衛星也提供許多非西方世界的傳播組織或機構，作為服務特定文化或族群意識的管道。例如總部設於卡達的 Al Jazeera，作為泛阿拉伯世界的全時新聞頻道，也以英文播出，並透過直播衛星向全世界提供有別於英語系國家觀點的新聞。而總部設於倫敦的庫德族衛星頻道 Med TV，則對準散居於土耳其、伊拉克、伊朗、敘利亞的庫德族收視眾，並以倡導建立「庫德斯坦」為終極目標。這些衛星頻道提供的觀點或服務的意識型態，由於不見容於其下鏈的目標收視區域，因此往往備受打壓。例如 Al Jazeera 的英文新聞頻道雖然已成為全球重要的新聞頻道，至今仍難以在美國被主流的有線電視系統載播，僅能透過社群媒體或公共必載頻道做小範圍的播出，因為該頻道被美國政府被視為恐怖分子同路人。而 Med TV 則被土耳其政府斥為提倡分離主義的外來威脅，因此必須不時轉換衛星，才能被土耳其境內少部分的庫德族人收視 (Price, 2015, pp. 220–222;

225–228)。

　　衛星電視的興起，帶動了影音的跨國流通，這一波流通呈現的是多方向、多元語言與多重媒介間複雜交錯的態勢。雖然美式流行文化仍居於全球霸權地位，但衛星使得一些曾被認為是邊陲的、依附的，且沒有視聽產品外銷能力的國家，也在這一波流通中異軍突起。例如，拉丁美洲的肥皂劇、日韓的連續劇與流行音樂，或是阿拉伯世界的新聞等，藉由衛星電視頻道代理商的引介，而成功外銷。透過衛星頻道，各國影視產品的國際擴張活動，有些是針對鄰近區域，有些是針對跨國移民的離散社區，有些則是懷抱全球市場 (Thussu, 2007)。

　　衛星頻道對接收國的影視文化造成什麼影響，看法見仁見智。樂觀者主張，境外衛星頻道提供閱聽眾多元的選擇，對本國視聽產業構成良性的刺激，且多數內容屬「大眾窄播節目」，收視群仍集中於都會區的少數菁英階級，並不會輕易地對接收國造成廣泛的文化同質化效應。因此，直播衛星所代表的文化價值，應與國家發展與文化自主權脫勾，而純粹視為閱聽眾消費自主性的產物。

　　但悲觀者認為，衛星頻道帶來的文化影響，不在於個別節目，而在於整體文化氛圍，以及對地方文化產業供應鍊的衝擊。隨著衛星而來的影視產品一旦受到閱聽眾的歡迎，往往影響本地業者的製播偏好，造成整體影視創意產業與流行文化風貌的改變。

　　以臺灣為例，在《衛星廣播電視法》於 1999 年頒布之前，衛星電視處於無法可管的狀態。當時的第四臺業者趁勢引進衛視中文臺，並突破新聞局禁令，在晚間八點檔時段播放日本偶像劇，此舉帶動了日後久久不去的哈日風潮，甚至使得無線臺也開始在黃金時段播放日劇。

　　另一個例子則是印度。印度在 1990 年代初期施行經濟開放政策後，大開影視門戶。但迎進歐、美各國的衛星頻道，對印度的國營電視臺產生不少衝擊 (Thussu, 1998)。由於本地業者必須與外來頻道競逐收視率，使得彼此的節目趨同，同時競爭也造成內容更傾向煽情。

因此，縱使閱聽眾有多元的頻道選擇，且未必對外來文化照單全收，但仍須正視直播衛星在強化特定文化產品霸權上的幫凶角色 (Comor, 1996)。

若單純以衛星頻道提供跨國影視流通機會而論，當國家有能力發射衛星，或長期租用衛星經營跨國影視服務，對於扭轉該國文化在國際社會上的劣勢，的確提供了技術上的可能性。非西方國家的視聽媒介確實可以藉由衛星，突破長久以來美國電視單向的壟斷。

但文化勢力的消長關係，並無法以衛星通路的有無來斷定結果。本地影視產業的產能，以及本國影視文化藉由衛星反向流通至他國後，是否真正發揮交流的功能，使得他國人民也有意願收看，因而加深對異國文化與社會的認識，才是重點所在。

另外，國際間長久存在的影視產品流通失衡問題，是否可以因為衛星市場的商業化與民營化，以及區域性影視勢力的興起而獲得改善，也令人懷疑。

摒除直播衛星帶來的影視文化輸出機會，如何更有效地增進本地影視產業的質與量，才是應該關注的焦點。

四、網際網路與匯流

若衛星電視突顯了國族發展與文化自主權的問題，網際網路的出現則進一步挑戰以國家作為傳播政策思維基準的媒介流通。

網路的起源要追溯到美國國防部於 1969 年建構的「先進研究計畫中心網路」（簡稱 ARPANET）。美國政府希望藉由 ARPANET，將軍方、一般性政府組織與學術機構連結成一個快速的通訊網絡。日後，國防部將網路的骨幹區分為民間與軍方，民間部分委由國家科學基金會負責管理。這個民間的通路，便是現今網路的基礎。

早期的網路使用者僅限於少數學術社群成員，他們發展出共創共建的使用者文化：除了共同開發新的通訊程式，也可修改軟體，補強既有的網路通訊架構 (Castells, 2002)。一些駭客主張網路上知識共創、共享的重要性。例

國際視窗

數位化與匯流

　　「數位化」是指將資訊內容壓縮、轉化為數位訊號的技術。傳統媒介如錄音、廣播、電視，通常以類比型態處理影音資訊，由於儲存與傳輸路徑有別，彼此之間涇渭分明。數位化即是藉由數據機將影音資訊拆解，並轉化為可以統一傳送的位元模式。這些位元可被切成許多封包儲存，並經由線纜、衛星、電話線或無線電波等傳輸路徑，送達目的地後再被組合、回復成原有訊息。傳輸過程中，封包未必由同一條線路傳送，也未必同時到達，而是分頭進行，但殊途同歸。

　　數位化傳輸方式最大的好處是打破了傳統不同影音媒介的界線，並大幅提升處理與傳遞訊息的能力。除了可釋放更多的頻道空間，使用雷射光作為傳導工具，還有較低的訊號衰減率、免干擾等優點。

　　「匯流」則是藉由傳輸的數位化，將不同訊號源的媒介統整為單一路徑，使得資訊服務系統具備多媒體與互動功能。例如，傳統的有線電視線纜只能傳輸單向、類比電視訊號給收視戶。但線纜與數位科技結合後，藉由家用機上盒（同時也是數據機）的轉換，即可在接收電視訊號以外，同時提供雙向的語音訊息、電傳文本、圖片與數據等服務。

如，自由軟體基金會的「自由軟體運動」發展出普及公眾授權的機制，主要用意便是重新定義網路資源的使用權，強調在網路上「跑程式、複製、傳遞、研究、交換、更改與改進軟體的自由」，以對抗網路軟體無條件的商業化與私有化。但這項特性隨著網路在 1990 年代開始私營化與商業化，而開始產生變化。由早期對所有使用者開放的特質，逐漸變成使用者付費，以及強調技術與內容所有權的產業經營模式。

柯林頓總統主政期間，美國政府提出了「國家資訊基礎建設」芻議（簡稱 NII）。NII 的願景是由政府透過政策鼓勵民間業者挹注投資，矢志將全國的電信基礎線路光纖化，建構一個可以橫跨軟、硬體的通訊架構藍圖。NII 藍圖喊出「光纖到府」(fiber to the home)，透過將所有的傳播系統、電腦、資料庫、消費性家電用品連結成一個網路，使得全美的所有公、私機構、家戶、辦公室串連成一條通行無阻的資訊高速公路。

NII 芻議為全球的傳播環境帶來具顛覆性的改變。透過數位化的傳輸手段，傳統的電信、傳播與資訊等不同媒介的藩籬被打破，且單一的傳輸通路得以提供單向、雙向或多向的資訊服務，此即所謂的「匯流」。

數位化與匯流不但改變了訊息傳輸的方式，更涉及產業生態的徹底重組。在網際網路發展前，各國傳統的傳播與電信政策，為了防止少數私營業者壟斷市場，多傾向將相關事業劃歸為公營事業，或即便採取商營體制，也會藉由法令來管制跨業經營。但是網際網路促成媒介「匯流」的前提是必須打破產業別，鼓勵跨業經營與異業競爭。除了不同媒介市場必須對其他異業開放，各國的電信基礎建設甚至要能彼此接續。這促使個別產業部門的所有權管制必須鬆綁，一些將電信事業劃歸為國營壟斷的國家，也面臨私有化的壓力。

美國作為網路科技的宗主國，首先在產業管制上鬆綁。1996 年頒定的《電信法案》，是自 1934 年的《聯邦傳播法》以來，規模最大的傳播與通信事業法令解禁。該法廢除了對於廣播、電信、有線電視與其他通訊事業的保護、管制，甚至引導公共運輸、管線事業投資網路基礎設施的經營，原本分屬不同領域的業者可跨業提供服務。例如，有線電視系統業者提供電話服務、

長途電話公司轉型為全方位服務網路等。

《電信法案》除了造成美國傳播、通信與電腦產業等的重整，更迅速影響許多國家紛紛跟進，希望藉由廢除或調整產業管制架構、建立先進的傳播網絡，來維持競爭優勢。1997 年時，七十二個 WTO 會員國簽署了一項基礎電信事業協定，確立各國電信事業的發展應本於市場競爭原則，允許外國公司投資。世界銀行與國際貨幣基金也推波助瀾，每當發展中國家尋求經貿援助時，世界銀行總是堅持該國的電信事業必須私有化，結果便是大開外商公司進入國內電信市場的方便之門 (Hills, 1998; Herman & McChesney, 1997)。

網路的基礎設施開放給民間投資、經營後，跨國電信與傳播集團紛紛搶進，長途電話業者將網路的基礎建設列為重點經營項目。電子商務的蓬勃發展，則造就了美國線上、雅虎、e-Bay 等線上交易網站的興起。商業勢力在短期內挹注了大量資金，使得網路快速達到市場化推廣的門檻。

NII 的「光纖到府」迅速在不同國度產生政策複製的效應。各國紛紛朝向電信與傳播事業的去管制與民營化，寬頻技術成了產業升級的指標：許多國家皆以建立各自的 NII，並與國際接軌為目標。各國試圖將網路設施融入傳統的產業型態，並且在連線的基礎上，重新定義這些服務的意涵。透過各國的串連，網際網路已經成為「全球資訊基礎建設」，普及全球超過半數人口連線的「網民」(ITU, 2018/12/7)。

五、網路即商業

由於初期網路基礎設施的普及必須倚靠商業資本的挹注，網際網路也迅速朝向商業用途發展。2000 年前後出現大量網站新創事業，多半希望開拓網路作為電子商務的利器。在快速膨脹的新創事業經歷過短暫的泡沫化後，冒出頭的入口網站或搜尋引擎如雅虎、亞馬遜、eBay、美國線上等成為新的商業模式的領頭羊，網路事業快速發展之餘，也加速了跨國的資本流通與市場的集中化。

　　柯司特主張 (Castells, 2001)，電子商務打造的新經濟模式包含甚廣，除了網路的開放性使得創新研發成為網路事業生存的重要法則，傳統的層級化組織朝向扁平化，網路經濟的維繫也包含更彈性化的勞動過程，體現在各種生產事業可以透過網路的串連，即時追蹤、紀錄客戶的需求以提供客製化的服務，因此將生產部門外包，加速全球市場的整合。除此之外，彈性化勞動更重要的意義，是將全球的網民皆納入勞動過程的一部分，即所謂的「生產消費合一者」的經濟模式。

　　基於商業動因的網路發展，在蘋果於 2006 年推出第一代 iPhone 手機、帶動智慧化行動通訊風潮後，更對於全球產業型態帶來顛覆性影響。行動載具如智慧型手機、平板電腦，網際網路已然成為滿足不同社交、商業利潤動因的「平臺」(platforms)。相較在研發階段的「開放網路」構想，當前的網路世界比較像是一個個「築牆花園」(walled garden)，諸如谷歌、臉書、YouTube，乃至影音串流平臺如網飛、Spotify 等，多半以平臺服務業者自居。透過「應用程式界面」，也就是「應用軟體」提供使用者下載，使用者便可以免費使用其提供的服務，然而卻無法像網路研發初期開放網路的使用者，對等地參與這些應用軟體的研發或優化。另外，吸引使用者免費下載的這些大型平臺業者，也由於掌握了巨量的使用者資料，而吸引更多的網站、應用軟體，或系統程式開發商進入其宇宙，成為這個平臺串連的結點。

　　透過累積更多的使用者與系統程式，這種磁吸效應不斷擴張特定網路業者的服務連結，再加上少數業者透過併購拓展事業體的規模，網路科技公司已經成為名副其實的全球性機構。由於掌控了使用者數據，這些公司也可利用這些數據，作為進行各種創新事業技術的技術資本，例如谷歌可以透過全球各地設立的資料中心所蒐集的資料，作為發展 AI 人工智慧的基礎；或者微軟發展的雲端計算，可以讓它進入到健保醫療事業。這些新興領域由於大型網路公司的快速進駐，也構成中、小型新創產業有志者的進入障礙（詳見第二章討論）。然而網路事業所造成影響，卻遠大於資本主義的市場交易，而是整體社會的。

以谷歌為例，使用谷歌搜尋引擎服務所產生的關鍵字搜尋資料，谷歌皆可以回收利用。谷歌不但自行利用這些使用者的行為資料，作為改善使用者經驗的依據，同時更將這些資料販賣給希望觸及使用者，瞭解其行為、思考或期待的廣告商及商品製造者，而這正是谷歌獲利的最大來源。學者祖博夫便主張（溫澤元、林怡婷、陳思穎譯，2020），谷歌作為網路科技業者，創造了新型態的資本主義交易模式，這個模式最關鍵處在於將「行為資料」轉化為資本，作為其進入資本主義市場交易的籌碼。當谷歌提供的服務更多元化，包括衍生出電子郵件、地圖、社群媒體、影音分享，乃至雲端儲存與運算等服務，它掌握的行為資料也就更為巨量且全面化，更能精準地掌握使用者細微的偏好，預測其行為模式。

祖博夫主張，這種將行為資料當作交易資本，已經改變了傳統資本主義的屬性，因為科技公司主導的，是一種新型態的「監控資本主義」。傳統以生產、消費為宗的資本主義仍舊把消費者當成主人，以服務消費者的需求與慾望為本務，但監控資本主義卻逆轉了這種主從的依賴關係，透過免費服務的提供，大型網路公司將整體社會大眾變成依賴其服務的大眾。這個過程中，大眾或許渾然不知自己已處於科技業者撒下的天羅地網裡，或者即便知道，也無從抵抗。

六、網際網路與全監視社會

然而，正因為網路無國界在技術上已成定局，大型網路公司近年來擴張的事業版圖，正是以全球網民的數位自主權作為交換的條件，因此關於跨國網路公司擴張的行為突顯的治理問題，也正成為一個複雜的政治課題。

2013 年，美國前中情局雇員史諾登透過英國《衛報》以及美國的《華盛頓郵報》等媒體，揭露了美國國家安全局（簡稱 NSA）行之有年的跨國監聽計畫。其中一項代號為「稜鏡」的計畫，從 2007 年開始，就以反恐為名義，對民間進行大規模的網路、電話的監控。「稜鏡」計畫監控的範圍不僅國內，

更擴及全球的通信設施，包含網路伺服器、海底電纜、美國國內外的個人電話與個人電腦。NSA 建立這個全球監控系統，甚至徵用了高科技業。在 NSA 的金援之下，微軟、雅虎、谷歌、臉書、YouTube、美國線上與蘋果等都參與該計畫，提供伺服器給 NSA 直接進行資料蒐集。NSA 更潛入雅虎與谷歌的資料中心或海底電纜，監控並蒐集數億個全球用戶的資料 （林添貴譯，2014）。

　　而發生於 2017 年的劍橋分析事件，也是網路使用者的數位足跡遭到不當利用的顯著特例。一家英國的數據公司劍橋分析，被發現透過臉書，利用一款免費的心理測驗應用程式，讓用戶在不知情的狀況下，交出包括居住地、朋友名單，以及按讚等資料。劍橋分析盜取了五千萬個用戶的資料。這些資料被發現於 2016 年美國的總統大選中，被川普團隊用來左右選舉。而英國脫歐公投的過程中，也利用了劍橋分析的資料作為操縱民意的工具。

　　上述這些個例，具體呈現了看似民主的網際網路實際上與社會監控是銅板的兩面。在號稱民主的社會裡，網路科技藉由進入我們的日常生活中，也掌握使用者資料，透過市場交易的手段，這些個資往往可以變成政府或政黨進行大規模社會監控或者輿論操縱的原料。科技業者將個資打包販售，交易的對象往往也包括各國政府，除了以國安為名目從事社會監控，有時候也成為特定國家政府用以箝制反對黨、異議人士、媒體報導的工具。例如以色列 NSO 集團開發出來的間諜軟體「天馬程式」可以突破手機的加密機制，並竊取使用者的交談資料。該集團宣稱軟體的使用僅授權給各國政府用於反恐、犯罪偵查或防止不當網路色情等用途，然而確實的狀況是，受到天馬惡意植入、追蹤的受害者包括各國領袖政要、記者、反對派或人權工作者、商界領袖等。而 NSO 的客戶，包括亞賽拜然、巴林、匈牙利、印度、哈薩克、墨西哥、摩洛哥、沙烏地阿拉伯、盧安達等國的政府 (Priest, Timberg, Mekhennet, 2021, July 18)。

七、網際網路的地緣政治意涵

　　網際網路成為遂行社會監控的工具，也反映出這項連結的科技即便打破訊息傳輸的疆界，仍舊難以超克國族國家構成的世界權力體系。

　　地理學者卡普蘭主張：「網路與其他新媒體使得地理更顯得珍貴，更有爭議也更具幽閉恐懼症」（林添貴譯，2017，頁 453）。傳統地緣政治強調，地理的隔閡或開放，對於政治生活或者文明的型態有著決定性的影響。除了網路系統的全球擴張仍舊免不了遭到特定的政經權勢團體使用，從事社會監控，網路技術的全球化擴展，也必須倚靠許多跨疆界的實體基礎設施，這些設施也是理解政治統御與經濟權力不可或缺的因素。

　　雖然網際網路採用的封包交換技術，使得點對點的資料傳輸，可以靈活地透過連線世界裡不同的資料處理節點，狀似「網路無國界」，但連線的基礎設施涵蓋如衛星訊號下鏈的範圍、海底電纜經過的海域，或者陸地上的資料中心等，仍有絕大部分與各國的管轄領域重疊。而網路系統的建置，更常因為各國對於網路的社會功能有不同界定，而顯得壁壘分明。比方說，中國對於互聯網的發展，將國家主權與社會和諧視為高於個人的言論自由保障，因此，不但在境內的互聯網系統將個人上網與全社會的信息安全掛勾，並且自絕於全球日益整合的網路系統。至今，境外社群媒體與平臺仍未能進入中國市場。顯現網路連結的世界裡，中國與全球仍處於平行時空中（相關討論請見第三章）。

　　因此，網際網路雖然加速了全球不同地域的整合，但網路連線的發展，仍舊面臨許多來自地緣意識或國族政治的挑戰，時有扞格，時有折衝協調。由於史諾登的揭露，許多國家開始意識到大型的網路科技公司全球化過程中，國家的法律管轄權問題。比方說，跨國科技公司透過其通訊網絡，將資料蒐集的對象擴及到一個國家的網民，造成其隱私權侵害時，該國的政府是否具有管轄權？或者當跨國科技公司在另一個國家設立資料中心時，與當地政府的義務與權力關係如何界定？

國際視窗

網路的基礎設施：海底電纜

　　不管是在家裡使用桌上型電腦，或者在搭捷運時使用手機，當你「上網」後，便啟動了龐大的軟硬體基礎設施為你做工。包括網路的通訊協定、線纜、資料處理的伺服器、衛星、越洋海底電纜等。

　　許多網路的基礎設施並非網路出現後才開始出現。事實上，一些網路的基礎設施延伸自傳統的傳播或電信網絡。例如海底電纜自十九世紀，便是跨國經濟貿易與軍事戰略的重要基礎設施。前網路時代，海底電纜的鋪設與營運多由跨國電信業者與各國電信服務機構合資。近年來，由於數位經濟的發展，海底電纜作為傳播媒介關鍵的基礎設施更顯其重要性。包括電影製作、串流影音平臺、線上電競、物聯網、區塊鍊以及雲端運算等，皆需要更多的頻寬以及更快速、無延誤的傳輸品質，這也促使網路業者投入線纜事業的經營。包括微軟、臉書、亞馬遜、谷歌、華為等高科技廠商，紛紛鋪設自己的海底光纖電纜，或成為各國政府的承包商，以滿足巨量資料傳輸的需求。

　　目前全球總計有三百八十條海底電纜，總長度達一百二十萬公里，國際間的資訊流通超過百分之九十五都倚靠這些電纜。而 2018 年至 2020 年間，網路業者鋪設的國際電纜總長度已達二十六萬公里，他們透過海底電纜控制或出借的頻寬，超過全世界既有頻寬的一半 (Mauldin, May 30, 2018; Satariano, March 10, 2019)，這些業者已成為控制全球資訊流的實質權力代理者。

　　我們可以把網路的基礎設施設想為無形但關鍵的媒介。平常我們不會意識到這些設施的重要性，只有當故障時，這些設施的關鍵意義才會立即出現。2006 年臺灣發生恆春大地震，震壞了八條經過臺灣東部附近海床的海底電纜，造成東亞各國網路連續數日受到影響，當時估計造成的商業損失達數十億美元，即為一例。

針對這些問題，歐盟已開始主張「數位主權」，包括使用者個人隱私保護、個人資料的可攜帶性、性、暴力或仇視性訊息等不當內容的管制、跨國公司處理資料的在地性，以及智慧產權的維護等，皆成為近年來包括歐盟以及轄下不同國家討論的課題。歐盟希望透過更明確的網路安全規範作為，建立數位信賴機制。更積極的作為，是建立自己的網路系統，整合歐洲為單一的資料市場，也藉此擺脫對於美國科技公司的全球通訊系統的依賴。

八、作為全球公共財的全球通訊網絡

從直播衛星到網際網路，通訊技術的進步，除了使得跨界資訊流通的量與速度大幅提升，也改變了社群觀念、市場交易方式乃至身分認同等。不可否認的是，這些改變也正逐漸拉大人際之間的生活差距。若已然成型的全球通訊網絡有如一張網，這也是一張疏密不均的網。

衛星電視打開了跨國視聽文化交流的契機，但它並無益於解決國際間影視流通長期失衡的問題，以及「大眾窄播」現象所擴大的階級間資訊近用鴻溝。而網際網路的科技願景，雖然打破了傳統大眾媒介訊息傳遞的集中化控制，但網路經營模式的商業化，也正在重蹈大眾傳播媒介時期裡的經營市場集中化問題。更甚者，網路作為全球化的基礎設施，除了訊息傳遞，也被廣泛用於我們的日常生活之中，透過少數的平臺經營者將使用者「資料化」，更有可能淪為政治或經濟權勢進行監控的工具。這兩項科技即便有創造全球聚落的潛能，反映的卻是一個複製了既有權力掌控型態的全球化過程 (Thussu, 2007; Iwabuchi, 2007)。

在全球連通的基礎上思考這兩項科技帶來的全球生態轉變，可以發現直播衛星與網際網路在研發階段，都曾經投射人們對其可以創造全球公共性的想像：麥克魯漢主張「地球村」裡「即時共現」的景象，著眼於直播的電視畫面將重拾全球不同地點的人可以在同一時間、共同參與同樣一件事件的「村落」願景。而網際網路在軟體程式開發初期，也曾發展出使用者可自由下載

或上傳，以及參與軟體系統優化的「駭客文化」。資訊社會中創意與文化的散布，能跨越單純的經濟意涵，而達到知識共創、共享的理想，曾經是網際網路背負的使命。上述這些在全球範圍裡創造公共價值的想像，雖然不敵科技在普及化過程中，種種政治與經濟的現實帶來的衝擊，卻仍是這兩項技術可以造福人類最原初的核心價值。

2003 年召開的 WSIS 高峰會裡，與會的代表在會議期間曾力倡「資訊社會傳播權」，主張全球資訊社會應建立在透明、多元、參與，以及兼顧社會經濟正義的原則上（洪貞玲、劉昌德，2004）。而傳播權的伸張，正有賴於重新定義全球通訊網絡作為公共財的意涵。

過往在討論傳媒的公共意涵時，多強調在國家的架構下，政府藉由特定的保護政策所創造的公共性。不管是電視還是廣播，因為發送訊息的路徑（電波）屬於全民共有，且發送對象是國內的人民，因此傳媒的公共性往往被定位為國家層次下的公共性，政府有義務提供或管制電波這個公共財。

通訊衛星與網際網路都是以全球為腹地來傳送訊息，使得我們不得不去正視它們作為「全球公共財」的特性。

所謂的「公共財」，可被視為介於國家與市場間，思考特定服務的社會效益的一種方式。與私有財不同，公共財具備兩個特性 (Kaul, Grunberg & Stern, 1999; Lindholt & Jørgensen, 2007)：

1. **非排他性**：特定服務的提供不會造成排擠效應，使得其他人無法消費這項服務。
2. **非衝突性**：個人消費這項服務不會減損其他人消費這項服務的權益。

日常生活中的公共財，包括路燈、公園、圖書館與義務教育等。這些公共財過往多是在國家體制之下，由政府藉由稅收無償提供，目的在於增加整體社會的良善。

公共財的提供可以發揮正面的「外部性」(Stiglitz, 1999)。所謂的外部性，是指因為服務的提供，所導致的意料外效果。例如，路燈提供夜晚照明

服務是基於交通安全考量，但也可能減少治安死角，對降低犯罪率有所貢獻。

如果將衛星或網路提供的服務當作全球公共財，最直接的效用當然是藉由提升其普及性來達到全球連通的理想。以網路為例，當頻寬足夠，且經濟發展程度或市場條件不再構成障礙，全世界任何人上網，並不會造成其他人的損失；反而由於連線範圍擴大、參與者增加，資訊流通可以更豐富、更四通八達。且正面的外部性所能產生的各種社會關係，還可以消弭因地理或文化隔閡而造成的衝突。

然而正如麥克魯漢關於地球村可以消弭差異或偏見的樂觀想像，並沒有因為全球衛星通訊的四通八達而獲得解決，在全球有超過一半的人都已經使用網路，且手機裡地圖的衛星定位系統可以直接接收衛星下鏈的訊號時，思考衛星或網際網路作為全球公共財的意涵，就不僅只是解決普及性的問題，而是這些科技普及化過程中，相應的其他社會資源是否也能夠配合，達到公共價值的極大化問題。

在本書的初版中，我們曾指出不同國家的電腦軟、硬體設施、電信基礎設施，以及民眾上網意願等差異，所造成的「數位落差」現象，是使得網際網路的全球公共價值有所減損的原因。然而數位落差的現象，並不會因為上述的因素都克服了，就迎刃而解。當全球有超過六成的人口都能夠上網，而透過手機使用社群媒體的用戶數幾近全球人口的一半，今天再思考「數位落差」時，便不單純只是「數位媒介普及使用的落差」，而是更複雜的「數位化過程製造的社會落差」。

比方說，雖然智慧型行動載具使得上網變得更容易，但社群媒體裡，透過各自連結形成的「社交泡泡」，卻使得使用者接觸到的訊息，愈來愈是經過社群關係或平臺經營者經過演算法過濾後的訊息。這種過濾，反倒成為仇恨、歧視，甚至政治或宗教極端主義快速散播的管道。

又如，即便數位匯流的技術門檻大幅降低，但至今經濟與社會條件的差異，仍舊左右一個國家的數位化程度。有一些經濟條件較差的國家，其數位化發展則明顯被邊緣化，使得網路普及化的路程困難重重。若欲提升網路通

訊品質，得先從普及電信基礎建設著手。為了克服這種困境，便必須由外引進資金與技術；目前私有化與市場化是國際間推動網路普及化的唯一方案。然而，這卻使跨國企業的觸角伸入了一些經濟發展度較低的國家，形成了所謂「侵入性的支援」，亦即跨國勢力透過資金、技術援助，卻造成特定國家的數位政策主導權旁落。

再如，在數位硬體設備大量生產的今天，手機、行動通訊設備等消耗性電子器材的使用壽命大幅縮短。當先進資本社會追求新潮、時髦的電子器材時，淘汰下來的電子器材正在製造大量的「數位垃圾」。當這些數位垃圾被資源回收、運往經濟發展程度較低的國家時，手機材質所釋放出來的鉛、汞、鎘、鉻等重金屬也連帶污染了這些回收物件進口的國家的生態環境。

綜合上述，思考傳播科技作為全球公共財，必須多面向地思考這兩項代表性科技與社會生活、國際政治、全球經濟型態，乃至環境生態之間錯綜複雜的關聯性，且體認創造公共財價值並非一蹴可及，而是如何在多面向的思考過程中，尋求將科技普及過程中的公共價值外部性極大化。這些涉及全球連通性的普及過程中的個人政治、數位主權，以及環境生態等問題，皆是探究傳播科技的社會影響時無法偏廢的問題。當傳播科技的全球連通性已然成為事實，現階段應該將全球連通科技的「全球公共性」作為一個全球科技政策的關鍵議題。

第五章

雞犬不相聞？

國際新聞流通的
複雜圖像

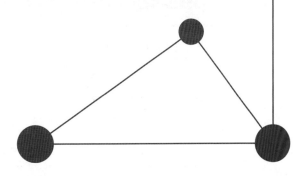

📖 前　言

　　2005 年 7 月 7 日，倫敦地鐵遭受恐怖攻擊。短短五十秒內發生了四次威力強大的爆炸，造成五十四人喪生、七百人受傷。

　　案發當時，第一時間錄下現場畫面的並非記者，而是目擊者。許多人用手機拍下現場慘況，透過個人部落格發布，或上傳到新聞機構的網站，成了最快的第一手報導。

　　據估計，英國廣播公司（以下簡稱 BBC）新聞部的網站，在案發後湧入了兩萬封電子郵件、一千多張照片與二十個錄影畫面，幾乎癱瘓了網站。這些現場直擊的資訊立即成為通訊社與跨國新聞頻道的素材。

　　通訊網絡的全球連通使得新聞突破了時空阻隔，但其實早自十九世紀中期開始，新聞的採訪與傳遞範圍，便已因電報、通訊社的興起而行遍全球了。隨後的廣播與衛星，則使新聞的國際流通更為頻繁。過去一百多年間，新聞的國際流通因不同的傳輸形式與組織模式，而展現迥異的風貌與權力意涵。本章將以通訊社、衛星新聞頻道與網路新聞為例，來說明國際新聞流通的複雜圖像。

一、通訊社

㈠通訊社的發展與功能

　　若將報紙與電視新聞比擬為資訊的零售業，那麼通訊社猶如跨國資訊的批發商，負責提供各國媒體無法駐點採訪的國際新聞。通訊社堪稱大眾傳播媒介中最早的「跨國機構」(Boyd-Barrett, 1980)。

　　最早的通訊社是成立於 1835 年的哈瓦斯社，總部設於法國。隨後十多年內，美國的美聯社、普魯士（德國前身）的華爾夫社，以及英國的路透社陸

續成立。在發展初期，歐陸三大通訊社都接受政府補助，因此也成為協助歐洲殖民帝國拓展勢力的資訊樞紐 (ibid.)。

在歐洲殖民主義發展的高峰，這三大通訊社為了鞏固各自的事業版圖，曾在 1870 年簽署協定，區分新聞蒐集的範圍，全球市場因此一分為三，這種作法被稱為「卡特爾」。三大通訊社藉由卡特爾，在十九世紀末至二十世紀初壟斷了全球新聞資訊的生產。

但卡特爾因兩次世界大戰而破局。1930 年代，美國的美聯社與合眾國際社趁勢崛起。這兩個通訊社強調報導中立、無政府言論檢查的包袱，因此受到普遍歡迎，也迅速晉升為國際級的通訊社。

卡特爾風光不再，衝擊了三強鼎立的國際新聞版圖，也象徵國際通訊社政商不分的經營型態逐漸沒落。華爾夫社於一戰後被德新社取代，並縮減規模為國家通訊社。法國的哈瓦斯社改名為法新社。路透社則靠著商業資訊的提供來維持榮景。在二十世紀中期後，美聯社、合眾國際社、法新社與路透社成為國際通訊社的四大勢力。但 1980 年代後，合眾國際社經營權幾經更替而沒落。目前則是美聯社、法新社與路透社稱霸的局面，且它們都強調新聞編採的中立，不再成為其所在國的附庸 (Boyd-Barrett & Rantanen, 2000)。

在冷戰時期，共產陣營也曾出現幾個國際級的通訊社，與西方陣營的四大通訊社互別苗頭，例如蘇聯的塔斯社與中國大陸的新華社。

通訊社依其經營規模，約可區分為三種等級：

1. **國際通訊社**：新聞蒐集範圍廣及全球，且與下游的區域通訊社、國家通訊社，或各國的新聞媒體、商業機構，發展伙伴或客戶關係。例如，美聯社、法新社、路透社等。
2. **國家通訊社**：各國政府資助的通訊社。例如，新華社、日本共同社、我國的中央通訊社等。
3. **區域通訊社**：不是以特定國家為基地，而是許多國家通訊社或各國媒體，藉由成立聯營機構或新聞交換的協議，擴大新聞蒐集的範圍。例如，非結盟國家聯營社、加勒比通訊社與泛非通訊社等。

㈡通訊社與國家主權

二戰之後，聯合國希望各國通訊社能夠進行橫向的新聞交換，藉以強化相互瞭解、消弭區域衝突、促進世界和平。在 1950 年代的發展主義思維裡，通訊社被當作促進國家現代化與民主化的要角、傳遞進步思維的火車頭。新興國族國家設立通訊社是宣示主權不可或缺的一部分，也被視為邁向資訊獨立自主的象徵 (Musa, 1997)。

然而，實情並非如此。第三世界國家發現，在國際通訊社的壟斷下，本國通訊社的功能往往被矮化：一方面因為翻譯國際通訊社的外電新聞給國內媒體，而成為國際通訊社的「地方」業務代理人；另一方面則不時接受國際通訊社下指導棋，以產出符合西方媒體口味的本國新聞。

另外，這些國家的通訊社囿於官方控制與有限資源，在報導國內事務時，往往將重點放在都會菁英上，而忽略鄉村、工農階級。國家在現代化過程中面臨的社會轉型問題，如貧富、城鄉差距等，往往被掩飾在一片慶賀的「發展」聲中 (Boyd-Barrett & Rantanen, 1998)。

國際通訊社對於新興國族國家的事務興趣也不高，少數的報導通常只集中在政變、戰爭或自然災害等，鮮少關注政治、經濟、社會或文化。這些報導不但加深西方世界對新興國族國家的負面刻板印象，也導致這些國家對西方發展主義所擘畫的遠景深感失望。

㈢區域通訊社與 NWICO

在 1970 年代的 NWICO 論述中，國際通訊社的壟斷所造成的新聞資訊單向流通，成為批判的重點。第三世界國家試圖以聯合國為平臺，建立橫向的新聞交換機制，以抗衡南、北半球間不平衡的資訊流通。1975 年成立的非結盟國家聯營社便是在這樣的背景下，促成了一百零三個非結盟國家通訊社的雙邊或多邊新聞交換協定 (Musa, 1997)。

雖然聯營或策略聯盟意圖產生更多區域性的新聞流通，從而脫離國際通

訊社的壟斷，但成效未盡理想。例如，新聞交換雖然提升了區域間新聞互動的量，但內容卻未必改變。一些發展中國家為了在國際間呈現正面的形象，提供的國內報導仍免不了十足奉承本國統治階級的「樣版新聞」，政治方面的消息明顯多過經濟、社會或文化的報導 (ibid.)。

㈣科技與市場競爭下的通訊社

1980 年代後，各國廣電政策面臨去管制化的風潮，許多國家的公共廣電產業受到私有化的衝擊。當更多商營媒體可直接與境外媒體合作，國家通訊社的重要性便相對降低。此外，衛星與有線電視帶來更多境外頻道，國際新聞的來源因此不再處於國家資訊過濾的保護傘下。

國際通訊社近年來也面臨跨國媒介科技與多頻道市場環境的衝擊，而必須在經營上改弦易轍，提供更多影音新聞便是其一，例如路透社與美聯社成立線上新聞頻道，並藉由 YouTube 通路讓全球使用者點閱。另外，國際通訊社也開始大幅拓展客製化、即時且整合的商情資訊業務，提供給世界各地的銀行、企業主、交易商、投資者與股票掮客等 (Palmer, Boyd–Barrett & Rantanen, 1998)。

㈤國際新聞的霸權世界觀

即使衛星電視與新聞網站的出現，挑戰了通訊社在國際新聞供應上的樞紐角色，但通訊社仍具有左右國際輿情與設定報導議題的能力。通訊社影響各國新聞的方式，主要有四種 (Boyd-Barrett, 1980)：

1. 提供各國新聞機構無法駐點採訪的國際新聞。
2. 影響各國新聞機構對國際新聞重要性的判斷。
3. 影響各國新聞機構的採訪方式。
4. 通訊社本身即為外交情勢的影響者。例如，1960 年代美、蘇之間爆發古巴飛彈危機時，通訊社消息即是兩國高層互動的主要依據。

　　其中，第二種方式最能彰顯國際通訊社的霸權意涵。雖然國際通訊社一向誇言其報導是中立、客觀的，但國際新聞隱含的國際政治結構性的「權力失衡」，並非報導技巧是否偏私的問題，而是在議題的開拓與報導的視野上，能否擺脫地理、經濟、社會與文化等層面的不對等國際關係權力架構。

　　例如，西方媒體眼中的伊斯蘭世界，往往與激進、非理性等字眼串聯在一起。不管是以阿衝突、美伊戰爭，還是阿富汗塔利班政權的相關報導，「中東」作為一個地理區域，在西方媒體的檢視下，往往脫離不了恐怖主義盛行的刻板印象。

　　這種刻板印象，源自於長久存在於西方世界政治、學術與媒體菁英間的「世界觀」。根據後殖民學者薩依德的看法，這個世界觀的形成，與西方超級強權美國將全世界當作其統治地區有關。美國長期將伊斯蘭文明想像為對立於西方基督教文明的「他者」，並因伊斯蘭世界試圖抗拒西方文化與經濟霸權，而將其妖魔化。因此薩依德認為，重點不在於報導的謬誤，而在於西方媒體如何遺漏、排除與掩飾了相異於西方世界的觀點（閻紀宇譯，2002）。

　　在薩依德的分析中，西方的政治專家與媒體間建立起的共謀關係，決定了什麼才是新聞。雖然實際上的政媒關係比薩依德的分析來得複雜，但「西方觀點」影響個別國際新聞事件被再現的方式，仍可由國際通訊社的新聞裡，有關權威消息來源的引述中獲得證據。

　　例如，有學者研究 2003 年美伊戰爭開打前夕各大通訊社的新聞稿，發現美聯社、路透社與法新社等機構採訪西方消息來源的比率，遠高於非西方的消息來源，且官方機構更是當時新聞的主要來源 (Horvit, 2006)。目前各國媒體多由這幾家國際通訊社供稿，由此可知有關戰爭的國際議題設定，仍存在濃濃的西方觀點。

二、衛星新聞頻道

㈠電子媒介新聞的跨國化

相較於通訊社扮演批發商的角色，且國家通訊社象徵各國的新聞主權，衛星新聞頻道的出現，則象徵新聞突破各國疆界，直接訴諸全球閱聽眾的新紀元到來。

衛星新聞頻道的跨國化，始於 1991 年的波灣戰爭。當時，所有通訊社、電視臺都被美軍隔離在沙烏地阿拉伯，唯有美國有線電視新聞網 （簡稱 CNN）突破軍方的新聞管制，採訪到伊拉克總統海珊，並大量運用衛星傳輸即時的戰情報導。CNN 自此奠定了美國電視新聞的龍頭地位。1996 年，原東家透納集團將 CNN 賣給時代華納公司 ，更加速 CNN 全球化的腳步 (Chalaby, 2003)。

CNN 因波灣戰爭一役成名，也帶動仿效者跟進。英國的 BBC 在 1995 年成立了世界新聞頻道，有別於 BBC 在國內的公共傳播模式，世界新聞頻道專攻全球市場，並採行商業經營模式，廣告利潤則挹注於國內公共廣電營運。隨後，梅鐸主導的新聞集團也成立福斯新聞頻道，拓展全球市場。

㈡ 7/24 新聞模式與 CNN 化的新聞

CNN 的廣泛影響力，要歸功於其所獨創的 7/24 新聞模式。又稱為「滾動新聞」的 7/24 新聞，運用了現場直播，並結合一週七天、一天二十四小時的節目排程，將新聞事件做成立即且持續的追蹤報導。透過衛星的跨國傳遞，7/24 新聞便能讓發生在全球任何地方的重要消息，幾乎在轉瞬間出現於各地螢幕上。

學者紀登斯指出，全球化是世界性社會關係的深化 (Giddens, 2000)；這種強調立即且超越空間阻隔的相互影響，正可在全球新聞頻道的實況轉播中獲得明證。

國際視窗

衛星新聞與波灣戰爭

電子媒介新聞在波灣戰爭中的關鍵角色，有學者以「完全電視」一詞來形容 (Engelhardt, 1994)：

波灣戰爭是有史以來，第一次將戰爭過程以即時的電視新聞畫面公開呈現的戰爭，也是在美國軍方高度的資訊管控下所進行的一次公關化的軍事行動。

從開戰前美、伊雙方劍拔弩張的對峙，到戰爭爆發後聯軍的部署與空襲行動，整個戰爭過程的細節與節奏，皆在美國軍方精確的資訊控制下，成為一場充滿戲劇性的「媒體事件」。美國軍方除了主動提供精密的導彈影帶、愛國者飛彈成功攔截飛毛腿飛彈的影像給媒體，還將聯軍轟炸機精準摧毀伊拉克軍事設施的空照畫面，與電視新聞現場連線直播。民眾透過螢幕看到的，不是深度的戰情分析、戰爭現場的斷垣殘壁，而是高科技武器如何準確摧毀敵方軍事設施的奇觀。透過衛星連線，全球電視觀眾參與了一場沒有流血的 「乾淨戰爭」 (Engelhardt, 1994; White, 1994; Thussu & Freeman, 2003)。

然而真實狀況遠非如此，聯軍的空襲行動炸毀的不只是伊拉克軍隊的坦克或軍事設施。當導彈誤傷平民或己方人員時，軍方卻以「友善的戰火」或「附帶損傷」等修辭企圖轉移媒體焦點（胡光夏，2007）。

現場連線報導不但縮短了傳遞訊息的時間差，更重要的意義在於戰爭經過媒介影像的包裝後，成為一場光鮮亮麗、充斥英雄主義情節的資訊娛樂 (infotainment)。法國哲學家布希亞因此主張，當戰爭被電視當作即時影像資訊來操作時，戰爭作為真實事件的意義便已流失，剩下的只有空洞符號；他甚至認為「波灣戰爭不曾發生。」（邱德亮、黃建宏譯，2003）

高科技戰爭／媒介化戰爭：波灣戰爭時，美國前總統布希（左）與伊拉克前總統海珊在 CNN 上的對決
©Zen Icknow/ Corbis

　　商用衛星的蓬勃發展，以及有線電視的多頻道載播能力，使得目前許多國家都有 7/24 模式的新聞頻道， 7/24 模式已代表一種全球化的文化體驗 (Chalaby, 2003)。根據統計，目前全球共有九十八個全時段的衛星新聞頻道。除了極少數是名副其實的全球衛星頻道外，多數頻道的收視範圍為區域與國家層次。這些頻道的經營者，有些是政府，有些是在地業者，有些則是跨國集團的轉投資（見表 5-1）。

表 5-1　代表性的全球與跨國新聞頻道

新聞頻道	所有權	使用語言	涵蓋範圍
＊全球			
CNN 與 CNN 國際	時代華納公司	英語	全球
BBC 世界新聞	BBC	英語	全球
CNBC	NBC、道瓊（新聞集團）	英語	全球
彭博電視	彭博集團	英語	全球
福斯新聞頻道	新聞集團	英語	全球
＊北美			
MSNBC	微軟、NBC	英語	美國
C-SPAN 1, 2 & 3	美國有線電視業	英語	美國
＊南美			
環視	委內瑞拉、CNN	西班牙文	委內瑞拉
環球新聞臺	巴西 Globo 集團	葡萄牙文	巴西
南方電視臺	拉美洲五國政府	西班牙文	中、南美洲
＊歐洲			
歐洲新聞臺	歐盟各國公視	多種語言	歐洲、部分中亞
天空新聞臺	新聞集團（35% 持股）	英語	歐洲、部分中國大陸
法國 24 頻道	法國公視	法語、英語、阿拉伯語	歐洲、部分中東、中亞
CNN 土耳其語	CNN 與土國媒介集團	土耳其語	土耳其、部分中東、中亞
＊西亞、中亞、中東			
半島電視臺	卡達政府	阿拉伯語、英語	中東、部分美洲、歐洲、中亞、印度、澳洲
阿拉伯衛星電視頻道	沙國 MBC 集團	阿拉伯語	中東、部分中亞
＊南亞			
Zee 新聞頻道	印度 Zee 集團	印度語	印度、中東、部分北美、歐洲、非洲

星空新聞頻道	新聞集團	印度語	南亞、部分中東、歐洲與中國大陸
＊東亞 央視九臺 (CCTV-9)	中央電視臺	英語	東亞、美洲、歐洲、中亞、非洲、南亞
亞洲新聞頻道	新加坡媒介集團（官股）	英語	東亞、部分南亞、中東
鳳凰衛視	新聞集團	中文	中國大陸、香港、臺灣
＊大洋洲 澳洲天空新聞	BskyB（新聞集團）、澳洲第 7、9 頻道	英語	澳洲、紐西蘭

整理自 Rai & Cottle, 2007。

　　雖然這些衛星新聞頻道的出現，使得資訊權力不再只由西方的新聞媒體所掌控，但將它們視為國際新聞的「去西方化」還言之過早。全球新聞頻道如 CNN 或 BBC 世界新聞頻道仍具有主導全球視聽的影響力；在重大國際議題的報導上，這些機構的新聞走向或畫面，往往影響各國媒體對於新聞事件的呈現。

㈢非西方觀點的崛起

　　即便如此，近幾年來跨國衛星新聞頻道的成立，仍是標舉區域認同或區域觀點的重要機構。一些基於語言、地理整合或歷史情結而興起的跨國新聞頻道，在這幾年不但快速擴張，其新聞觀點也挑戰向來由美、英兩國通訊社或新聞機構所主導的議題。

　　例如，由歐盟倡設的歐洲新聞臺，自 1993 年創立以來，即扮演歐洲各國公共廣電機構的新聞交換平臺。它在歐陸的普及率，已高於 CNN 與 BBC 世界新聞頻道，因此也成為歐盟整合過程中，促進成員國相互瞭解的重要管道 (Cohen, Levy, Roeh, Gurevitch, 1995)。在東亞地區，曾經由新聞集團與中國大陸商人劉長樂合資成立的鳳凰衛視，也以香港為基地，試圖成為臺灣、香港與中國大陸三地互動的新聞平臺。

　　然而，這些新聞頻道挑戰國際新聞的「英美霸權」，其直接程度還比不上

前第三世界的跨國新聞頻道新勢力。例如，中東卡達的半島電視臺、南美洲委內瑞拉的南方電視臺等，這些 7/24 新聞頻道訴諸的對象，是曾受到西方媒體最嚴重宰制，也是最極力控訴西方文化帝國主義的地區。它們的出現，不但象徵區域觀點的自主，也希望廣泛拓展全球收視群，以影響國際視聽。

在新聞採訪與編輯政策上，半島與南方這兩個頻道，尤其強調與英語世界霸權相左的立場。

例如，半島電視臺英語新聞網的形象廣告強調，其使命是「改變世界新聞議題」(change the agenda of the world)。該臺在 2001 年紐約雙子星大樓遭到恐怖攻擊時，因為率先披露了基地組織領袖賓拉登的反美談話，而遭到西方媒體的言論圍剿。美國政府甚至對卡達親王施加壓力，要求對半島進行內容檢查，但遭到拒絕。後來美國政府改變策略，透過政府官員頻頻接受該臺採訪，試圖中立化該臺的報導走向。另外，半島在報導以色列問題時的「中東觀點」，也直接挑戰了長久以來英語世界新聞機構在報導中東問題時濃濃的「猶太情結」(Mohammed & Iskandar, 2003)。

南方電視臺在挑戰西方觀點上，也不遑多讓。該臺自 2005 年創臺之始，即標榜是「南方世界來的新電視臺」(the New Television Station from the South)，藉以與美國佛羅里達州的西語頻道互別苗頭。其發起者之一，委內瑞拉前總統查維茲，企圖透過該頻道來凝聚拉美認同意識，且屢次批評美國的全球政治霸權角色。因此在開播之初，美國政府即繃緊神經，提防該頻道是否散布「反美」言論。美國參議院甚至通過一項決議，一旦該頻道言論有明顯的反美宣傳意味，將立即向該頻道的所在地委內瑞拉，提供每天至少半個鐘頭的電視與收音機廣播，以「矯正視聽」。

目前，許多以建立區域觀點自居的跨國新聞頻道，多半有政府的資金奧援，或發展出公／私合營的經營方式。其中成立最久的半島電視臺（1996 年開播），雖然期望藉由廣告收入達到財政上的完全自主，但事與願違，至今仍接受卡達親王的資助。南方電視臺則結合了古巴、阿根廷、厄瓜多、烏拉圭、委內瑞拉、波利維亞、尼加拉瓜等國政府的資助。

㈣區域新聞頻道與脈絡客觀性

如果說近代新聞學對於客觀中立的強調，或多或少是源於國際新聞通訊社拓展國際客戶的「業務需求」，那麼這波非西方跨國新聞頻道勢力，則可視為國際強權政治傾軋下，新聞機構連結客觀中立價值與區域文化政治認同的嘗試。

以半島電視臺為例，該臺的宗旨雖是建立不同於西方的「泛阿拉伯觀點」，但未必表示其立場一定與阿拉伯世界各國的政治利益一致。許多阿拉伯國家高度專制，至今仍有新聞檢查制度；對這些國家而言，半島的落地猶如芒刺在背。半島雖然受卡達政府資助，但新聞走向不受影響，其政論節目經常觸碰伊斯蘭世界的禁忌話題，如人權、政治貪腐、女性自由，以及對伊斯蘭教義的質疑等，但也因此受到一些中東國家的抵制，其採訪單位甚至被迫關閉 (Seib, 2005)。

即便半島在阿拉伯世界裡受到許多觀眾的歡迎，但其言論不見得被當地政府接受，因此其新聞強調「脈絡的客觀主義」，企圖融合「客觀報導」與「投群意所好」於一爐 (El-Nawawy & Iskandar, 2003)。雖仍不棄守「客觀報導」所擁抱的民意市場價值，但也不吝於自陳任何新聞的客觀性，都脫離不了地理文化意識的必然偏狹。這種立場，也等於戳破了西方媒體奉行不悖的客觀中立價值。

㈤衛星新聞頻道的象徵意涵

若通訊社的新聞傳布體系，是一個高度集中、備受國際強權政經勢力主導的層級化體系，那麼區域衛星新聞頻道的出現，象徵的無疑是多方競逐、打破單向支配的新態勢。它們使得國際新聞開始有了區域化的參照觀點。

半島、南方等頻道的崛起，象徵新聞權力意涵的兩面刃：一方面挑明了全球觀點不過是「西方」觀點的延伸；另一方面也為封閉的國內新聞環境帶來影響。

以前者來說，雖然有學者主張，像 CNN 這樣的跨國集團，為了實現「全世界都在看」的理想，已不再將世界當成單一的輿論市場；它會廣泛地與區域廣播勢力結合，並將報導與採訪區域化，以提煉出具「全球公民社會」代表性的全球觀點 (Volkmer, 1999)。

然而這種論調顯然言過其實。一些研究顯示，在重大國際衝突事件的報導上，CNN 與半島常常呈現相左的觀點 (Thussu, 2000b; Bodi, 2003; Hamelink, 2003; Seib, 2005)。例如美伊戰爭開打後，當西方主流媒體多呈現伊拉克社會在被美英聯軍「解放」後的承平景象時，半島的新聞畫面卻毫不保留地展現美英聯軍的轟炸行動所及之處，人民死傷嚴重與斷垣殘壁的景象。從此，國際新聞事件的報導不再只有一種說法。

另一方面，文化帝國主義論述總強調西方媒體在第三世界國家受到青睞，因而使得本國新聞媒體被邊緣化。但跨國新聞頻道出現後，這種簡單的依附邏輯不再成立。在多頻道的年代中，本土、跨國與全球新聞頻道可能在同一個收視平臺上競逐閱聽人的青睞。即使是以區域認同為己任的跨國新聞頻道，也可能與各國原有的廣電媒體形成競爭關係。例如半島出現後，由於在阿拉伯世界受到歡迎，促使一些阿拉伯國家在電視新聞政策上走向開放，像是沙烏地阿拉伯便另外成立阿拉伯衛星電視頻道來因應 (Quinn & Walters, 2004)。

而西方跨國媒體投資的區域新聞頻道，縱使有雄厚的資金與先進的技術，也不見得會比本土新聞頻道更受歡迎。例如在印度，新聞集團下的星空新聞頻道，其受歡迎的程度就遠不如本土新聞頻道 Zee 新聞頻道 (Thussu, 1998)。

整體而言，衛星新聞頻道的出現，複雜化了國際新聞產製與國際體系間的對應關係，流通於其上的各種新聞資訊，除了為世界各地的閱聽眾帶來更多的觀點，也對於英美新聞機構掌握的論述霸權帶來一定程度的衝擊。

三、網路公民新聞

㈠網路與公民新聞的崛起

如果衛星新聞頻道挑戰了新聞資訊流通與觀點詮釋的西方霸權，那麼網際網路的出現，則是進一步模糊了長久以來新聞的產製與消費之間的分野，甚且動搖了傳統新聞產業過去一百多年來鞏固的經營模式。

相較於通訊社與衛星新聞頻道，網際網路作為新聞流通的載體，徹底扭轉了傳統新聞實踐的意涵。就前兩者而言，新聞難以擺脫產製機構的霸權觀點，由事件成為新聞，必須經過新聞機構裡一連串的守門機制。從採訪、撰寫、編輯到出版或播出，這些守門機制除了確保新聞內容無誤，也確保呈現的觀點不會牴觸新聞機構的利益。政經勢力也可藉由廣告贊助與言論檢查等手段，操縱新聞機構的報導走向。同時，新聞機構與閱聽人之間只有提供與接受的單向資訊流通。

網際網路不但使得使用者能夠透過上網下載和閱讀，還可以讓使用者透過分享、內容再製與評論，創造多元的資訊流通生態。網路於千禧年初帶動的「開放出版」風潮，鼓勵每個人「成為媒體」，透過寫網誌、發簡訊與網路廣播等手段，使用者原創內容可以放到網路上供分享 (Gilmor, 2006)。另外，遭到主流新聞媒體忽視、錯誤或偏差報導，更可以透過網路的跨國串連架設新聞平臺，形成如跨國通訊社特派員般的即時現場報導。

在所謂 Web2.0 風行初期，網路上的個人部落格成了「公民新聞」的最佳實踐。公民新聞緣起於 1950 年代，當時美國的異議記者史東認為，麥卡錫主義假反共之名行整肅異己之實，因而辭去主流媒體記者職位，自辦週刊挖掘政客說謊和違法的證據。在 1960 年代的學生運動中，許多國家的學生報紙也曾組成聯盟，希望以集體力量抵抗西方主流媒體。

公民新聞強調的獨立性格，如非營利、倡議式新聞，以及強調公民參與、

國際視窗

獨立媒體中心 (IMC) 與網路草根媒體運動

位於比利時布魯塞爾的獨立媒體中心辦公室（左圖）；荷蘭獨立媒體中心的行動旗幟（右圖）
©Steven Fruitsmaak（左圖）；Karen Eliot（右圖）

1999 年 WTO 西雅圖年會前幾個月，許多獨立媒體組織（如紙老虎、深碟電視與自由言論電視等），註冊成立了不接受任何政府、企業或私人捐助的 IMC 網站。 在年會期間 ， 來自各國的反全球化運動者以素人記者之姿，在會場外的抗議現場提供被主流媒體消音的現場報導，並運用個人電腦、相機、手機，以及簡單的數位剪輯設備，將反全球化抗議行動消息上傳至網站提供下載。

據估計，在反全球化的抗議行動中，IMC 網站平均每兩個小時吸引了超過兩百五十萬人次的點閱 (Platon & Deuze, 2003)。會後，IMC 網站持續成為反全球化、社會運動與環保運動人士集結的論壇。至今 IMC 在各地設有一百五十個以上的新聞中心，且有八種語言網站提供各地新聞。

IMC 主張一般網路使用者應該「成為媒體」，因此並不過濾網友貢獻的新聞，僅在違反編輯規定的特殊狀況，如報導中夾雜仇恨語言、企業廣告訊息等，才會由網站維護者移除。

自 IMC 而起的網路草根媒體運動 ， 有不少仿效者跟進 ， 包括韓國的 Ohmynews.com 與前 CNN 記者創立的「全球之聲」等。

資源共享等價值，與商業化、集團化趨勢下的新聞機構，以及政府藉由公關或置入性行銷手段變相操弄輿論，形成強烈的對比。

在網路出現前，公民新聞礙於傳統媒體的門檻，始終屬於小眾媒體。網路興起後，出現了不少另類的新聞網站或平臺。1999 年時 WTO 於西雅圖召開年會，期間許多獨立媒體或另類的新聞工作者，有感於全球化反自由貿易議題受到傳統媒體的刻意忽視，因此於會議期間自設網頁，讓草根新聞工作者的多元新聞議題與觀點得以露出，獨立媒體中心（簡稱 IMC）於焉成立。西雅圖年會之後，IMC 持續運作，而其反主流全球化的立場，也激起許多國家的部落客創設類似的新聞平臺。有鑑於許多國家的傳統商營媒體與政治當權者因利益一致而造成的資訊壟斷，網路成為傳統新聞工作者與新一代新聞志工創造不一樣公民新聞的新空間。據統計，2008 年光是在美國便有超過一千五百個公民新聞網站成立，2010 年的普立茲新聞獎更首次頒給了一個以刊載調查性報導為職志的新聞網站 Pro Publica（胡元輝主編，2010）。

網路成為實踐公民報導的管道，衝擊到的不只是傳統的新聞機構，網路駭客盜取資訊的能力，更進一步挑戰各國政府管制資訊的底限，在國際間屢屢掀起政治風暴的「維基解密」即為一例。

維基解密是澳洲人亞桑傑於 2006 年創立的爆料網站，專門接受匿名洩密者或駭客截取各國政府機構加密的訊息，並公布在網站上。這些被列為高度機密的檔案，包括駐外使館的外交電報、軍事行動的影像紀錄等，揭露多起檯面下的政治行徑，引起許多政權的恐慌，亞桑傑因此成為許多西方國家通緝的「網路恐怖分子」(Guichaoua & Radermecker, 2011)。

維基解密的作法，類似美國獨立記者史東所提倡的調查新聞報導，即消息來源不是政府新聞稿或記者會等「合法」途徑，而是主動在堆積如山的機密資訊中抽絲剝繭，揭露政府種種弊端。即便維基解密的手段形同竊取，卻也突顯了當代民主參與政治中政府治理的盲點——資訊自由流通所保障的「知的權利」，如何在政府過度擴張的資訊管制中被限縮，以及政府「透明治理」的虛妄。

國際視窗

維基解密爆料的「附帶謀殺」

維基解密提供的「附帶謀殺」影像片段　©www.collateralmurder.com

　　維基解密在 2010 年時，公布了一個長約三十七分鐘，名為「附帶謀殺」的直升機空照影像，內容是 2006 年伊拉克戰爭時，美軍在巴格達的一次軍事行動。影像中，阿帕契直升機上的狙擊手射殺手無寸鐵的民眾，奪走了十八個伊拉克人的性命，包括兩名路透社的特派記者。

　　事情爆發後，路透社數次引據美國政府的《資訊自由法案》（該法於 1966 年頒布，規定聯邦政府機構必須提供民眾要求的任何檔案，且不論國籍），要求陸軍提供現場錄影畫面，但都遭到軍方以軍事機密為由拒絕。

　　直到維基解密的影像檔案公諸於世，美軍駐防伊拉克時種種倒行逆施的行徑才被揭露。這則影像與數以萬筆伊拉克戰爭時期的外交電報，皆由當時服役於情報單位的士兵曼寧提供。他隨後也因洩密遭到美國軍方起訴。

　　由於維基解密蒐集的爆料內容跨越單一國家，且各國的祕密情資被以建檔的方式開放在網站上供各方查詢，維基解密已儼然成為超政府或無政府的地下國際通訊社。

　　維基解密使得政府資訊管制的「後門」洞開，突顯出網路新聞不只是「草根」、小眾或另類的消息來源。2010 年，維基解密公布了一連串美國外交與軍事的祕密電郵，這些被標示為「伊拉克戰爭日誌」、「阿富汗戰爭日誌」、「關達納摩灣檔案」等數十萬筆的資料，促成維基解密與主流媒體，如英國《衛報》、美國《紐約時報》與德國《明鏡》週刊的合作。這些資料揭露了美國的海外軍事行動中，傳統媒體無法採訪到的內幕，也成為這些媒體後續調查報導的重要素材。

㈡網路新聞意義的再框架

　　與傳統新聞機構不同，許多網路新聞平臺由於與特定社會運動訴求結合，因此報導方式並不依循傳統的新聞寫作方式；除了文字書寫，新聞素材還廣泛包括照片、影像、錄音，或主流媒體報導的引述等。

　　有學者觀察九一一事件與美伊戰爭時的政治新聞網站，發現網路新聞的另類觀點，雖然有別於傳統媒體，但並非完全自成一格。除了一些由網路參與者提供的報導或評論外，這些網站還運用超連結轉載許多主流媒體的報導。但這些被轉引的報導，由於被置放在另一個資訊脈絡中，因而產生新的意義，形同報導意涵的「再框架」(reframing) (Boyd-Barrett, 2007)。

　　另外，許多網路新聞結合多媒體素材，也不像傳統新聞寫作那樣要求客觀、中立。例如，倡導網路言論自由、為全球弱勢人民發聲的全球之聲，其特派記者在四川汶川大地震期間，報導因施工簡陋而倒塌的「豆腐屋」時，除了記者的文字陳述之外，更廣泛擷取當地報紙的報導、中國大陸網友在其他網站或部落格上的控訴與現場照片等，以類似剪貼簿的方式，呈現官方與國外媒體無法呈現的多元觀點，使得記者不再是掌控讀者之事的唯一敘事者。

　　網路新聞平臺與個人部落格的出現，使得傳統媒體機構飽受新聞來源窄

化與觀點保守之評，因此一些傳統新聞機構也紛紛將公民新聞的概念整合進既有的編輯流程中。例如，CNN 在 2006 年成立了「我報導」網站，鼓勵一般民眾將重大新聞事件的報導、照片或錄影畫面上傳至該網站，網站強調不會對上傳的內容做審查。而我國的公共電視，則在 2007 年創設 PeoPo 公民新聞平臺，作為公民發聲的另一個管道。

㈢社群平臺的新聞流通與傳統新聞業的危機

即便部落格與網路新聞平臺的出現，鬆綁了過往傳統新聞媒體組織的專業守門機制，使得新聞來源、報導方式與觀點更顯多元，然而近年來，網路的社群媒體平臺開始扮演新聞流通的要角，在進一步打破傳統媒體的單向、集中化新聞流通之餘，卻也為各國傳統新聞機構的營運帶來空前的危機，連帶影響新聞扮演的公共領域角色。

行動載具的出現，促使新聞資訊的擴散更常透過社群媒體流通，例如臉書、推特、YouTube、微信等，多樣化的社群媒體平臺使得新聞得以被主動搜尋、分享、評論，乃至被重製後轉傳。應運而生的「新聞聚合服務」，則透過網路應用程式廣泛蒐集線上新聞內容，並聚合於單一頁面供訂閱者選讀，例如 Google News、Apple News、Reddit、Flipboard 等。這些服務透過使用者提供貼文、關鍵字檢索或主動提供新聞條目等方式，意圖成為新型態的新聞分享服務。

新聞聚合服務與社群媒體透過分享轉傳的新聞資訊，改變了新聞閱讀的習慣，更造成新聞觀點上的「同質偏好」問題。傳統媒體機構扮演的專業編輯角色被進一步削弱，新聞的提供成為透過演算法過濾後，直接針對使用者的喜好、態度或閱讀習慣的客製化閱讀清單。新聞成了網路媒體學者尼格龐帝口中的「唯我日報」(the Daily Me) (Negroponte, 1996)。社群平臺流通的新聞，不論就議題屬性、呈現的觀點或報導角度都趨向同質。

社群媒體平臺的出現，至少突顯了當前全球新聞流通的兩大危機：

其一是虛假資訊的流通問題。在單則新聞缺乏傳統媒體的編輯、事實查

證等守門機制下，社群平臺散播的內容往往真假難辨。變造過的內容農場新聞或點擊誘餌式的資訊連結，混雜在社群媒體平臺裡大量的新聞轉貼、分享中，結果是大幅增加了民意走向受到刻意的資訊操縱的可能性。一些研究顯示，在 2016 年美國總統大選期間，臉書導向使用者至不值得信賴的新聞來源，高於導向傳統具權威性的新聞來源 (Silverman, 2016; Pickard, 2020; Guess, Nyhan & Reifler, 2020)。四年以後，當川普在競選總統連任失利後，社群媒體再度被指控為散布選舉做假消息，並教唆、組織死忠支持者集結、占領國會山莊的始作俑者。即便是否因為網路新聞造成民眾的政治認知或選舉行為的改變無從定論，但社群媒體造成同質性的資訊流通，使得大眾愈來愈難接觸多元的議題或觀點，甚至更容易暴露在不實的訊息環境裡，已是不爭的事實。面對眾多指責，臉書制定《社群守則》，並開始對違反守則規範的訊息或言論施行內容審查，另外並成立監察委員會，作為仲裁爭端的機制（陳憶寧，2021）。

　　其二、也是更關鍵的問題，則是新聞聚合服務與社群媒體的新聞轉傳，造成全球傳統新聞產業收益大幅下降，乃至倒閉的危機。社群媒體平臺對於傳統新聞媒體的廣告贊助制度，猶如重擊。網路上透過使用者的分享、轉貼，報紙、雜誌或者影音內容被平臺無償使用，平臺業者更藉此夾帶廣告內容收取利潤，造成廣告業者轉移陣地至網路媒體。大型網路科技公司作為新型態的資訊「守門人」，正嚴重威脅到傳統報紙、雜誌等出版產業的生存空間。報紙發行量大幅下跌，廣告市場快速萎縮，許多經營百年的報紙走入歷史，或者停止報紙刊行，轉為數位出版。受害最深的，尤屬地方或社區型報紙。以美國為例，自 2006 年後的十年間，報紙的廣告營收下降了六成，且有高達三分之一的傳統報社職缺消失 (Nadler & Cicilline, 2020; Pickard, 2016)。近年來包括谷歌、臉書等平臺業者，皆被傳統的新聞業指控為造成訂戶急遽流失、廣告市場萎縮的罪魁禍首。梅鐸旗下的新聞集團聲量最大，強烈抨擊這些網路業者糟蹋了市場。

　　面對傳統新聞業的指控，網路平臺業者堅稱：其提供的僅是讓使用者得

以分享新聞的「工具」，並不是生產內容的媒體，且網路流通擴大了新聞的潛在讀者 (Ingram, 2016)。然而，網路新聞免費轉貼傳統媒體的內容，造成全球新聞機構大量流失消費者、廣告商，已難辭其咎。受傷最重的報業面對網路新聞的蠶食鯨吞，紛紛將內容移往線上，也開始採用各種線上付費的機制，如付費牆、會員制，或以眾包的形式開放集資 (Pickard, 2020)。

不公平的新聞流通生態，引發各國管制者的注意，要求大型網路平臺業者為平臺轉載的新聞付費。澳洲政府首先發難，於 2021 年通過了《新聞媒體與數位平臺強制議價法》，規定在澳洲營運的大型媒體網路平臺一旦出現當地產業出版的新聞內容時，必須向該產業支付費用。歐盟於 2019 年修正其《著作權指令》，規範創意內容的提供者透過網路分享內容，應該獲得合理的報酬 (European Commission, 2021, June 4)。法國政府據此於 2021 年重罰谷歌五億歐元，原因是谷歌未能在期限內，與法國當地新聞業者就合理付費使用內容完成協商 (BBC, 2021, March 16; BBC, 2021, July 13)。

四、全球新聞流通的複雜圖像

從通訊社的新聞批發到網路上社群平臺的新聞流通，新聞傳輸管道的多元化與去中心化不斷鬆動各種管制新聞的屏障。

本書曾在第三章強調，傳播活動的全球化過程中，國族國家不再是維護國際傳播秩序的唯一要角。跨國的、區域的與國內的許多勢力間的競爭或合作，使得我們不能再單純地以國家的政經實力來定位區域間的權力互動。同時，傳統的大眾傳播媒介也與網路發展出複雜的競合關係，例如維基解密雖然被多國視為資訊恐怖主義，但對傳統主流媒體而言，維基解密代表著調查性報導的再生契機。

以本章探討的三種跨國新聞媒介來說，它們呈現出不同的新聞流通模式：

首先，通訊社經營國際新聞的空間，是一個國與國之間壁壘分明的國際系統。不論是十九世紀或現今，通訊社業務的榮枯，多半反映其總部所在的

政治實體，在這個國際系統中的政治、經濟或文化實力。因此，通訊社所涉及的國際新聞流通問題，可被視為國際政經勢力糾葛的延伸。

通訊社在 1950 年代的發展主義論述中，被認為是帶動新興國族國家經濟與社會進步的火車頭。西方世界的國際通訊社因此被視為現代化普世價值的化身、克服新興國家資訊落後的改變代理者。然而，國際通訊社所鞏固的，卻也是個單向支配的訊息流通路徑。

衛星新聞頻道的出現，則打亂了這個層級分明的國際系統。在此之前的 1970 年代，通訊衛星的溢波問題曾使得第三世界國家透過聯合國教科文組織，要求重整南北半球失衡的資訊流通。然而曾幾何時，南方國家開始充分利用通訊衛星發展跨國新聞頻道，作為建立區域新聞觀點，甚至改變長久被西方媒體壟斷之全球視聽的重要工具。

隨著區域衛星新聞頻道的激增，目前各國對於境外頻道的對應之策，已不再是排除或管制，而是藉籌設自己的衛星新聞頻道分庭抗禮。全球、跨國與各國國內的新聞頻道，在同一個媒體空間裡，競逐新聞詮釋觀點。因此，衛星新聞頻道彰顯了全球與在地傳播勢力複雜的互動關係。

網際網路作為新聞流通的平臺，在技術條件上象徵新聞產製與流通的去中心化與個人化，因此也象徵拮抗既有國際新聞體系的政經勢力壟斷、另類新聞勢力。部落客與向來被排除在主流媒體外的社運團體與受壓迫的群體或個人，在網路裡找到了發聲管道。然而晚近社群媒體的盛行，取代傳統新聞媒體的流通路徑，連帶也動搖百年來傳統媒體賴以維生的發行與廣告贊助制度，造成專業新聞機構的生存危機。另外，虛假訊息透過社群媒體平臺的散布，也嚴重影響了國際視聽，這些皆導致許多國家專業的新聞實踐出現重大危機。針對社群平臺的坐享其成，澳洲與歐盟政府開始介入，要求社群媒體平臺業者為新聞付費。

社群媒體突顯新聞業的整體危機，顯然已經不再只是早期國際新聞流通關切的「國家主權」問題，或者如何平衡國際視聽的南北失衡問題。在網路流通已經無視於國界的存在當下，目前的關鍵問題在於全球傳統的新聞產業

如何能在數位化的洪流下轉型，並在過程中獲得合理的資助，使得數位新聞產製生態裡，秉持專業的新聞工作者仍然能夠持續扮演稱職的「第四階級」。

當我們可以在網路上看到通訊社的文字與影音新聞、世界不同國家的衛星新聞頻道、不同國家的全國性或地方報紙報導，乃至運用這些素材再製產出的部落客貼文、播客或影像日誌，新聞的流通已打破國族的界線，但不應忽視的是，專業的新聞產製仍舊是高資本投入的產物，因此應該獲得適當地分潤或贊助。沒有障礙的專業新聞流通，是邁向全球公共領域的基石。基於公平互惠原則的新聞生產與使用，是使得全球不同地域的人們得以「雞犬相聞」的關鍵。正視新聞資訊流通作為創造全球公共領域的價值，有賴於重新定位網際網路的公共媒體服務角色。

第二部

地方策略

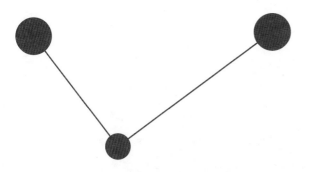

第六章

月是故鄉明？

全球與地方
的辯證

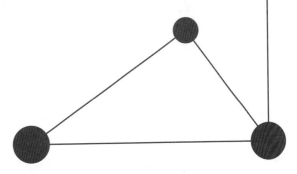

📽 前　言

　　受全球 Covid-19 疫情影響而停辦的 2020 東京奧運會，最後仍在疫情警戒下延期至 2021 年 8 月舉行完畢。臺灣代表隊獲得二金、四銀、六銅共十二面獎牌的最高紀錄。本次奧運會因選手表現優異、社群媒體發達，以及適逢臺灣處於 Covid-19 疫情三級警戒，民眾居家時間較長等因素，賽事轉播收視和討論度均掀起一波熱潮。

　　現代的奧林匹克運動會是架構在現代國族國家體系上的國際運動賽事活動，也就是說會員基本上是以國家為單位參與的。臺灣因兩岸與國際情勢影響，自 1971 年退出聯合國之後，在參與奧運會與相關國際賽事遭遇極大阻撓，經過多年外交折衝直到 1981 年方與國際奧林匹克委員會在瑞士洛桑簽署「奧會模式」協議，以「中華臺北」為名恢復參與資格。[1]

　　這種獨特的模式，保障了我國優秀運動選手參與國際賽事的權益，但是也映照出臺灣的困難國際處境。事實上，本次奧運會有另外兩個跟國族身分有關的例子也值得我們注意。第一是俄羅斯。由於禁藥使用問題嚴重遭國際奧會制裁，本屆奧運會俄羅斯選手只能以「俄羅斯奧委會」為名參賽，也只能使用俄羅斯奧委會的旗幟而非俄羅斯國旗。如果有俄羅斯運動員取得金牌，頒獎典禮期間也不能按慣例播放俄羅斯國歌；俄羅斯奧委會改以選擇俄國作曲家柴可夫斯基的名作《第一鋼琴協奏曲》代替。

　　另外一個例子是來自不同國家但因為某些原因成為難民的運動員，在國際奧委會的支持下於 2016 年成立的「難民隊」，當年有十位運動員參加了里約奧運。本次東京奧運，難民隊則有二十九名隊員，再次提醒世人當前的難民議題。

　　俄羅斯與難民隊的例子，也都凸顯了這種以「國族國家」為單位的國際體育活動的特徵與侷限。為什麼運動賽事非得以國家為單位參加呢？運

---

[1]　參見中華奧林匹克委員會網站 https://www.tpenoc.net/lausanne/。

動員的國家身分為什麼重要？國旗、國歌、國徽、國家代表顏色等等事物，他們的基礎是什麼？尤其本屆俄羅斯代表隊選手獲得冠軍時響起的柴可夫斯基《第一號鋼琴協奏曲》旋律，也在提醒我們，為什麼國家不使用那些更為世人熟知，幾乎已經成為人類共同文化遺產的經典音樂作為「國歌」的代表呢？這些問題都跟本章要探討的國族議題在國際傳播中的相關現象有關。

一、臥虎藏龍難題

2001 年，美國奧斯卡金像獎將「最佳外語片」頒給臺灣導演李安的武俠電影《臥虎藏龍》，臺灣各方一片讚頌之聲。不過，《臥虎藏龍》也引發了一些辯論。例如，當時《中國時報》有篇投書這麼寫著：

> 《臥虎藏龍》基本上是以好萊塢式的拍片和行銷手法重新詮釋美國人所陌生的中國武俠片。只是對於我們這些從小抱著金庸武俠小說，經歷過徐楓武俠片的這一代而言，看這部戲完全感受不出武俠片所表現出的俠氣；一般影評人所謂的「精彩而深刻的內心戲」，筆者也無多大印象，只覺得片中人物儘說一些不中不西，非古非今的奇怪中文……可悲的是，臺灣的影評人和媒體也只能藉由奧斯卡的光環來肯定自己的國片的價值。這是最典型的「文化帝國主義」。當全世界所有的人都服膺在美國電影文化這種商業的價值體系裡，不知還有多少新一代人會回過頭來欣賞正統的中國武俠片（中國時報，2001/02/16）。

這篇投書，立刻引起了另一位評論者不以為然的回應：

　　國內的電影評論者很喜歡提到「好萊塢文化侵略」，然而要達到這樣的目的，首先要觀眾願意掏錢來看才行。有人提到「當全世界所有的人都服膺在美國電影文化這種商業的價值體系裡，不知還有多少新一代人會回過頭來欣賞正統的中國武俠片」，然而什麼是「正統」？什麼又是真正的臺灣特色？某些標榜這類本土風格的藝術電影，又有多少人願意花錢去欣賞？如果觀眾連接觸這類電影的動機都沒有，又何來文化傳承與傳播？……當筆者在美國看這部電影，看到平日不到四分之一的座位爆滿，步出戲院後有一條長龍在等待開場，美國的同學提到這部片子，也都以「臺灣的片子」相稱，突然間好像臺灣終於在國際間有那麼一件值得大家肯定與讚嘆的新聞。雖然這並不是一部臺灣出產的影片，但是導演是電影的靈魂，《臥虎藏龍》有這樣的成績，為李安感到驕傲有什麼不對？（中國時報，2001/02/17）

　　兩位評論者的對話，帶出了許多有趣且值得探討的議題。首先，《臥虎藏龍》到底是臺灣電影、中國電影，還是美國電影？我們是從電影的生產過程來判斷，還是從它的內容來判斷？若從生產過程來判斷，是以資金來源為準，還是以導演身分為準，或是以工作人員的國籍比例為準？再者，若從內容來判斷，第一位評論者認為《臥虎藏龍》不中不西，不算「正統」武俠片，然而「正統」武俠片應該長什麼樣子？「正統」是永不改變的嗎？第二位評論者不贊成從文化侵略的角度來看，但是卻又提到那美國人熱烈觀賞這部電影時，我們應該「感到驕傲」，為什麼我們要那麼在意美國人對「我們」的肯定？

　　以上這些辯論的細節，我把它統稱為「臥虎藏龍難題」。「臥虎藏龍難題」牽涉到的，其實都是國際傳播領域裡的重要課題，在全球化時代尤其如此。本章要討論的是，在國際傳播的環境下，「國族的」或「地方的」文化，面臨什麼處境和挑戰？國際之間媒體與文化產業的密切交流和互動，在內容層面出現什麼變化與特徵？這又代表什麼文化和社會意義？在探討這些問題之前，

我們有必要先簡要介紹「國族」的概念。

二、國族與國族文化

當我們談到國際 (inter-national) 傳播時，立刻映入眼簾的是「國」(nation) 這個字。nation 可說是政治和社會科學領域中討論最多卻也最難定義的字眼之一。有趣的是，除了學術範疇，我們在日常生活中也經常使用跟 nation 相關的概念。例如，這是美式風格、那是典型的中國人、這道泰國料理、那部法國電影，以及日劇、韓劇等。這些冠上國家或國族名稱的指涉物，究竟代表著什麼，似乎是不證自明；但仔細一想，卻又很難精確回答。[②]

我們理所當然地使用這些國族詞彙，似乎國族是天生而成，或至少是由來已久。正如鑽研國族主義的社會學家蓋爾納所說，「一個人擁有國籍，就好像他有一個鼻子、兩個耳朵一樣」(Gellner, 1983)。

然而，追溯國族這個概念的起源，其實只不過是十九世紀後半的事情。當時工業主義興起、資本主義擴張、普及教育體系建立、印刷品流通……在這個「現代社會」的形成過程中，國族主義者透過國家 (state) 此一政治組織，打造出國族這個概念，建立了國族國家 (nation-state)，並形成當今人類社會主要的政治組織形式——國族國家體系。換句話說，國族和國族主義都是特定社會、歷史條件下的產物 (Anderson, 1991; Gellner, 1983; Giddens, 1985; Hobsbawm, 1990)。

國族主義者認為，族群文化上的相似性是凝聚社會關係的基礎原則，而

---

② 塞爾卡曾以日本料理為例來探討國族料理 (Cwiertka, 2006)，他指出，「日本料理」或「和食」讓人覺得具有永恆的時間感；但我們今日所認知的或流行於全球的日本料理，其實是晚至二十世紀才逐漸形成的現代產物。他指出，國族料理的基礎儘管確實來自該國，但也僅是特定社會群體的食物和烹調方式，還融合了許多經由貿易、戰爭或移民所帶來的非本地元素，就像日本料理中不乏「西式」元素，其實是非常難以分辨的。

且同一文化的所有成員都必須從屬於同一政治團體，也就是國族 (Gellner, 1997)。英國左派歷史學家霍布斯邦指出，十九世紀的國家體制為了要維繫其政治正當性，想方設法透過國族主義去動員出象徵和心理層次的力量，將國族建構成一個整合從屬關係的核心。所以他說：「不是國族製造出國家和國族主義，而是國家和國族主義創造出國族」(Hobsbawm, 1990)。

站在類似的立場，蓋爾納強調國族形成的「認知」(cognitive) 面向。他指出，國族的成立有兩個基本條件：兩人（以上）共享同一文化，且兩人（以上）「認可」彼此都屬於該國族 (Gellner, 1983)。

安德森則用「想像」這個概念，把國族的符號傳播過程解釋得更深入。他說，再小的國族，其成員也不可能認識、見過其他大部分成員或跟他們交談，卻仍有效地在心裡認為自己與他們同屬一個國族，因此國族必然經過共同想像才得以存在。於是安德森提出了「國族是一個想像的政治共同體」此一著名說法 (Anderson, 1991)，對相關學術討論產生了巨大的影響。

既然國族符號是打造的，國族認同是建構的，那麼這些過程便經常涉及霍布斯邦所稱的 「傳統的發明」 (the invention of tradition) (Hobsbawm & Ranger, 1983)。霍布斯邦提醒，我們在日常生活中所認定和體驗的「國族傳統」，其實很多都是晚近的發明。這當然不是說這些傳統行為和文化元素本身是虛構的，但某些行為和元素被挑選和框限起來，並被標舉、實踐為某一國族的專屬傳統，則顯然是一種「發明」的過程。國族主義者和國家透過不斷重複的儀式或建立制度，讓一般民眾以為這些傳統由來已久，而且與過往歷史有關，例如國歌、國旗、國家慶典等。

應特別注意的是，這些國族文化和符號的建構過程，跟現代傳播媒體的建制與發展密切相關。安德森就認為，印刷媒體的出現和普及，對於西歐現代國族的建立貢獻良多；一方面因為他們是以統一的文字（所謂「國字」）寫作，另一方面則因為形成了一大批閱讀這些印刷品的公眾。

他認為，大量發行的報紙尤其重要。各地讀者在同一時間閱讀同一份報紙，有如一場「盛大的典禮」(mass ceremony)。人們看到鄰居，以及地鐵裡、

理髮店中那些認識或不認識的人們都和自己看同一份報紙，因此能夠想像領土內跟自己有著某些共同性的一群人 (Anderson, 1991)。

電子媒體出現之後，也接力扮演了這個重要角色。莫利與羅賓斯便指出，早期的英國廣播公司，是建構英國人民集體生活與國族文化的中樞機制；而在美國 ， 即便全國廣電媒體是私人企業 ， 但在其創始之初也有類似作用 (Morley & Robins, 1995)。

綜合而言有兩個要點：第一，國族文化的內涵不是永遠不變的，它反而是特定歷史時空下，各種社會條件和行動者所共同建構出來的，而媒體與傳播又跟這個過程密切相關。其次，一旦傳播過程超越一「國」之內，那麼其與國族文化的內涵與建構關係也就愈形敏感和複雜。

不過，既然確立了國族文化的建構性質，我們在討論國與國間的傳播活動時，也就必須保持對國族和國族文化概念的反身性思考，避免固定僵化的立場。以下將在這個前提下，逐次討論幾個國際傳播與國族文化關係的議題。

三、國族文化架構的辯論

在許多國際傳播文獻中，「國族」或「國家」是討論跨地區傳播現象的主要單位（他們所使用的「國際」這個詞便是一個證據），尤其是文化帝國主義的相關論著。美國左派傳播學者，也是文化帝國主義論點最具代表性的提出者許勒，從 1960 年代晚期就強調，二戰後逾九十個國家在政治上獨立，但卻歷經另一個階段的依附，特別是在經濟和文化方面，此即文化帝國主義。而他們批判的焦點 ， 正是二戰後的新帝國霸權——美國 (Schiller, 1969, 1976; Nordenstreng & Schiller, 1979)。

各國學者對美國（美式）文化在戰後的強勢影響力，數十年來從未停止擔憂與批判，並陸續提出「美國化」與以美國代表性事物為名的概念和分析。

例如，美國社會學家瑞澤以「麥當勞化」來分析以美國速食集團麥當勞為代表的工具理性[③] 下的科層制度、效率至上的科學管理，以及對勞動者的

非人性控制等價值與原則的全球擴散 (Ritzer, 1993)。

英國社會學家布萊曼則是以「迪士尼化」來批判迪士尼主題樂園所建立之企業和消費文化的全球影響，特別是企業形象主題的形塑、消費與娛樂的差異模糊化，以及對於「情緒勞動④」的管理和控制等 (Bryman, 2004)。

而「可口可樂殖民化」這個將可口可樂與殖民化融合在一起的概念，從字義上就表明了對美式流行文化在飲食、生活、消費等層面向世界各地強勢入侵的批判 (Wagnleitner, 1994)。

不過，對許勒等左派學者來說，文化帝國主義論述不只是要批判西方或美國的文化霸權，更是為了對抗和改變此一文化霸權所維繫的不平等國際政經結構。他說：

> 雖然經濟手段的宰制，例如對資本、市場與國際金融基礎結構的控制，已逐漸為人明瞭，但在文化方面，例如傳播資源權力（的宰制），才剛開始被注意。要決定一個社群的樣貌及其發展目標的內涵和方向，意識方面的影響乃是決定性因素。因此，一國之內與國家之間的傳播活動，以及訊息與形象的流通格外重要，尤其是在已開發國家與被宰制國家之間……我們必須開始將注意力放到國家之間或是一國之內傳播流通的來源、性質和內容 (Schiller, 1976)。

在這個視野下，「國家主權」是用來對抗國際資訊交流不平衡的主要參照點；在爭取「實質的國族自主性」(meaningful national autonomy) 的奮鬥過程

---

③　工具理性講究達成目的之有效手段的精確計算，而忽略價值與倫理問題，因此手段和工具往往反過來凌駕原來的目的。此種理性表現在現代社會中各種強調科學方法的思維與制度，例如官僚科層組織與現代工廠管理。十九世紀以降，部分社會學者如韋伯、霍克海默等人均曾對此現象提出批判。

④　情緒勞動指提供勞務的勞動者，透過控制自己的內在情緒感受與外在情緒表達，讓受服務者獲得所需的情緒感受，以達成工作目標。典型的職業例如櫃檯人員、空服員、客服人員等。

中，傳播也扮演了重要角色。

　　站在正義與平等的價值原則上，我們絕對同意許勒等人對於西方文化霸權的批判，以及對於弱勢國家自主權的捍衛；然而，許勒等人的論述有其缺陷和不足，以至於很容易被駁斥，而其批判強權、鼓舞弱勢的熱情初衷反而因此被遮蔽甚至是抹除。

　　怎麼說呢？研究文化全球化問題的英國文化學者湯林森的批評很切中要害。他的批評主要有三點：

　　第一，國族文化既然是建構出來的，那麼無論是從宰制者或被宰制者的角度來說都很難成立，因為這樣的論點必須先確認雙方都是有明確、統一內涵的「實體」。但事實上，任何一個國族文化（若一個國族之內的所有文化總和暫時歸納為一個實體）都是非常複雜的構成。換句話說，「美國化」或「可口可樂化」都是不恰當的概念。

　　對這點批評，湯林森確實有理，但不是那麼致命。「美國」、「美式」（或任何國族）確實是個滑溜的概念，此處無須再次強調；不過，若只是將之視為一種典範或理念型概念，那麼無論是用「美式」、「資本主義的」或「西方現代的」來代稱，基本上都並不能消解其中所指稱的那些價值觀、原則或實務的存在，以及其擴散和影響，更不妨礙對這些過程和現象的分析與批判。

　　例如，以美國為基地的好萊塢憑藉其強大的財力與發行網絡，世界上大部分國家的電影產業都受到其影響，大部分的好萊塢電影確實也存在某些共同特徵與價值，其他電影產業的文本也很難不以其為對話對象（無論是模仿或刻意反叛）。對於這個現象，是不是將之稱為「美國電影」其實並非重點，也不能因為質疑「美國」這個統稱的適用性，就抹除好萊塢對其他電影產業強勢影響的事實。

　　那麼，讓我們再看湯林森的第二個批評。他提到，即便在鉅觀的層次上（國家、市場、產業之間）發生了文化支配，但在個人層次卻不一定成立。再用好萊塢當例子，意思是說，就算好萊塢壓迫著其他電影產業，但並不見得各地的電影觀眾也是被迫觀賞好萊塢電影，更不用說他們會無條件接受好

萊塢電影的價值觀。這是從「主動閱聽人」相關理論發展出來，最常被用來反擊文化帝國主義論點的彈藥之一。這個議題需要更長的篇幅來仔細討論，我們將移到下一章進行。

至於湯林森的第三點批評恐怕是最難招架的。他質疑道，文化帝國主義論者所謂的國族文化自主性到底是指什麼？一般認為，自主性指的是某個主體免於外力控制、侷限或操弄的自由。主體若是指個人或集體（即社會行動者），比較容易理解、評估和定義；但主體若是指「某文化」或「某國族文化」，就有了理解和評估上的困難。湯林森說：

> 一旦文化是個整體的形構，又被賦予了自主的能力，如何而可能？真正的問題是，就這個意義下的諸種文化，「不能稱做是施為者」。即使是抽象來說，我們也不能說文化跟政府機構一樣，可以發為「行動」。這個意義下的文化，只是描寫特定歷史情境中「人們如何在社群中行動」。此時的文化變成了個人與群體行事作為的總和體：人們的生活之道（馮建三譯，1994）。

湯林森因此認為，自主性原則不適用於整體意義下的文化，而文化帝國主義以國族或國族文化為基礎所進行之批判的倫理與政治基礎也就難以成立。他進一步指出，若堅持以某種文化自主性為訴求，那麼這套說法其實只是少數特定菁英把自己的文化品味代表整個社會的自大與謬誤。

湯林森言之鑿鑿，但問題來了。若是如此，那我們為何在理論上和實務上處理國際傳播的現實中，仍處處可見的國與國之間的權力不均現象？難道湯林森要就此宣布當今世上，已不存在國際傳播領域的不公平、不均衡？個別國族國家與跨區域的國族國家體系，真的已經沒有重要角色可以扮演了嗎？

另一方面，菁英知識分子固然應該檢討自己是否魯莽地代表了整體社會，但是揭露並改變國內或國際文化傳播方面的不公不義，難道不是知識分子應盡之責？若然，不這麼做又該怎麼做？這些問題很難一下子全部回答，但湯林森並非沒有提供另一條思路。

　　湯林森說，文化帝國主義論點或許在「帝國主義」時代還說得通，但最晚到 1960 年代，世界便進入了「嶄新的時代」，「全球化」取而代之。對湯林森來說，全球化指涉全球各地域的相互關聯和相互依賴，但其發生過程沒有像帝國主義那麼具有目的性。更重要的是，全球化削弱了「所有」國族國家的文化向心力，即使是經濟上的強勢國家亦不能倖免。全球化的文化經驗，蔓延到了所有國家（ibid.）。

　　問題是，這樣的文化全球化論點，真能超越並取代文化帝國主義論點嗎？以下便讓我們繼續討論。

四、全球化下的文化混雜

　　從全球化這個概念出發所建立的文化相關論點，統稱為文化全球化理論。所謂的文化全球化理論一如文化帝國主義，並不存在單一的理論版本或理論家，湯林森[⑤] 僅是其中之一，但他的分析和主張很具代表性。

　　文化全球化論點基於認定全球化時代的到臨或實現，以及相應的國族國家角色式微，而放棄或相對忽略了國族國家的思考和實務架構；湯林森甚至認為，過去的國族文化思考架構是一種「國家主義」，必須加以超越 (Tomlinson, 1999)，並改用「全球與在地[⑥]」這組概念討論區域間的文化互動。

　　不過，文化全球化理論更重要的「修正」還不在於概念架構，而是全球與在地之間的「關係」。對於文化全球化理論家來說，全球與在地並非二元對立，而是辯證關係。此辯證關係是什麼狀態？可用什麼概念來解釋？就文化面向而言，這裡牽涉到兩個最重要的概念：全球在地化與混雜化。

---

⑤　湯林森在 1991 年的《文化帝國主義》書末，以應該用全球化架構取代文化帝國主義做結之後，於 1999 年統整了他的文化全球化觀點，出版《全球化與文化》一書 (Tomlinson, 1999)。

⑥　在地指的是行動主體日常的、具體的生活世界，而不侷限於國族國家所設定的領土範疇。

　　全球在地化的主要論述者羅伯森，是從日本企業的彈性全球市場策略挪用出這個概念的。他發現，商品和廣告要進行全球性操作時，愈來愈重視在地市場的差異性；而這樣的交互關係，正好可以用來掌握全球化過程中，區域間愈來愈頻繁、複雜的文化互動，並非兩極對立，而是交互滲透(Robertson, 1995)。

　　食物是最常被用來印證這個概念的案例，例如跨國速食業者推出結合當地特殊口味或食材的餐點。影音文化產品方面的證據也不少，像是好萊塢電影（特別是動畫電影）找各地市場的演員來配音或演唱主題曲（例如《花木蘭》中的甘草角色木須龍，在臺灣是由諧星吳宗憲配音；該片電影主題曲的中文版則由華裔女歌手李玟主唱）、在配音時加入當地流行用語或腔調（例如好萊塢動畫電影中的丑角，中文配音經常採用「臺灣國語」腔調）、採用不同的片名，以及自動刪除可能碰觸當地市場文化或政治禁忌的內容等。

　　不過最重要的是，全球在地化這個概念指出全球與在地的互動不是只有「全球」（或西方國家、先進國家）往「在地」的單一方向，相反的過程同樣在發生。食物固然如此（例如臺灣糕餅點心要賣到西方國家或日本有時得提高甜度），影音文化產品也不乏案例，本章開頭提到的《臥虎藏龍》就是一例。

　　導演李安自陳，為了將武俠片這個「中國」特有的電影類型，更廣泛、成功地在全球（更準確地說是西方）市場推出，他和製作團隊在故事、對白的修改與翻譯上費了很多功夫，希望讓西方觀眾也能理解故事和細節（張靚蓓，2002；魏玓，2004）。

　　當然，這樣的操作其結果、意義和觀眾反應為何，是另一回事，我們稍後會再回來討論。重點是，「全球在地化」這個概念固然能夠描述一種全球與地方的互動和辯證動態，但對於我們理解此一複雜互動的細部過程、結果與內涵意義，卻顯得不足。

　　相對地，「混雜化」這個概念適時地被文化全球化理論家運用，而且成為相關文獻最重要的詞彙之一。混雜化源自於文化混雜性這個概念，而此概念主要出現在後殖民理論的文獻脈絡之中。代表性理論家巴巴使用混雜性來指

涉殖民地人民對於帝國強勢的意識型態、美學、認同的某種反抗；他們試圖去翻轉或重新挪用主控論述，協商並創造出某種新的文化內涵與認同。這種文化混雜性打破了殖民和被殖民的文化界線，既不是帝國侵入的版本，也不是殖民地的傳統版本，而是一個新的、不斷變化和生產的文化空間，他名之為「第三空間」(Bhabha, 1994)。

巴巴的理論引發了許多後續學者的應用和延伸，其中具代表性之一的是拉丁美洲文化學者賈西亞坎克里尼對「混雜文化」的探討。他根據美、墨邊境墨西哥城市的民族誌研究，指出混雜這個概念源自於生物學，因此會被誤解成某兩種純粹事物的混合；然而，從歷史角度觀之，任何文化從未存在純粹狀態，而一直都是混雜的。

他認為，透過移民、旅遊，與經濟或傳播面向的種種交流，相異的社會結構或言行實踐「熔接」(fuse) 了起來，創造出新的結構和實踐，這便是混雜化的過程。混雜化過程無法事先計畫，也無法預知結果；而且不只發生在藝術活動領域，也發生在平民百姓的日常生活之中，是人們面對現代化過程的處事生存之道：

> 遷移至都市的人們，改寫自己的知識以適應城市的工作與生活，或想辦法讓傳統的手工製品有新的用途，以吸引城市裡的消費者。勞工面對全新的生產技術，也改造了他們的工作文化。原住民運動為了適應跨國政治或生態論述，重新修改了他們的需求，並且學習如何運用廣播、電視，甚至是網際網路來進行傳播。因此，我認為「混雜化的過程」，而非「混雜性」，才是應該研究的主題 (Garcia Canclini, 1995)。

對賈西亞坎克里尼來說，文化混雜化過程描述的不僅是空間意義上，來自不同地理區域的文化交流，也包括時間意義上，傳統與現代文化的遭遇和適應。更重要的是，這些過程是具體發生在特定的社會空間之中（例如他所聚焦的拉丁美洲城市），而不是一個廣泛的、全球一致的單一過程。簡要地歸

納他的論點，對我們後續的討論很重要，但以下我們先轉到在傳播與文化研究上，湯林森對相關概念的應用和主張。

與賈西亞坎克里尼相比，湯林森並未特別強調混雜性或混雜化在分析上的優先與差別，而主要是肯定相關概念在文化全球化研究中的重要性。對湯林森來說，文化全球化的核心是「去疆域化」——文化與地理領域之間「自然而然」的關係逐漸解除；而去疆域化的具體展現，即是文化的混雜化——原屬不同領域之各種文化的混合。在全球化時代的「跨國」文化空間中，他認為「混雜文化」是掌握種種新生文化的構成和身分的有用概念 (Tomlinson, 1999)。他說：

> 這些文化實踐與形式的複雜交互融合，透過跨國文化經濟，快速且輕易地穿越國族疆界，也許提供了一個未來「全球化通俗文化」的可能樣貌。跟傳統整合的、「本質化的」國族文化不同，它的肌理結構比較寬鬆、千變萬化，而且不似國族文化那樣必須在文化起源和歸屬上維持 （與其他國族文化之間的） 嚴格差別 (Tomlinson, 1997)。

湯林森刻意地將混雜文化與國族文化對立起來，而且顯然褒前者而貶後者。他主張當代這種帶有動態、複雜特質的全球文化，有潛力成為文化全球化的「理想」結果，能夠避免國族或族裔文化的排他性。事實上，持如此正面見解的，亦不乏其人 (Lull, 1995; Featherstone, 1990)。

湯林森等人的論點，與賈西亞坎克里尼同樣源自巴巴的文化混雜論，但卻有重大差異。巴巴的問題意識在於解開殖民與被殖民的權力與認同關係難題，而賈西亞坎克里尼則是在拉丁美洲的民族誌研究基礎上，豐富文化混雜論的分析視野並賦予現實性與批判性。然而湯林森的文化混雜論，卻慶賀式地僅僅看到文化全球化多采多姿的一面，抹去或輕視其間的權力問題與各地脈絡差異，甚且製造了全球混雜文化與「固有」國族文化之間不必要的二分對立，對於我們理解文化全球化的複雜動態，其用處實是有待商榷。

討論至此，對於全球文化與在地或國族文化之間的互動，我們有了兩種看法：第一種是文化帝國主義，著重於政經與文化上的優勢國家對弱勢國家的控制關係；第二種是文化全球化，強調全球與在地的辯證互動，但對於其間的權力關係細節卻含糊其詞，甚至導向慶賀主義。

要從這兩端之外另闢蹊徑，我們得重新適當架構國族、文化、認同等概念在全球化過程中的交互關係。而要達成此目標的一種可能作法，便是暫時放下理論化的急迫感，花點力氣和篇幅來理解一下，全球化下的文化混雜過程，在媒體產出和內容方面究竟發生了什麼變化？果真是變動不居、五花八門嗎？或是同中有異、異中求同？若是，又是哪些同，哪些異？其意義又是什麼呢？

五、通俗文化內容的變與不變

位於南亞的印度，其語言和文化獨具一格，數十年來在各國市場幾乎攻無不克的好萊塢電影，至今仍無法實質突破印度市場，便是明證。但隨著1990年代經濟全球化的趨勢，以及印度經濟快速發展而成為國際資本與商業的聚焦之地，跨國傳播媒體集團自然也對印度摩拳擦掌。1990年代初期，印度還只有一家國營電視臺 Doorarshan，但 2005 年後已有超過兩百家衛星電視頻道。其中最積極搶灘和布局的便是知名媒體鉅子梅鐸的新聞集團。

梅鐸向來積極建立他在亞洲媒體市場的先驅地位。跟其他國家一樣，梅鐸從 1990 年代初以香港為基地，將他的英語節目頻道（例如 Channel V、星空新聞頻道、BBC 世界新聞頻道等）透過衛星輸入印度，企圖取得收視市場。這些頻道固然獲得占市場少數的菁英觀眾的喜好，卻沒有更大的突破；於是梅鐸採取了獨特的「在地化」策略。他先大量將節目語言改為英語與印度語混雜的「印腔英語」，其次則是強化在地編輯的角色，甚至就地重製部分節目，包括與當地頗受歡迎的通俗商業頻道 Zee TV 合作 (Thussu, 2007)。

這樣的在地化策略，固然可視為全球媒體面對在地市場必須「妥協」的

證明，或慶賀式地聲稱這是某種混雜文化的生成；但這顯然都只看到表面。涂書以新聞節目為例指出，梅鐸雖然運用在地語言、增加在地素材，但在新聞類型上卻引入了他在世界各地最擅長的娛樂化手段，包括大量增加八卦、消費、影劇、運動、犯罪、都會時尚等內容；更諷刺的是，這個從國際而來的電視頻道，卻只有極少的國際新聞，「當印度整編到全球資本主義的同時，它的國際視窗反而變小了」，涂書將這個過程稱為印度電視的「梅鐸化」(ibid.)。

此外，馬勤與范留文以國際時尚雜誌《柯夢波丹》的不同地方版本為例，進行更為細緻的文本分析，也提出了與涂書類似的論點 (Machin & Van Leeuwen, 2004)。兩位學者採用類型分析（分析文本的構成形式）與語態分析（分析語言元素的真實意涵），比較荷蘭與印度版本有關都會上班族女性的再現，發現這本雜誌確實會在不同地區版本採用某種特定的在地元素，但是也有更多的共同點。

例如，兩者在處理上班族女性議題時，都使用貌美的模特兒扮演女性上班族在辦公室的非寫實情境照片，印度版的模特兒動作和打扮比荷蘭版保守，但兩者都顯示出女性上班族在上班情境中，並無法完全掌控正在進行的工作或活動的特徵，像是彎腰整理檔案，卻還要回頭看著辦公室的另一端；或是兩位女性上班族拿著茶杯在辦公桌前聊天，而不是正在處理或管理某些工作。

此外，在文字內容方面，兩者皆採取「小撇步」、「小祕方」(hot tips) 的「問題－解答」形式；亦即先設定情境問題，再提供解答的「務實」類型。儘管荷蘭版的解答較從獲得工作滿足感來著墨，而印度版較強調如何獲取實質報酬和地位，但深入觀察其意識型態，則不脫全球新自由主義和西方個人主義的框架。馬勤與范留文的結論是：

> ……所謂的在地，變成了僅僅是鑲嵌在全球基本建築結構上的裝飾品……全球媒體企業也許會用不同的背景設定說故事，藉以面對價值和外貌均略有差異的不同人群，但是他們應該怎麼做、要些

什麼，以及用什麼方法去獲得等這些事情的根本道理，卻都是跟隨著相同的邏輯 (ibid.)。

除了上述案例之外，尚有不少文獻指出了類似的觀察（例如 Havens, 2007; Mohammadi, 1998; Thussu, 1998; Oliveira, 1993 等）。由此看來，所謂的全球在地化，或全球與在地的複雜辯證，若非避重就輕，則至少是只見表象，無法適當充分地掌握當前的文化全球化動態。全球與在地之間當然存在著複雜的互動關係，這是事實，甚至也不是晚近才出現的事實。但在這個互動關係中，孰主孰從？改變了什麼？又有什麼沒有改變？變與不變的驅力是什麼？結果又是什麼？這些問題若不緊接著回答，全球在地化也就只能是一個行銷口號而已。

六、另類視角：批判性修正

回到理論層次進行反思，針對全球與地方／國族文化的互動，亦較能夠提出適當的思考和分析架構。這裡至少有三個議題必須修正和注意：

㈠權力與文化混雜

首先，全球與在地文化互動過程的關鍵，在於其間的權力關係與資源分配結構；或是說，全球與在地文化的生產和流通就是權力關係的展現。對此，文化地理學者瑪西有獨到見解。她同意全球化絕非全球的同質化，地方與文化、認同的關係本來就是複雜且動態的，全球化跟在地因素都是造就地方文化的力量。

不過，全球化也是一個不均等的過程。某些地方的人，在全球化過程中能藉著全球的交通運輸與傳媒系統，快速移動、打破疆界；但另一些地方的人，特別是弱勢者，卻很可能一生只停留在一個地方，或被動地配合全球化。

但指出此一不均等的事實還不夠，瑪西認為要瞭解複雜的全球化動態，

還必須發展出一套關於時空壓縮的「權力幾何學」：

> 這不只是某些人移動得比其他人更多更快，以及某些人比其他
> 人更有辦法控制這個過程，這麼單純的分配不均問題而已。事實上，
> 某些群體的移動性與控制力，甚至可以更強勢地削弱另一些人的移
> 動性和控制力。移動能力的差別，足以像槓桿一般，使弱勢者更弱
> 勢。換句話說，某些群體（在全球化過程中所展現）的時空壓縮，
> 可以摧毀其他人的權力 (Massey, 1994)。

對於文化混雜性概念有深入研究和豐富著作的柯雷迪，也提出呼應的論點。他指出，晚近文化全球化的文獻有把混雜性當成單純描述性概念的趨勢。這樣一來，既無法真正深入分析文化混雜化的動態，另一方面也可能忽略或誤解混雜性的政治潛能。

他更進一步指出，由於混雜性這個概念使用無度，因此非常容易受到跨國資本主義的挪用，彷彿只要添加各種文化元素的文化商品，就是多元文化主義的正面表現，卻完全掩飾了其中的霸權問題。他將這種缺乏或刻意忽略權力意識的文化混雜觀，稱為「企業多元文化主義」(Kraidy, 2002)。

柯雷迪因此呼籲，將混雜性這個概念予以批判性的理論化 (critical theorization)，乃是國際傳播與跨文化傳播理論領域的當務之急。他認為，我們必須在理論層次上，把混雜性跟霸權兩個概念連結起來，而最關鍵的是掌握跨國或跨文化傳播過程中的「脈絡」，亦即他所謂的「交互脈絡性」。

此處的脈絡並非單純的環境或背景因素，而是一種建構的力量；而混雜性的交互脈絡理論，便是聚焦於跨國傳播過程中，各種文化、經濟與政治力量的互相構成和交疊，以分析諸種霸權結構如何在不同脈絡下運作，並構成不同的混雜性。簡言之，混雜性即是霸權運作與爭奪的操作過程與結果 (ibid.)。

國際視窗

「誰耶誕節不放假？」

　　以下是一個關於國際傳播過程中權力關係的例子。 2004 年的耶誕假期，好萊塢推出一部應景的動畫大片《北極特快車》，由當紅男星湯姆・漢克擔任配音主角，勞勃・詹美克斯導演。10 月 23 日，《中國時報》記者張士達參加了該片在紐約舉行的國際宣傳記者會，他在隔天的報導中寫道：

> 　　當湯姆・漢克與導演一行人正對「耶誕節的意義」高談闊論時，湯姆・漢克轉念一想，忽然反問各國記者：「在場哪位的國家是不過耶誕節的嗎？」他才發現全場十餘位記者，竟完全沒有人的國家有過耶誕的習俗，讓湯姆・漢克相當吃驚。勞勃・詹美克斯更繼續問：「那該不會有人耶誕節還要工作吧？」只見臺灣記者立刻點頭，讓詹美克斯與湯姆・漢克臉上都露出不可置信的表情。

　　這則報導顯然敏感地嗅到了饒富深意的文化認知差距，但就此打住，變成一則輕鬆有趣的影劇新聞，沒有要繼續探究的意思。但我們可以從這則報導體認，對於好萊塢主流電影工作者來說，在他們進行文化生產時，「耶誕節」這樣的基督教文化（以及其他種種他們習以為常的觀念、價值、規範），彷彿是普世皆然，不需聞問的。

　　或許他們並非真正無知，而是好萊塢在全球電影市場上，甚至是西方文明在全球文化場域中的結構性強勢，讓他們無需反思，甚或擔憂：「今天我將這類題材入影，異文化的觀眾能否理解？感到有趣？」然而，這種問題恐怕是臺灣這類文化和影視弱勢國家的電影創作者們，想要將自己的創作推上國際時，必須時時詢問自己、縈繞在心的問題（回想本章前述李安的心境）。這就是全球化的真正面貌，也就是「權力幾何學」。

參加《北極特快車》宣傳活動的好萊塢影星湯姆・漢克　©Reuters

㈡文化全球化的根本邏輯

傳播政治經濟學學者莫多克直指，當前文化全球化理論的主要缺失，便在於對以下幾個歷史與脈絡面向缺乏足夠的關注：文化全球化的相關歷史、從過去延續到現在的結構性不平等，以及全球經濟再結構的規模與範疇 (Murdock, 2004)。

他認為，文化全球化圍繞著「全球」與「在地」間的關係，事實上是將這兩者分別本質化而成為互相對立的二元架構。唯一的解套辦法，不是一再強調兩者間有如何辯證與動態的關係，而是回到整個過程的背後，亦即其歷史脈絡，去掌握其中的變化邏輯。

那麼，當今文化全球化的變化邏輯究竟為何？回到本章第三節所舉出的各種全球在地化與文化混雜化的案例，無論是大眾飲食文化的多國情調交融，或是通俗文本中的東西風格混合，其實背後都不脫大型企業的跨國市場擴張策略。許勒就主張，當前超越國界的文化與政治關係發展的真正動力，並非什麼全球主義，而毋寧是企業體的跨國擴張主義 （Schiller, 1991 ；另參見 Mosco, 1996）。

政治經濟學者認為，全球資本主義是晚近文化全球化的主要驅力和邏輯，已是極為明顯的事實，但卻經常被文化全球化理論和文獻忽略。事實上，以文化面向為主要興趣的文化研究陣營，亦已對此有所呼應。例如霍爾便曾指出，晚近有關全球與在地文化互動的討論，忽略底下的經濟動態實是嚴重缺失 (Hall, 1991)。

當然，這些學者並非否認文化全球化過程所帶來的各種新興與動態現象，更不是要主張，光從全球資本主義的結構與邏輯便可直接預測或解釋文化層面的變化結果。莫多克說，文化全球化理論確實突顯了全球化過程中各種動態的、複雜的「糾結」(entanglements)，但僅用「混雜」這個概念來指涉表面的、總是正面的各種新鮮事物，甚至預設或慶賀這些變化都是隨心所欲，而忽略它們其實總是各種物質和文化資源的占取與運用的結果。

他引用瑞典社會學家舍朋提出的分析架構，認為我們必須注意在這「糾結」的過程中，「什麼東西被牽扯進來？」（金融、企業、科技、人群、意識型態或是符號形式），以及「這個牽扯過程發生在什麼場域？」（制度、器物或是每日的生產與消費）

莫多克呼籲，我們必須將眼光從橫向的、全球地平面上的變化多端，移往垂直的、全球的階級結構轉變。他強調，當前資本主義全球化的特徵不只是深化原有一國之內的階級問題，也將階級、勞動和經濟不平等的問題拉到跨國之間的全球平臺上。我們必須在這個邏輯的認識基礎上，去掌握文化全球化過程中傳播與媒體的複雜變遷。

(三)重新正視國家與國族的重要性

除了權力關係與結構邏輯之外，面對當前的文化全球化趨勢，我們尚需要一個適當的立場來解決本章一開始就提出來的其中一個問題：如何在全球化時代，看待國族和國族國家在文化領域中的位置和意義？

確然，有許多文化全球化現象看似是在「國家之上」（例如跨國媒體企業和跨國文化經濟協議的運作），也有許多在「國家之下」（例如跨越地域的民間社會交流，包括人口、符號和行動的遷徙或結盟），但這並不意味著國族國家不在其中扮演關鍵角色。

另一方面，國族國家仍是當前唯一具有合法性的主權系統（雖然可能不是最理想的政治系統），國族文化的框架和內涵也仍在國族國家的主權基礎上不斷地打造和維繫 (Smith, 1995)。畢竟，類如湯林森等人主張國族文化不具有固定本質的建構和動態特性，不必然就要忽略整個國族文化和國族認同存在的事實，以及其在日常生活中的影響力。而且，過度貶低國家角色的論述，將讓新自由主義者相當方便地引用以支持其市場至上、去除管制的主張（關於這一點，第八章會有申論）。

尤有進者，部分非西方出身的左派理論家則強調國族國家或國族主義的策略性角色。例如，阿馬德就主張，國族主義不必然具有進步性，但也不是

必然的反動，而是因著該社會的階級力量和社會政治實踐的狀況而定。他認為，特別是對世界體系中的弱勢和邊緣地區來說，要突破當前的帝國主義宰制結構，必須雙管齊下：一方面提出某種國族發展計畫，另一方面也追求國內的社會民主改革。具體而言，就是必須將國族主義連結上社會主義，並以後者為前提 (Ahmad, 1992)。

　　莫斯柯也提醒，國族主義可作為在地對抗全球化資本主義的一種形式，不過一旦國族主義式的對抗失去社會主義性質，便很容易發展成西方資本主義的在地版，圖利跨國與在地資本，「社會主義式的發展模式，以及土地、產業、傳播與文化的權力再分配，均將付諸闕如。」(Mosco, 1996)

　　在這樣的認識基礎上，我們可以將國族主義或國族文化作為一個對抗全球化下文化階層化與不平等文化交換的策略性論述工具。但是，必須審慎且批判地檢視，這樣的對抗路線所撐開的空間，究竟是繼續讓統治集團或少數文化菁英由上而下所形塑的「國族文化」給占據了，還是能夠在政治民主、社會平等與文化多元等條件下，讓在地社會透過集體對話、創作、累積而形成有機、進步的在地文化？若能由此思考和實踐，那麼全球化下的國族文化與國族文化產業較理想的生存和發展之道，或許會漸次浮現。

七、網路國族主義與國際傳播

　　本章前面曾經提到，國族主義理論的主要學者們，早已指出國族主義建構以及維繫的過程中，傳播媒體的關鍵角色。而在 1990 年代的傳播科技數位化與網路化，乃至於 2010 年之後社群媒體迅速興起占據傳播地景核心，也帶來了國族主義在國際傳播中的新課題。

　　跟文化全球化理論之前的預測不同，網路和社群媒體並不自動帶來傳統國族主義的鬆動或瓦解，事實上，因為社群媒體運作的去中心化特徵，讓群眾在虛擬空間上的集結或聚散加速，也更加難以預測和管控，因此線上國族主義的樣貌也更加複雜。

　　我們一方面或許可以看到，網路使用者透過社群媒體進行跨國串連進行社會運動，對特定在地政權或跨國資本主義進行挑戰，例如 2011 年前後出現的「阿拉伯之春」與「占領華爾街」行動，都是著名的跨國連結抗爭行動，這也為全球性的公民行動主義帶來希望。然而，網路集結來得快，散得也快；更何況網路動員的社會運動。更多的情況是一般戲稱的「鍵盤運動」，也就是在網路空間上支持的聲音，無法兌現為實體社會運動現場的力量。

　　另一方面更值得我們注意的是，國族主義在社群媒體上的運作，反而更容易導向激進化與非理性化。這可以從兩方面來說明。

　　首先，由於網路空間沒有明顯的國界，因此對於國族國家來說，這就涉及明顯的安全問題，因此有實力的強國，無不試圖在數位硬體和軟體上建立自己的體系，以保障所謂的國家安全，而弱勢的國家當然也就只能被動防禦。專家警告，這很有可能形成另一場真實的軍備競賽 (Schneier, 2013)。

　　其次，國家為了要維繫國族認同或政權正當性，也可能涉入社群媒體的內容監控與操弄。資訊戰並非國際傳播的新現象，但是因應社群媒體的運作，國家卻得採取新的手段，例如雇用行銷公司、網紅、寫手等，以非官方的身分和日常化的內容，進行實質的政治宣傳或操控民意，也就是所謂的「帶風向」。「帶風向」不只是在國內進行，當然也會對國際場域進行。

　　劉忠博、陳娟、邵成圓 (2019) 就曾經以親官方的中國網紅周小平為例，分析他的微信發文內容，發現無論是在量或質方面，都有「對內護黨愛國，對外反美批日」的特徵。當然，類似的操作絕對不僅限於中國這類威權體制，民主社會亦所在多有，只是可能比較有機會被揭露，而前者較難以被公開檢視。

　　不過國族主義在社群媒體上的展現，並不總是由國家所主導。由於社群媒體的運作帶有偶然和迅速集結的特性，而使用者自製內容又無法被完全預測和控制，即便是對於網路與言論管制相當有效且嚴格的國家，一旦集體的網民被國族主義動員起來，也會出現超出國家預期或難以管理的情況。

　　2003 年，針對二戰期間日軍侵略中國東北遺留下來的毒氣感染事件，中

國網友繞過政府，主動集結向日本方面抗議，當時便有論者以「網路民（國）族主義」稱之（閔大洪，2009）。2016 年年初「周子瑜事件」[⑦] 與臺灣總統大選前，也有數千中國網民「翻牆」至臺灣媒體與總統候選人蔡英文的臉書粉絲專頁發文「洗版」。這場被稱為「帝吧出征」[⑧]，帶有強烈中國國族主義色彩的網民自發運動，相較於之前的網路集結行動，更善用網路平臺操作，以及網路語言與視覺符號（或稱「表情包」，也可以歸類為一般所稱的「迷因」），因此被認為是新一代網路國族主義的代表（王洪喆、李思閩、吳靖，2016；王喆，2016；劉國強，2016）。甚至有學者認為從「帝吧出征」之後的國族主義網民行動，結合了更鮮明的流行文化中的粉絲（或稱飯圈）行為和特徵，而將之稱為「粉絲民（國）族主義」（劉海龍，2017）。

　　從某個角度來說，網路國族主義的力量，可以為國家所利用，成為國家對內和對外的助力。但是另一方面，當網路集體動員有了自己的動力和邏輯之後，與國家之間的關係，也會因此產生矛盾和張力。Cairns 與 Carlson (2016) 針對 2012 年中國網民主動在網路上集結向日本抗議釣魚臺主權問題的研究，就發現微博上的發言不僅指向外國霸權（日本），對於中國政府的作為也有所批評和不滿，使得國家認識到這類網路力量的危險。而晚近「粉絲化」的網路國族主義活動，更因為其毫不節制的可能性，以及驚人的集體動員力量，讓中國政府更加戒慎恐懼，並在 2020 年之後確立必須適度壓抑飯圈文化和力量的立場（陶睿，2021）。

　　雖然網路國族主義現象以中國的案例較為人所注意，但是網路和社群傳

---

⑦　韓國女子流行音樂團體 TWICE 的臺灣成員周子瑜，於 2015 年底的演唱表演中揮舞中華民國國旗，引起許多中國網民憤怒，對該團體所屬經紀公司 JYP 發起大規模抵制，於是 JYP 安排周子瑜錄製影像公開道歉，並聲明自己是中國人。此舉也引起臺灣社會的極大反彈，一般認為也對當時正在進行中的總統大選帶來一定的影響。

⑧　「帝吧」為大陸網民對百度貼吧李毅吧的別稱，該貼吧當初是為了調侃中國足球員李毅而建立的，成立之後聚集大量人流，並以強烈民族主義的訴求、言論和行動著稱。

播不同於以往大眾媒體的特性，與國族主義交會而產生出複雜的動態與樣貌，絕對會是當前人類社會必須持續關注的重要議題。

八、臥虎藏龍或名揚四海？

本章最後，讓我們回到本章開頭的「臥虎藏龍難題」。《臥虎藏龍》的國籍身分，若從經濟和政治的角度來決定，雖然還是相當複雜，但並非不可能。問題是，若從文化上來判斷，恐怕言人人殊，沒有定論，而且很快就會導向「混雜文化」這個答案。說《臥虎藏龍》是一個「混雜文化」的文本，並沒有告訴我們太多。我們或許可以說，重點並不在這裡。因此，本章的目的並非回答一開始拋出的「臥虎藏龍難題」，而是希望大家去翻轉「臥虎藏龍難題」。

我們與其扣住某種本質化的國族文化架構去爭辯、批評《臥虎藏龍》，倒不如去問，若今天有這樣一部全球矚目、足以在好萊塢主導的全球市場中占有一席之地的華語電影，那麼為什麼是《臥虎藏龍》而不是其他電影？為什麼是李安而不是別人？為什麼是武俠片而不是其他類型？為什麼得透過好萊塢的生產與發行體系才能實現？

其實，華語武俠片從來就沒有固定的、正統的樣貌；它跟國族文化一樣，都是建構出來而且持續改變的。我們不需要期待一個一成不變的武俠片，就像我們不應該期待一個永遠不變的國族文化。

站在文化創新的立場，我們應該歡迎武俠片的不斷改變。問題是，誰有能力與機會來改變它？誰來告訴我們怎麼變？要用什麼標準來判定這個改變是否「成功」？除了《臥虎藏龍》，華語世界存在著其他可能的電影發展模式嗎？而這些替代模式，是否又能夠避免成為統治意志下的文化打造，而真正成為在地文化的有機反映？

從上述這些文化生產層面的問題意識轉換，我們也許可以逐漸接近種種難題的答案。而文化傳播過程的另一端──閱聽人的文化消費，也需要這樣的翻轉，這便是下一章的主題。

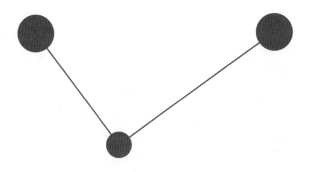

第七章

千里共嬋娟？

國際傳播中
的閱聽人

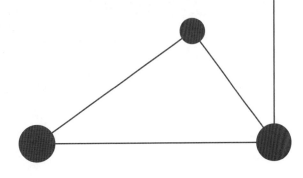

📺 前　言

　　1980 年代初期，一部美國生產、以德州豪門家族為故事主軸的肥皂劇《朱門恩怨》，引發了近乎全球性的熱潮。當時在荷蘭對這部肥皂劇進行閱聽人研究的文化研究學者洪宜安這樣描述道：

> 這部肥皂劇的流行顯然是世界性的：從土耳其到澳洲、香港到英國，在超過九十個國家中，《朱門恩怨》都引起了全國性的風潮。當影集播出之時，街上的人變少了，連用水量都降低了。在 1982 年春天的荷蘭，當《朱門恩怨》的收視熱潮達到高峰時，有超過一半的人口每週收看。無論是國內還是進口的電視劇，從來沒有一部可以達到這樣的收視數字 (Ang, 1985)。

　　對抱持文化帝國主義觀點的人來說，這顯然是一個典型的美國文化帝國主義案例。但洪宜安認為這樣的解釋有所不足；若從觀眾的角度來看這件事，會有不一樣的發現。她說：

> 為什麼會有這麼多的觀眾一起收看《朱門恩怨》，變得非常難以理解。過去對這個現象的許多解釋，總帶著一種悲情的理解，認為非美國人對於美國媒體的產品，總是「易受干擾、易受影響」。然而，此種「易受干擾」的特性，恐怕只存在於象牙塔中的那些政策制訂者，以及「國族文化」捍衛者的身上……我們得接受一件事情：《朱門恩怨》之所以受歡迎，正是因為有一大群人，他們在看這部電視劇時是很享受的 (ibid.)。

　　為了瞭解觀眾為什麼收看《朱門恩怨》、獲得什麼享受，洪宜安採取了一個非常有趣也很有創意的研究方法：在一本荷蘭流行女性雜誌上刊登一則廣告，徵求自願者寫信告訴她為什麼喜歡（或不喜歡）看《朱門恩怨》。

結果她收到四十二封回信，透過對這些回信的分析，她完成了《觀看朱門恩怨：肥皂劇與通俗劇想像》一書，成為 1980 年代興起的「閱聽人接收研究」的重要經典之一。

洪宜安在書中想回應的主要是，法蘭克福學派的文化工業論，以及有著類似立場的文化帝國主義論，都把一般民眾（觀眾）跟流行文化之間的關係想得太簡單、太被動了。這不只是有沒有「觀賞樂趣」的問題——儘管法蘭克福學派認定所謂的樂趣是虛假的；事實上，洪宜安的受訪者與這部影集有各種互動方式：認同、著迷，也有批評和質疑。更重要的是，這恐怕已經超過「國族文化」架構所能解釋的了。

很多臺灣讀者未曾經歷也不瞭解《朱門恩怨》現象，但圍繞著該影集的各種國際傳播下的閱聽人議題和辯論，其實從更早以前一直到現在，都是我們經常面對的。除了美國或西方流行文化的長期強勢影響，從 1970 到 1990 年代日本漫畫、卡通、電視劇、流行歌曲與偶像，以及各式流行商品的陸續引入和風行，也導致臺灣社會的持續批判與擔憂，「日本文化侵略」的字眼在公眾場域中不時出現。2000 年後，焦慮來源則轉移為南韓。當然，臺灣的個案與西歐各國面對的狀況不同，國際傳播中的閱聽人課題自然也有異。但相同的是，這必然是一個國際傳播脈絡下不可忽視的面向，這也正是本章的主題。

一、被動與主動之辯

國際傳播架構下的閱聽人研究，是與整個閱聽人研究的演變聯繫在一起的。在此我們須先簡單介紹一下閱聽人研究的演變，以便更準確地聚焦於國際傳播下的閱聽人議題。

英國文化研究代表學者霍爾，於 1973 年發表〈製碼／解碼〉一文 (Hall,

1980)，重新界定了閱聽人的角色內涵，提出閱聽人可以有三種解讀位置：主控－霸權式、協商式與反抗式。而後兩者的提出，可說敞開了「主動閱聽人」研究的大門。

同屬英國文化研究陣營的莫利，則於 1980 年代發表《全國觀眾》、《家庭電視》等書，將霍爾的閱聽人解讀模式應用於經驗性研究，並成為閱聽人主動性研究的代表性著作。同一時期，洪宜安的《朱門恩怨》觀眾研究、羅德葳的羅曼史／言情小說讀者研究，也都試圖反對單向、片面的主控意識型態論點，並透過類民族誌方法的應用來研究閱聽人的接收，證明閱聽人享有「完全臣服與順從主控意識型態」之外的創造性解讀空間。

而將此論點發揮到極致的莫過於費斯克 (Fiske, 1986; 1987)。他結合了符號學與部分後現代主義理論的看法，慶賀式地提出「語意鬥爭」與「文化民主」等概念，強調大眾媒體的文本具有多義性，閱聽人能在享受文本提供的爽／愉悅／快感時，採取自己的解讀策略與建構意義，進而化解並反抗主控意識型態。

在 1980 年代如日中天的「主動閱聽人」論點，到了 1990 年代逐漸遭到各方批評，遂進行了反省與修正 （Morley, 1993; Jensen, 1993; Livingstone, 1993; Ang, 1996；魏玓，1999；馮建三譯，1995）。批評的論點主要有兩個方面：

第一，主動閱聽人理論過度誇大閱聽人的自主性 (Seaman, 1992)，忽略了權力與脈絡因素。一如莫多克所言：

> 在他們（即強調閱聽人主動性的研究者）急於標榜閱聽人優異的解讀技巧之際，大多數（即便不是全部）這些提出新民族誌學的人，卻往往繞過了權力的問題。如此一來，閱聽人在媒介體系之內擁有控制權，似乎變得理所當然⋯⋯會有這樣的論點，是因為相關論述中完全沒有觸及一個層面更廣的問題：物質與符號資源的分配不均，如何結構化閱聽人控制權的分配不均 (Murdock, 1989)。

第二，過於誇大閱聽人的自主性，在社會效果上也很容易與消費主義意識型態接合，甚至變成替傳播生態的既得利益者（如強勢的好萊塢影視工業）背書 (Seiter et al., 1989; Curran, 1990)。

從簡化的主動閱聽人理論來看，當前傳播媒體上的任何內容，要不是合理存在的，便是無關好壞的。一旦如此，傳播環境和媒體結構的問題，就再也沒有探討的必要，更不用談什麼改革。這樣的立場，很明顯地是太過天真或犬儒了。

事實上，閱聽人研究的代表學者們也多有自我修正。莫利就說，1980 年代的閱聽人研究「在急於走避皮下注射效果模式[①] 的殷切心意下，卻陷入了毫不批判地張揚、慶賀所謂的閱聽人創造力」，確實有其缺失（馮建三譯，1995）。他指出，對文本擁有權力，以及對文本在被建構與呈現的過程中擁有權力，畢竟是兩回事 (Morley, 1993)。

洪宜安也主張，閱聽人在詮釋文本時或許是主動的，但「主動的」並不等同於「有權力的」，因而呼籲必須將相關研究放入葛蘭西的「霸權」問題架構之中，以保有閱聽人文化研究的批判性 (Ang, 1996)。正如莫利所言：

> 真正嚴峻的挑戰是，如何能夠建構一個電視的消費模式，既對權力與意識型態的「垂直」面向保有敏銳彈性，又對電視如何嵌入及接合於日常生活的脈絡與形式過程之「水平」面向，持續關注 (Morley, 1993)。

瞭解上述閱聽人研究的變化軌跡，對於我們接下來將焦點轉移至國際傳播的層次，是很重要的。國際或全球的傳播與接收，比單一國家或社會更為複雜，但顯現在傳播理論與研究方面，卻與上述閱聽人研究的演變有若合符節之處。

---

① 皮下注射效果模式是出現在二十世紀初，是一種對傳播媒介效果的看法，認為媒介訊息對閱聽人有強大且直接的影響力，就像打針一樣有效。又稱「刺激－反應模式」或「媒介萬能論」。

二、全球化下的主動閱聽人

　　主動閱聽人理論在國際傳播層次上的延伸，主要有兩個重要且相關的階段或面向。首先是 1980 年代以主動閱聽人為主要概念武器，對盛行於 1970 年代的文化帝國主義理論展開批判。其次是在 1990 年代與當時興起的文化全球化理論連結，衍生出主動閱聽人概念的「強化版」。

　　文化帝國主義論點於本書第二章已有所討論，這裡不再贅述。可確定的是，強調閱聽人主動性的學者，對文化帝國主義論點相當不以為然。他們認為那是一種過度決定論式的看法，把各地的閱聽人都當成容易上當的呆瓜。費杰士就批評，文化帝國主義論述「認為大眾媒介主要只是操縱工具，能對閱聽人的行為及世界觀，直接且沒有中介阻攔地產生效果」(Fejes, 1981)。

　　跟洪宜安同樣是以《朱門恩怨》的跨國解讀為探討主題，美國學者利比斯與凱茲用焦點訪談方法，在美國、以色列與日本進行大規模不同國族身分閱聽眾對該劇解讀的研究。他們結論道，「《朱門恩怨》對整個地球村來說，容或是一個同質的訊息，但我們的研究發現，（各地閱聽人的）解碼卻非常多樣。」(Liebes & Katz, 1991)

　　這些學者批評文化帝國主義論者輕忽各個社會的特殊在地脈絡，以及當地閱聽人的實際接收狀況分析，並非全是空穴來風。文化帝國主義的基本論點是，資本主義形成之不平衡的世界經濟結構，在傳播結構與文化工業的協助下得以維繫。因此，國際文化產品市場的極度不平衡現象，就已經代表著帝國結構與文化宰制的存在。此一觀點立基於在阿圖塞、葛蘭西與法蘭克福學派等新馬克思主義理論影響下，注重結構力量的傳播分析 (Roach, 1997)。

　　抓住「缺乏閱聽人研究」這個要點，部分主動閱聽人論者極思建立新論述來取代文化帝國主義，而 1990 年代興起的文化全球化理論 (Appadurai, 1990; Giddens, 1990; Featherstone, 1990)，正好迎合了這個理論鬥爭的需求。

　　這類理論特別強調全球化過程中的文化全球化面向，而有意無意地忽略

經濟與政治面向。他們大多以樂觀正面的態度，主張全球化趨勢並不會導致一種同質的全球文化；相反地，由於國族國家控制力量的消退、全球與在地文化交流的迅速與便利，全球化將帶來一種充滿異質變化可能性的多元文化榮景。英國社會學家費瑟史東這樣說道：

> （全球文化）較少是一個**同質化**過程……而更接近通俗與在地的論述、符碼與日常實踐呈現之**多樣性**、**變化性**與**豐富性**，並足以對抗或反饋既有的系統性與秩序（Featherstone, 1990，粗體字為筆者強調）。

與此慶賀同聲歡迎全球化的，正是部分秉持著主動閱聽人看法的傳播學者。例如，盧爾提出「變動不居的意義」(meaning in motion) 一詞，認為全球化下的文化互動將帶來變化多端的跨文化性與混雜性 (Lull, 1995)。

湯林森進一步指出，從歷史上來看，所有的國族國家與國族認同都是在特定時空條件下建構起來的，現實上並不存在 「原真的」 (authentic) 國族文化。而全球化傳播不但瓦解了物理上的距離，也瓦解了國族或文化認同迷思，讓一般消費者得以藉由對外來文化的接觸，產生多樣的認同參考架構，進而鬆動國境之內既有的文化結構 (Tomlinson, 1997)。

對這些學者來說，全球化之所以有這些美景，正是因為各地的閱聽人具有自行解讀外來文化的主動性。主動閱聽人理論的最大擁護者費斯克就說：「全世界形形色色的閱聽人，代表著比一國之內形形色色的閱聽人更大與更多的差異」(Fiske, 1986)。湯林森也指出，雖然流通全球的文化產品仍然為美國所主宰，但這並不代表各地的閱聽人就會對外來文化產品被動、毫不反省地接受 (Tomlinson, 1997；馮建三譯，1994)。盧爾則說得更明白：

> 就像電視節目、電影與流行音樂不會在任何單一的社會之中，將個別的消費者變成被動的呆瓜一樣；將資訊傳遞於世界各地的力量，也不至於在任何一個國族／國家或任何一個文化的層次上，直

接導致自動的模仿或順從 (Lull, 1995)。

　　盧爾認為，在地的影響力並不會在進口文化的表面下消失，閱聽人也會運用這些訊息自行建構或接合各種論述。他舉例道，歐洲觀眾在電視上看到有關非洲文化的描繪，等於媒體提供了素材讓觀眾去想像他們原本陌生的南半球景象；在中國大陸境內收看日劇的觀眾，也會用自己的情境來詮釋劇情 (ibid.)[2]。

　　我們可看到，文化全球化理論雖然注意到了當前傳播環境的複雜變動，但「主動閱聽人」的樂觀看法在此再度現身，幾乎原封不動、不經批判地從一國之內的層次，延伸到跨國的、全球的層次。這樣的理論複製完全忽略了1990 年代閱聽人研究陣營內外對於「主動閱聽人」理論的反思與批判，顯然是個重大的闕漏。

　　另一方面，在當前的國際傳播環境中，文化帝國主義論點真的完全失效、不值一顧了？這個問題稍後會繼續探討。在那之前，我們還須岔出另一條思考戰線，看看「文化接近性」的相關說法和辯論。

三、再思考「文化接近性」

　　同樣基於「主動閱聽人」的信仰，以美國學者史卓巴爾為代表的部分國際傳播學者，提出了「文化接近性」這個概念，主張閱聽人在觀賞電視節目時具有主動選擇的能力，若在市場上國產節目與進口節目同樣可得，那麼閱

---

[2]　類似的看法，賀伯迪吉稍早對英國青少年次文化的研究已提及 (Hebdige, 1988)。他發現，由於一國之內的主流文化往往被國家與優勢階級所主導，進口的美國文化反而被勞工階級的青少年轉化為具正面意義的文化資源，建構出他們自己的認同，以抗拒強勢的社會主流秩序。不過，賀伯迪吉是從階級與文化鬥爭的結構性面向切入，審視具體之社會脈絡與權力關係的作用，與這裡所舉的樂觀派研究者並不能相提並論。從另一個角度來說，任何一個社會之中，青少年次文化相對於主流文化原本就具有對立性，這是社會結構位置不同使然，外來文化只是媒介而非動因。

聽人會偏好收看國產節目。這個論點相當程度上似乎反駁了文化帝國主義論點，因為不管美國的強勢文化產品在其他國家占有多大的市場，但在文化喜好和選擇上，閱聽人還是忠於本國或本地文化產品 (Straubhaar, 1991)。

　　史卓巴爾以一般認為受到美國文化帝國主義嚴重威脅的拉丁美洲為例，進行實地經驗研究來證明上述論點 (ibid.)。他先以巴西為例，指出在 1960 到 1970 年代初期，巴西觀眾收看美國節目的時間有所上升，但隨著巴西本國電視節目的量與質提高，美國節目的收視時間持續下滑，本地節目收視時間穩定增加，並維持在七成上下。而多明尼加共和國的案例則顯示，若本地節目的供應有限，那麼觀眾仍會偏好同區域鄰近國家的節目，而非距離較遠的美國節目。以上這些證據都支持了「文化接近性」在國際傳播過程中的作用，也帶出了全球化趨勢下仍存在「區域化」現象。

　　與此相近的論點，還有站在主流經濟學立場的媒體經濟學者所提出的「文化折扣」概念。霍斯金與米洛斯指出，此地某個文化下所生產的節目，在進入彼地之時，因為觀眾無法對節目中的風格、價值、信仰、制度和行為模式產生共鳴，因此吸引力會降低，此即文化折扣。他們進一步主張，一方面觀眾會因此偏好本地節目；另一方面，出口節目為了順利打入外地市場，也必須調整內容，訴諸跨區域的吸引力，避免外地觀眾可能不易接受的內容 (Hoskins & Mirus, 1988)。

　　文化接近性與文化折扣的概念提出之後，被大量實證研究用來解釋某地節目在另地市場受到歡迎的原因。以臺灣為例，像是日劇或韓劇在臺灣受到歡迎的個案研究（李天鐸，2000；蔡佳玲，2006）；或更進一步應用在媒體企業進行跨國操作時的內容製作與行銷策略的探討上（李秀珠，1996；李育倩、李秀珠，2011）。基本上，這些文獻主張日劇或韓劇在臺灣受到歡迎，主要是因為彼此的文化（價值觀、倫理觀、家庭觀等）接近之故。

　　然而，儘管文化接近性或文化折扣這樣的解釋取徑，從表面上來看似是理所當然且無可反駁的，但稍加探究便會發現其缺陷。

　　第一，文化接近的概念本身就有其模糊之處。史卓巴爾早期的研究，僅

能夠解釋某些地方的文化產品市場分布狀況；而他無法解釋的部分，顯然比解釋了的部分要多出許多。例如，他並沒有精確說明，文化接近的具體指涉究竟是什麼？是價值觀？意識型態？還是語言、習俗？進一步追問，「接近」這個概念的使用是否流於武斷？

更嚴重的缺點在於，我們都知道文化具有歷史性，會隨著時間而變動重組，而且所謂的「國族文化」內涵也是持續建構的；但文化接近性卻預設了某國族文化的固定性（因為必須是相對固定的，才能說 A 國與 B 國的文化接近，而與 C 國的文化較不接近），不僅看不到文化之間的互動歷史，也無法處理文化在當下與未來的變化。

為了修正文化接近性理論的此一缺陷，日本學者岩淵功一提出了「文化趨近」此一動態概念 (Iwabuchi, 2001)。他認為，文化接近不該是「既存的」(being)，而是「變成的」(becoming)。以日劇在臺灣受到歡迎為例，即使要以文化這個面向來解釋，還是牽涉到多重原因和動力，包括日本殖民主義歷史、現代化、美國化與全球化等，在特定時間點上彼此互相構連，進而造成兩地觀眾在某些內容元素上逐漸形成共鳴。

第二，這也就牽涉到，當我們不是只看文本的表面文化因素（如語言、習俗），而是文本背後的意識型態，文化接近性理論的意義便會大幅降低。例如，巴西學者奧利維拉指出，儘管從 1980 年代起，巴西本土生產的電視劇在本地比起美國影集要更受歡迎，還外銷其他拉丁美洲國家、甚至是歐洲市場，但其內容所訴求的奢侈、浪費與金錢至上的意識型態，與美國主流的電視劇僅是一丘之貉，是美國文化價值的第三世界版本 (Oliveira, 1993)。這樣的「受歡迎」意義何在？只能說是反映了部分拉丁美洲國家仍強烈依賴資本主義先進國家的事實。

第三，僅從文化單一面向來解釋文化產品的國際流通，顯然也是不足的。例如，文化接近性理論很難解釋，為什麼美國文化產品仍在很多看似與美國文化相異甚大的地方受到歡迎？像是《朱門恩怨》在土耳其受到歡迎，但在日本卻收視率不佳 (Liebes & Katz, 1991)。

國際視窗

我不是韓國人，我愛看韓劇

2000 年前後，包括臺灣在內，韓劇在東亞地區大受歡迎，引發許多傳播與文化學者的興趣。大部分文獻都多少應用了文化接近性理論，來解釋這一波「韓流」。透過對韓劇的文本分析，論者舉出了儒家道德觀、家庭倫常觀、人生價值觀等，來「印證」韓劇在臺灣受到歡迎是因為包含了兩地「接近」的文化內涵。

不過，這類事後解釋，顯然無法應付韓劇受到歡迎的地區，早已超越「文化接近」的東亞，而擴及歐洲、非洲等地。儘管國族文化內涵會不斷地變遷，但要說這些地區的文化，跟東亞與韓國文化一樣接近，恐怕還是太過牽強。

那麼，韓劇在歐、非等地受到歡迎必有國族文化之外的原因；在臺灣發生的韓流經驗，顯然也有重新檢視的空間。陳欣渝 (2013) 在荷蘭訪談部分荷蘭的韓劇迷，發現他們對於某些韓劇中的倫理觀與價值觀，確實感到陌生和困惑（例如嚴謹的長幼有序、家長對子女感情和婚姻的介入等）；但吸引他們的部分，包括精緻的製作水準、俊男美女的演員組合，以及浪漫的愛情糾葛等，甚至是許多女性角色更具有自主意識的設定，與其說是韓國文化，倒不如說是現代性全球化的巨觀脈絡下，異地觀眾對同一文本產生的共鳴。

此外，當地媒介環境面向（荷蘭本地電視劇供應相對較少）、科技面向（網路提供了節目取得與字幕翻譯共享的可能）與歷史面向（日劇在更早之前建立了某種閱聽基礎）等，也都各自發揮了作用。

韓劇《來自星星的你》男主角金秀賢來臺會影迷　© 聯合報系提供

又如，從表面上來看，相較於美國，臺灣似乎更容易接收日韓文化產品，但長久以來，好萊塢電影卻在臺灣市場占據絕對優勢（魏玓，2009）；即使是電視劇這項特定產品，日劇與韓劇似乎能與美劇（影集）分庭抗禮，但其實也頂多是各有擁護者（林雅婷，2011）。顯然，這裡面存在著相當複雜的文化以外的因素有待釐清或加入解釋，包括巨觀的政治、經濟、社會條件，以及傳播產業的形構等因素（Iwabuchi, 2001；唐維敏譯，2003）。

四、批判立場與方法論釐清

對於 1990 年代後開始興盛的全球化論述（某個意義上，也包括上一節所討論的文化接近性理論），文化帝國主義論者或多或少採取排斥的立場。例如，旗幟鮮明的許勒以「後帝國主義時代可還沒到來」為題進行反駁（Schiller, 1991）。他說，光看美國至今仍在中東地區駐紮龐大軍備的事實，全球化理論竟然可以慶賀地以為帝國已然消失，一個新的全球社區隱然成形，閱聽人也都能各取所需，這實在是保守多元主義的翻版。

高丁與哈里斯也提出批評：第一，全球化理論著重文化面向，往往忽略背後的結構性動因；第二，全球化理論低估了國族國家的角色，因為國族國家仍作為一個政治形式與經濟實體發揮作用；第三，種族主義與種族對抗並未因全球化而消失，而是根深蒂固地存在著（Golding & Harris, 1997）。文化帝國主義論述或許有必要修正，但全球化理論也絕不足以掌握當前複雜的全球傳播與媒體狀況。

事實上，許勒並不否認在國際傳播脈絡下閱聽人具有主動性。他說，「閱聽人的確對訊息有著各式各樣的詮釋」，而且也「可以將之轉換，以符合個人的經驗與品味」。他甚至（如同主動閱聽人論者）明確表示，文化價值的傳遞與轉換是一件複雜的事，「絕非一針見效的皮下注射」。然而他也指出，一旦優勢訊息綿綿不絕地充斥在所有文化流通的管道中，閱聽人的智識能力是會「被擊潰的」（Schiller, 1989）。

　　許勒批評主動閱聽人理論的最有力論點，在於這類研究總是從單一節目（如《朱門恩怨》）或單一類型的文本（如肥皂劇、電影、小說）來進行閱聽人分析，即便結論不同，但如此一來便與過去的傳播效果研究反而更為接近。他強調，當前的文化宰制形式是一種「總體的套裝文化」(total cultural package)，不僅是任何一家超大型媒體集團，其文化產品橫跨印刷、音樂、電視、電影等類型；而且文化宰制的指標還應該擴大到英／美語的世界通用、在美式購物中心消費、到迪士尼樂園之類的主題公園遊玩，以及去麥當勞等速食店用餐，甚至是它的金色拱門標誌 (Schiller, 1989, 1991)。他說：

> 　　在這種總體化的文化空間中，有誰能夠從單一的來源去分辨出一個觀念、價值、觀點或反應？舉個例子來說，某個人對《朱門恩怨》的反應，極可能只是從文化超級市場裡發生的十來個文化邂逅之中，留下一些片段影像的結果。（在這種狀況下）誰能夠說某些個人的行為與情緒是從哪個特定的場合引發的呢 (Schiller, 1991)？

　　許勒的說法，其實牽涉到了主動閱聽人理論與文化帝國主義批判理論之間，在後設理論層次上的差異。許勒等人的文化帝國主義論述，立基於馬克思主義的總體觀與歷史物質論，以及追求自由和解放的批判旨趣，看待跨國的閱聽人接收問題，便與閱聽人主動性的思考框架不同。

　　丹·許勒把這一點解釋得更清楚。他指出，文化帝國主義論述的重點並非文本詮釋的同質化，也不是一般性的文化消費面向，而是集中在「國際文化生產與流通的不平等結構，是如何形成、擴大與加強了一種新型態的跨國支配」。他認為，主動閱聽人理論對於文化帝國主義理論的批評，其實是「立了一個稻草人」。因為並沒有人說《朱門恩怨》「本身」就是一個文化支配，重點其實在於此節目所由生的社會關係系統（也就是美國及其主導的資本主義世界體系）；而任何對於此節目的反應，同樣要放入接收當地的脈絡來分析 (Schiller, 1996)。

　　丹·許勒也指出了主動閱聽人研究一個很嚴重的方法論盲點。他說，要

瞭解文化跨國傳播的結果，不該是選擇某個固定的時間點，就開始比較此地與彼地的觀眾對單一節目的解讀方式差異，因為這麼做缺乏歷史角度的觀照。對於某地居民文化行為與接收偏好的研究，必須先考量「西方傳播體系引進前後的差異」。

另一位文化帝國主義論者馬特拉，則是更早就提到了探討閱聽人主動性的必要。他認為，閱聽人並不會對統治階級的訊息照單全收，而且「也可以生產自己的意義」(Mattelart, 1979)。而他與其妻蜜雪兒合著的書中，進一步明確指出文化消費與媒體接收的議題，是批判性傳播研究相當需要開發的領域 (Mattelart & Mattelart, 1992)。

不過，在對閱聽人研究持正面態度之餘，馬特拉夫婦仍然強調，閱聽人研究不該像先前部分著作那樣，過於專注於閱聽人與文本互動的細節，而該考慮更大的結構性力量，亦即一個**世界性的空間**，以及其中的**不平等邏輯**。對於閱聽人從接收文本中獲得愉悅的研究，另一個重點還在於觀察其對於「維繫既有傳播體系之合法性」的作用。

總而言之，文化帝國主義論者並未在當前全球性傳播媒體變化潮流中缺席，而他們也沒有對閱聽人層次的分析棄之不顧，只是強調不能對當前仍存在於國家、族群、階級與性別等層次上的不平等現象無動於衷。誠如許勒所說，我們要注意閱聽人的主動性，但「有意義的反抗」(meaningful resistance) 絕不是對電視訊息的再詮釋而已，而應為是否能對那些跨國的文化企業集團，以及孕育這些集團的社會體系有所反抗 (Schiller, 1991)。

世界體系論的提出者華勒斯坦，也在晚近討論全球文化問題的論文中指出，既然文化是集體性的，那麼個人主義式的反抗能否視為文化反抗實在大有疑問。因此，組織化的集體反抗才是應該關注的焦點 (Wallerstein, 1991)。

五、認同與流離

目前為止，本章已勾勒出過去三、四十年來，國際傳播中閱聽人研究面

向的變遷。不過，我們的主軸基本上仍遵循傳播研究領域中，有關閱聽人研究和接收分析的問題意識，即有關「反抗」的問題：閱聽人能否反抗他們所接觸的文本中的主控意識型態 (Roach, 1997)？全球化相關討論的影響，不僅促進了針對「反抗」問題的辯論，也帶來閱聽人研究的另一種問題意識。這個新的問題意識不再著重於反抗，而在認同。

認同議題成為晚期現代社會的一個重要議題，有著特殊且複雜的社會與理論脈絡，我們在這裡無法介紹太多（可參見 Hall & du Gay, 1996）。簡要地說，認同主要是關於「我是誰」的問題，也就是「主體」的定義、歸屬與建構的問題。從啟蒙時代個人主義式的自我認同，到現代社會學影響下轉而探討個人與他人、主觀與客觀互動下的認同形成，再到晚期現代社會中，流動、持續形成、永不固定的認同建構；基本上，當前的社會科學領域愈來愈強調認同的變動性與建構性。而這樣的特性，跟全球化的動態有著密切關連。

英國社會學家紀登斯指出，前現代社會中人們必須在特定地點面對面互動，但現代性解放了這種方式，社會關係的形成開始延伸並跨越時空限制，而這正是全球化的核心特質 (Giddens, 1990)。

在這種條件下，人們的日常生活經驗開始大幅度跨越周遭的物質空間。全球化改變了居住之地與人們的文化實踐、經驗以及認同之間的關係。用賈西亞坎克里尼的話來說，「文化與地理和社會領域之間的『自然』關係消失了」(Garcia Canclini, 1995)。既然如此，那麼國族國家架構所依賴的要素之一——法定的固定領土與疆界，以及與之相應的國族文化構成和認同這一整套關係，也就遭遇挑戰甚至不再完全適用。

另一方面，全球性的各種人事物，似乎也不再那麼遙遠，反而融入了在地之中；各個領域的界線不再能截然劃分，而是一種模糊狀態，此即上一章曾提及的去疆域化。在去疆域化的過程中，跨國性的傳播系統扮演重要角色。如霍爾所說：

> 當社會生活愈來愈仰賴某些風格、地點和形象的全球行銷，或是國與國之間的旅行穿梭，或是全球串連的影像與傳播系統，那麼

人們的認同就愈來愈跟特定的時間、地點、歷史和傳統分離／脫離 (detached / disembedded)，而顯得「漂浮流動」。我們可能會面對不只一種認同，或者說我們自身的不同部分都可能聯繫上不同的認同，而這些認同甚至是可供選擇的 (Hall, 1990)。

1990 年代晚期之後，臺灣的傳播和文化研究也展開類似的問題意識，特別是關注日本流行文化（以及稍後的韓國流行文化）對閱聽人的文化認同所造成的影響。例如，李丁讚與陳兆勇 (1998) 透過對臺灣日劇閱聽人的研究，發現他們在接收日劇的過程中，在文化認同方面是出現了一些變化，但這些變化卻有非常多的層次。從接收行為的偏好、對日本文化的瞭解與肯定，乃至於生活方式和消費行為上的模仿，甚至是前往日本定居、移民等。但他們也指出，這些認同上的變化，及其與既有國族認同之間的關係，是非常複雜的課題，還需要更多的研究。

值得注意的是，霍爾強調全球化時代的文化認同變化，雖然不是一個全面的趨同現象，卻也不是一個完全多元、自主、平等的動態過程。他認為，至少有三個重要現象值得觀察 (Hall, 1990)：

第一，全球性文化認同的出現，可能引發與之反動的趨勢，即某種國族或在地認同的強化。但所謂的強化，並不是單純地回到傳統認同的內涵，而是因應全球化時空壓縮的邏輯而有所改變。例如，我們可以看到某些地區或國家，在受到西方資本主義文化的全球化強勢影響下，所出現的基本教義派活動。

第二，全球化並不是一個均質的過程，不同地區間或同一地區內的不同階層群體，其生活、文化與認同所受到的全球化影響都不同，此即文化地理學家瑪西所稱的「權力幾何學」(Massey, 1994)。

第三，全球化過程中，西方國家和文化在相當程度上還是維持主控地位，不過任何地方的認同（包括西方國家的文化認同）也都受到全球化時空壓縮的邏輯影響，而不再是絕對固定的。

國際視窗

社群媒體時代的粉絲流動

　　社群媒體快速連結、動員的特性，有時候在特定事件中，會使得流行文化塑造的全球性文化認同，形成與在地認同的拉扯，以下則為一例：

　　2020 年 5 月，美國非裔男子喬治‧佛洛依德因白人警察不當執法致死，再度掀起了長期存在於美國社會的種族問題風暴，要求改善黑人處境和權利的「Black Lives Matter」（簡稱 BLM）社會運動在全美各地蔓延數週，也引起國際的關注與聲援。

　　BLM 運動也引起反動勢力的反撲，例如保守白人群體就在網路上發起「White Lives Matter」或「Blue Lives Matter」（意指制服為藍色的警察）運動，而這樣的反制，又立刻遭到再反制。值得注意的是，這個再反制力量並不是來自 BLM 相關組織，而是韓國流行音樂（簡稱 K-Pop）的粉絲們 (Lee, 2020/6/8)，這是怎麼回事？

　　來自世界各地的 K-Pop 粉絲們以人海戰術動員，導致人們只要在社群媒體上點入例如「#White Lives Matter」或「#Blue Lives Matter」的標籤，看到的竟不是原來的反 BLM 訊息，而是 K-Pop 明星們的照片和粉絲自己拍的表演影像（通常稱為 fancam）。這項「反反制」的行動迅速又有效，CNN 的報導甚至說：「如果社群媒體圈有什麼大家都同意的規則，那就是：『千萬別惹毛 K-Pop 鐵粉！』」。

　　而這波 K-Pop 粉絲的跨國動員場景中，最核心的力量就是當紅團體 BTS（防彈少年團）與他們的全球粉絲（由 BTS 與粉絲們共同膩稱為 ARMY）。同年 6 月 8 日 BTS 宣布捐款一百萬美金給 BLM 運動之後，ARMY 也立刻號召捐款，並在極短的時間內達成同樣的一百萬金額，也就是說，BTS 與他們的粉絲總共捐了兩百萬美金給 BLM 運動。

　　值得思考的是，儘管多元和平等已經是普世價值，但佛洛依德事件與

BLM 運動基本上仍是美國社會的特定議題。一個來自韓國的流行音樂團體，為什麼會如此介入這個運動，甚至在支持行動上展現了驚人的效率和規模？

這裡牽涉到至少三個課題。第一，BTS 展現了非西方流行文化組織向西方以及全球擴張的潛力，證明在這個全球化時代文化流動的多種可能。其次，BTS 展現其全球影響力的舞臺和他們所選擇介入的議題，仍是發生在西方（美國）以及不脫離西方倡導的價值。第三，在這文化、價值與行動主體的跨國複雜互動過程中，所必備的基礎架構是 2000 年以來興起的社群媒體，若不是臉書與推特的全球普及和深入生活，BLM 運動、反 BLM 運動，以及再反制運動，都很難以上述的跨國和跨社會規模來集結與進行。因此，社群媒體對於跨國閱聽人的影響與意義，仍需要我們持續地關注與研究。

上述趨勢，正好在二戰後因全球性政經因素，而產生愈來愈多移民或所謂的流離現象上，具體地展現出來 (Hall, 1990)。一方面，移民因為生活空間的轉變，勢必會建構新的、混雜的認同；移入國的居民也因為遭遇愈來愈多不同的文化，而鬆動既有認同，同樣會建構出某種混雜認同。但與此同時，原居民也可能因為認定新移民帶來威脅，而反動式地強化原有認同。英國文化學者羅賓斯將之稱為傳統與翻譯 (tradition and translation) 之間的拉扯辯證 (Robins, 1991)。

不過，指出認同變遷的混雜或流動還不夠，「如何」混雜和流動才是重點。不同移民的個案，因為移民的原由與歷史、移出國與移入國的政經關係、移民政策等條件的不同，便會有不同的變化過程和結果。例如，過去二十年來，以婚姻與勞動為由從東南亞來到臺灣的移民和移工，因為國際政經關係上的弱勢、臺灣移民與移工政策所帶來的結構性弱勢，以及存在於臺灣社會文化架構上的弱勢，而重新建構認同邏輯；他們從屬於臺灣既有文化的程度，

遠遠高於維繫原屬文化的程度。

六、小結：回歸批判的閱聽人接收研究

相對於全球化理論，晚近的文化帝國主義論述對當前傳播環境的全球性變化，提供了更為根本的結構性觀點，有效地批評了過度樂觀的全球化理論，也針對閱聽人的「主動性」提出了替代性的詮釋方向。

然而，文化帝國主義論述還是沒有告訴我們，究竟應該如何適當分析全球文化動態的閱聽人接收層次，以及進一步指出具體的閱聽人研究課題。

在此，我們回到了第一節末的問題。若注重「權力關係」、「結構的限制與動力」與「資源的差異與差距」，是閱聽人研究不可或缺的要件，那麼當接收脈絡指的是當前的全球化脈絡，又該如何進行適當的閱聽人分析呢？以下嘗試根據這三項要件，提出在全球化的傳播環境脈絡下，閱聽人研究的三項重要課題與方向。

㈠全球架構的權力關係

即便是全球化理論家也都同意，當今的國際政治、經濟與文化關係仍存在不平等，但他們往往將這個條件存而不論，甚至認為全球化會帶來各種超越既有權力關係的多元文化呈現。

有趣的是，開啟主動閱聽人分析之大門的霍爾反而指出，當前的全球文化其實還是以「西方」為中心，以英語／美語為主要的使用語言——即便這種「中心化」的方式與過去不同 (Hall, 1991)。他也提醒，在討論全球化時，必須注意「資本在晚期的現代形式中進行國際化的情形」以及「文化生產中的社會形式、文化結構、分工、不均與不公」（唐維敏譯，1997; Morley, 1996）。

洪宜安也指出，全球性的文化互動，確實會在地方性的層次上，碰撞出難以預料的、創造性的文化結果，但這並不是說所有的文化元素在這個過程

中，都擁有等量齊觀的力量，因為我們身處的是一個不平等的跨國媒介體系
(Ang, 1996)。這也就是她再三提出葛蘭西的霸權架構，以進行適切之閱聽人
研究的主旨：

> 一方面，我們唯有以民族誌方法的敏感度，增進對於結構性變
> 遷如何在特定的歷史時空下，被整合進特定文化與實踐的瞭解……
> 但是，適合於瞭解我們當代文化狀況的民俗誌觀點，也必須超越侷
> 限於地方性的視野，在生產／流通與消費之間、普遍與特殊之間，
> 以及全球與在地之間不均衡的關係中，發展出瞭然於胸的認知
> (ibid.)。

因此，在進行全球化脈絡下的閱聽人研究時，要考慮的第一項結構性背
景因素，乃是全球文化形成過程中，國家與國家之間、文化與文化之間、區
域與區域之間不均等的權力關係。在地的特殊文化生態或許可以對全球文化
同質化的傾向帶來變異，閱聽人或許也可以主動地詮釋外來文本，但在地的
閱聽人所能運用或詮釋的文化範疇與元素，究竟是多元多樣的，還是被某些
特定的生產者與流通者所主控的？外國與本國、外國企業與本地企業在這中
間各扮演什麼角色？彼此的關係是什麼？都是進行具體研究應該瞭然於胸的
基本脈絡。

舉例而言，若要研究臺灣閱聽人對（外來或本地的）影視產品的接收狀
況，就不能不對長期以來整體影視產品市場超過八成以上被外來產品（主要
是好萊塢）主控的事實、形成這一狀況的結構性因素，以及其他媒體環境的
間接影響（如平面與電視媒體有意無意協助外來電影行銷）等條件，進行基
本的瞭解，並作為微觀層次文化現象分析之基礎。

㈡微觀與巨觀／在地與全球的辯證與接合

掌握了巨觀的全球化脈絡後，接下來的問題是閱聽人研究該如何有效接
合微觀與巨觀層次。也就是說，上述媒體全球化的結構性條件，與在地閱聽

人的微觀接收行為之間，有什麼樣的關係，以及如何將其適當地置入研究之中。

在此，我們可以參考紀登斯提出的「結構化」概念。此概念帶來的啟示是，閱聽人的主動性，是在外在結構的限制下運作的；而閱聽人有限度的自主活動，也能夠反過來影響結構，這是一個辯證的過程。對於這點，莫利相當同意卡瑞基的看法：

> （強調閱聽人主動性的研究）忽略了文本的、歷史的與物質的
> 因素對閱聽人與文本互動的影響。媒體閱聽人**確實**參與了意義的建
> 構，但他們的建構畢竟是在外在壓力與脈絡所設定的範圍內進行的，
> 而且某個程度上是被這些條件所決定的 (Carragee, 1990)。

因此，在接合微觀與巨觀層次之時，我們必須瞭解全球層次的權力不均等關係，究竟對在地的文化生態與閱聽人的文化消費，產生了什麼樣的限制，設定了什麼樣的範疇。這裡所談的限制與範疇，並不僅僅是具體的媒體產品，而更應該是許勒所說的「套裝文化」——從新聞到肥皂劇、服飾到飲食等日常生活中的文化元素。例如，長久以來大量進口美國文化產品，對臺灣閱聽人的影視品味產生什麼影響？閱聽人的解讀方式，在什麼程度上受到「美式文化」的框限？

另一方面，我們也要反對「外來文化必然宰制本地文化」的化約式觀點，並注意當前快速變化、流通複雜的全球文化環境，確實增加了在地民眾在文化實踐上的變異性。我們亦不能否認，外來文化也可能是本地人民對抗主控文化的動力之一。

不過，若要探究閱聽人的主動性，或結構化過程的「動力」與「變異」，則我們必須清楚指出，所謂閱聽人的多義解讀或反抗，其本質是什麼？範圍有多大？對既有的全球與國內的主控文化結構，有什麼影響或動搖的可能？外來文化因素提供的是阻力還是助力？

在這裡，發掘閱聽人對單一文本之特定解讀的研究，即便變化萬千，仍

應被嚴格質疑。相反地，前述許勒所說的「有意義的反抗」，或華勒斯坦所說的「組織化的反抗」是否出現，才是重要的課題。

　　1997年底起橫掃全球電影市場的好萊塢電影《鐵達尼號》，在南韓卻遭遇民間基於抵抗美國文化帝國主義與保護外匯等理由而發起的「拒看《鐵達尼號》運動」（郭崇倫，1998），正是一個值得重視的閱聽人主動性例子。

　　此外，羅曲的提示也值得注意 (Roach, 1997)。她說，在當前跨國傳播集團主導在地文化空間的條件下，發掘民間自發的「反對性另類媒體」之運作與生態，是尋找真正的閱聽人主動性的一個重要方向。

㈢文化消費的資源差異與差距

　　莫多克與莫利提到的另一個有效接合結構與行動主體的理論——法國社會學家布迪厄的文化消費理論，則有助於更細緻地分析閱聽人接收全球文化的狀況。這可從兩方面來談：

　　第一，由於身處不同的社會位置（階級、種族、性別等社會分類架構），不同的閱聽人或閱聽群體，擁有不同的符號與物質資本，這也就會約制他們「取得不同的論述資源與解碼策略」（馮建三譯，1995）。

　　第二，在這種資源各異的條件下，不同社會位置的閱聽人，也就會在個人的生命史中，形成層次有別的文化消費素養和品味。

　　不過，莫多克也指出，布迪厄對於社會結構與消費習性間的連帶關係過於穩固的看法，也並不完全恰當。他認為，逃脫文本與語言框架的可能性永遠存在，但必須對不同類型的文本分別與不同閱聽群體間的多種互動關係，進行更細緻而不預設特定結果的考察 (Murdock, 1989)[3]。

　　由此看來，研究全球化脈絡下的閱聽人接收狀況，應特別探究不同社會

---

[3]　對於社會階級、資源差距與文化消費的關係，莫多克明確指出了四個研究課題：所得與不均等的媒體接近權、勞動的分工與消費形式、消費一般商品（如家具）的符號意義，以及使用科技（如電腦）與人際互動的關係 (see Murdock, 1990b; Murdock & Golding, 1989)。

位置的閱聽人，消費了哪些外來文化產品或運用了哪些新傳播科技？產生了什麼互動結果（接收狀況）？以及這些結果對他們的社會位置產生了哪些維繫或變動的效果？

另外則是，就文化品味與價值觀的問題來說，外來文化在被本地閱聽人接收的過程中，本地社會對各種文化產品的價值歸類與位階判斷，發生了什麼變化。例如，擁有較多物質與文化資本的優勢階級，消費了外來的歌劇、藝術電影等「高雅文化」產品，對他們維持自身優勢有什麼影響？而一般勞動階級消費外來肥皂劇或通俗電影，對他們的社會位置流動或固著又有什麼意義？這一象徵、文化鬥爭的過程中，不同社會位置的閱聽人扮演了什麼角色？各種文化產品的文化位階出現什麼變化？「有意義的反抗」或「組織化的反抗」在外來文化的媒介下，各以什麼樣的可能性和形式出現在不同社會位置的閱聽人身上（例如，賀伯迪吉的青少年次文化研究）？在這方面，外來與本地文化產品的作用有何差異？為什麼？這些問題，都是將閱聽人主動性研究進一步細緻化所可以注意的議題。

總結來說，全球化脈絡下的閱聽人研究，不僅要放棄將閱聽人與文本這組關係孤立出來的作法，也必須修正只將閱聽人的接收脈絡侷限於單一家庭或一國之內的研究取向。這裡的閱聽人，確實處於一個訊息組成的流動性、複雜性與變動性非常高的傳播環境之中，但也不能因為這個前提，就直接認定閱聽人與訊息的互動也會自然相應地產生各種「變動不居的意義」。

事實上，不同文化、國家、社會、社會位置與個人主體等各個層次內部與層次之間的不均等權力關係並未消失。我們非但不能將這些權力關係視而不見或割裂成片段，還必須以更為細緻而謹慎的態度，將這些權力關係與結構、資源等問題組成的現實狀況連繫起來，方能算是適當地瞭解全球化脈絡下閱聽人接收狀況的最起碼要求。

我們對於當今全球性的傳播環境變化以及其中閱聽人的樣貌，瞭解的其實還很少，加上 2000 年之後社群媒體興起，以上提出的研究方向與討論，只能做為試圖瞭解相關現象的起點。不過，儘管外在環境變遷如此快速，莫利

在十幾年前提出的原則建議，至今仍是有效的：

> 我們的分析必須同時滿足兩種要求，其一是要能實質地善事處理這些文化過程涉及的全球／本土之動態發展，再者則必須扣合微觀與宏觀的分析層次。唯其如此，我們才能夠讓我們的理論生根，亦才能夠將我們的根基理論化；唯其如此，我們才能夠扣連傳播的家庭內部、本地、全國性與國際性的多種分析面向（馮建三譯，1995）。

國際視窗

南臺灣的「主動閱聽人」

在臺灣，或許是因為文化霸權運作、歷史因素，而未曾出現南韓民間那種對抗美國優勢文化的行動。不過隨著地方自主意識逐漸勃興，加上數位傳播科技的進化與普及，從草根出發的自主傳播活動，近年來倒是陸續出現。

2010 年，高雄一群獨立影像工作者以紀錄片和影展等方式，批判性地介入高雄港區的環境與建設問題，他們自稱「海馬小組」。

2011 年，他們將運動重心移往小港區的大林蒲，這是一個三面被重工業圍繞，連唯一面海的一邊也被政府規劃為填海造陸、繼續開發的小社區。此地環境汙染嚴重，是臺灣過去錯誤、惡質產業開發主義的典型受害者。

當地居民黃耀雄與海馬小組、臺南藝術大學學生合作，舉辦影像訓練班、老照片展、影展等活動，培植草根影像記錄者，嘗試透過影像介入，監督、批判資本和國家，也集結人民的力量（何思瑩，2013）。

2012 年，海馬小組成員轉型成立「臺灣影音展演藝術產業工會」，除了持續以影像創作和展演介入南臺灣的社區與環境議題，也透過團結合作的方式，突顯影像勞動的階級性質，並爭取應有的勞動條件。

　　工會理事長蕭立峻說：「我們不害怕介入，因為我們將自己當成是人民中的一分子，而非以菁英的姿態去干預。創作的靈感與素材從真實的生活中來，作品也將回到真實的生活中去鬥爭。」

　　從這些人和團體身上，我們看到了「有意義的」反抗實踐，而不只是語意的多義解讀。

海馬小組在大林蒲舉辦的攝影展　◎蕭慶章攝

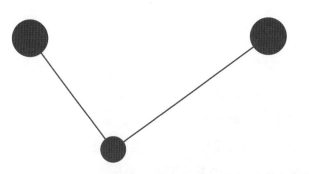

第八章

國治天下平：

邁向一個全球視野的傳播治理

⊕ 前　言

　　　　我們要面對的關鍵性挑戰，是建立或恢復文化間的交流對談。
這種對談不再只是生產者與消費者間的對談，而是一個真正多元
的、能實現集體創作之條件的對談。這樣的對談將能讓受話者成
為發話者，同時保證能讓制度化的發話者重新學習當一個受話者。
最終的關鍵性挑戰，就是促成在多元化與互相尊重的環境中和諧
發展 (UNESCO, 1980, 1982)。

　　本書探討國際傳播的理論與現象，目的是提出批判性的詮釋視野，希
望尋求一個公平、自由、多元的國際傳播環境。二十世紀至今，發生在國
際傳播場域的各種論辯，正是圍繞著這個理想。因此，本章的重心是如何
透過政治手段的介入，促成國際傳播朝理想前進。

　　這樣的介入大致分為兩個層次：國族國家層次，以及超越國族國家的
國際或超國家層次。正如紀登斯所指出的，國族國家體系是現代社會的特
徵之一 (Giddens, 1990)。對內，國家仍是唯一有權管制國內傳播環境的機
構。對外，國際關係結構下的跨國連結與組織，則是足與全球資本主義共
同形塑國際傳播面貌的最主要力量。這兩個層次的政治介入，其動力與動
態都不同，但兩者很難完全切割，只是為了方便討論才暫時區隔。以下先
從國際與超國家層次的治理談起。

一、當前超國家治理的特徵與盲點

　　全球化使得國與國間緊密連結，也為區域範圍的國際合作提供誘因。以
當今影視產品的國際流通情形來看，美國的主控地位日益牢固，任何國家均
難以匹敵，而區域結盟是一個可能的應對方式，歐盟正是代表性案例。

　　歐盟的視聽文化政策向來積極防堵美國影視產品的輸入，其「文化例外」的主張，便是希望區隔電影、電視或流行音樂等攸關國族認同的「文化表現」與一般商品的差異，透過自製節目播出比例、製片補助等手段來保留在地影視產業的生存空間。

　　即便立意良善，「文化例外」卻仍難抵擋好萊塢影視產品的進逼。關鍵在於，歐盟的政策邏輯是培養一個具世界競爭力的「歐洲視聽空間」，作法包括鼓吹各國將傳統的公共廣電系統市場化、鼓勵私人傳播企業擴大規模等，希望藉此提升歐洲視聽產品的生產力與外銷力，但這反而助長了歐洲視聽產業與好萊塢有更多合作，一方面滿足了自製節目的比例要求，另一方面也獲得歐盟的各種補貼。

　　對於其中的弔詭，美國政府與業者顯然瞭然於胸。1994 年的一次 WTO 會議中，美國貿易代表受訪時談到：

> 　　美國公司必須生產可被當作歐洲出品的電影。我們必須為美資企業指出通往歐洲補助計畫的捷徑，即便我們認為所有的管制都是思想檢查。（不過）產業間的合作終將陷管制於無用武之地，因為它將使得區分美國與歐洲企業變得更不可能 (Venturelli, 1998)。

　　這段談話中的「我們」，顯然是指美國政府。美國貿易代表署與好萊塢影視產業的關係向來密切，輔導本地業者藉跨國合製方式「借殼上市」，形同戳破了自由貿易無涉政治的神話。

　　歐盟即便有「文化例外」這張護身符，近年來美國輸入歐洲的視聽商品比例卻是不降反增，主要的利潤正是來自於跨國合製 (Chalaby, 2006)。在資本與創意的跨國流動日益頻繁的今天，商業媒體將本求利，以合資或合製方式偷渡包裝後的文化成品，結果依舊如美國貿易代表所預言──陷管制於無用武之地。

　　關鍵在於，當傳播與通訊事務存在於一個資訊、資金、技術與人員流通日趨全球化的空間裡，國族或在地文化的意義與價值已被論述化為經濟議題、

交易的項目。在市場自由化的論述中，「消費者自主意識」、「個人的選擇權」成為替文化的無障礙流通背書的制式解釋。

然而，這個簡化的邏輯忽略了全球文化環境的脈絡，是文化的生產與詮釋權日益集中在跨國集團手裡，且跨國文化流通的政策主導權，也逐漸由少數西方高度工業化國家與跨國財團聯手壟斷。

既有的跨國治理政制朝開放經濟的思維傾斜，顯然是造成論述壟斷的關鍵。以 WTO 為主的全球貿易組織或其他跨區域的經貿協定，往往強銷一個無國界市場的全球化願景；這個願景強調，掃除貿易障礙與促進商品流通，是達成彼此瞭解與世界和平的唯一路徑。

WTO 鼓吹的雙邊或多邊協商機制，建立在國與國間對等協商開放項目。然而，對政經弱勢國家而言，當視聽文化與其他商品或服務，被放在同一平臺上作為談判項目時，文化往往淪為犧牲品，用以換取農、工或高科技產品的輸出。

面對文化成為交易項目，歐盟、南錐共同市場等區域性經濟體尚能展現集體協商實力，將文化排除在開放之列，但形單影隻、整體經濟表現必須仰賴出口的國家，就失去談判的籌碼了。

因此，我們必須體認，全球化商品、資訊或服務流通仍處於一個充滿政治意涵且資源權力高度不均的國際空間。許多跨國事務的協商、決策的制訂，必須訴諸國族國家之間公開且對等的政治協商，方能妥善處理。

同時，既有的國際協商機制中，WTO 只是各種跨國治理機制的一環，且其過分膨脹的決策權力必須被限縮。此外，須有挑戰甚至替代 WTO「文化即商品」的論述，而對國族國家既有法規、制度的衝擊，也須有其他國際組織、協定的折衝與制衡 (Bello, 2001; see Siochru et al., 2002)。

國際視窗

文化貿易之自廢武功

　　臺灣正好是一個突顯 WTO 架構無法保障「文化公平貿易」的例證。2001 年 10 月，即 2002 年初進入 WTO 前夕，行政院與立法院為了符合 WTO 相關公平貿易規定，聯手刪除了 1983 年通過之《電影法》的兩個條文：第十一條「電影片映演業，應依中央主管機關規定之比率，映演國產電影片。」與第四十條「為促進國產電影片之發展，對輸入之外國電影片，得徵收國片輔導金，其徵收辦法，由中央主管機關報請行政院定之。」

　　這兩個條文，前者是訂定銀幕配額的法源，後者則是透過電影市場資源再分配來輔導本國電影產業的手段。行政與立法機關主動放棄這兩個政策工具，引發各界強烈批評，認為是「自廢武功」之舉（馮建三，2001a；陳儒修，2001）。

　　這個事件有三點值得討論。第一，在歐洲國家的主導下，WTO 架構下的「文化例外」已被接受，臺灣政府不可能完全不知，卻仍以 WTO 之名，行圖利美國影視資本之實，陷本國電影產業於完全劣勢。這證明了現實的國際權力關係，而非公平貿易原則，才是國際文化交流的主導因素。

　　第二，新聞局電影主管官員面對外界批評，回應《電影法》第十一條、第四十條從未落實，即使刪除也沒有影響（馮建三，2001b）。殊不知，正是因為相關法律沒有妥善實施，才導致臺灣電影產業從 1970 年代晚期便走向衰退（魏玓，2009）。

　　第三，社會上儘管有批評之聲，但並未引起更大的後續反對效應。對臺灣社會來說，影視產業與文化的保護一直都沒有獲得足夠的重視。可見在全球影視市場中，弱勢國家要有效地保障或發展在地影視產業，除了適當的政策、實施的決心，還有賴整體社會論述的改變。

臺北西門町電影街中的海報文宣　© 中國時報資料照片，陳信翰攝

二、重拾文化的公共意涵：聯合國文化多樣性公約

相較於 WTO 對貿易自由化與全球市場擴張的推動，聯合國對過度市場化的趨勢表達深切疑慮，並思有所作為。聯合國轄下組織紛紛藉由調查報告，探究全球化狀態對傳播權與文化的影響。

聯合國貿易與發展會議在 1999 年的全球發展報告中，便以「再創全球治理——為人性與平等」作結，明確指出既有的全球治理架構過於向自由貿易傾斜，且過分屈從於富有國家的經濟與金融利益；報告並指明這些富有國家「通常是 G-7，甚至是 G-1」（即七大工業國，以及美國）。現階段的全球治理，與二戰後聯合國初成立時相比，明顯崩壞了許多；因此，該報告主張重回《聯合國憲章》標舉的人權與發展目標 (UNDP, 1999)。

聯合國教科文組織 (UNESCO) 則更明確指出文化政策制訂的重要性，並明白指陳文化不能等同商品。在 2001 年底，UNESCO 發表了《文化多樣性宣言》，強調「作為一種交換、創新與創意的來源，文化多樣性對於人類的重要性，正如生物多樣性對自然的重要性一般」。該宣言也主張，應由每個國家在充分尊重其國際責任的前提下，定義自身的文化政策，並以其認為合適的方式來落實。

即便 UNESCO 在 1980 年代推動「新世界資訊與傳播秩序」(NWICO) 落敗，並在英美等國退出組織後轉趨保守，但近幾年有鑑於全球化造成地區發展的貧富兩極化，以及在地與傳統文化和多元文化創意面臨商品化的衝擊甚巨，因此欲藉由重申文化多樣性的重要性，試圖在這場論述的拔河中，撐開 WTO 所主導的「自由交易」框架。

UNESCO 在 2003 年的高峰會後，聲明傳播多樣性無法從「所有人擁有的促進、保護與保存其文化身分認同及其自由追尋文化發展的權利」中分割出來。同時，傳播來源的多元性包括資訊與媒體的所有權、保障參與者與所有團體的觀點均可被聽到的有效方式，以及對公共服務、自由與獨立媒體的支持等（繆永華、廖沛潤譯，2011）。

國際視窗

文化多樣性是活水泉源

聯合國《文化多樣性公約》重要條文摘錄（第 7 至 11 條）

第 7 條　文化遺產是創作的源泉

　　每項創作都源自於相關的文化傳統，但也在與其他文化傳統的交流中得到充分的發展。因此，各種形式的文化遺產都應作為人類的經歷和期望的見證，而得到保護、開發利用和代代相傳，以支持各種創作和建立各種文化之間的真正對話。

第 8 條　文化物品和文化服務：獨樹一格的商品

　　面對目前的經濟與技術沿革所開啟的創作與革新的廣闊願景，應當特別關注創作意願的多樣性，公正地考慮作者和藝術家的權利，以及文化物品和文化服務的特殊性，因為它們體現的是特性、價值觀和觀念，不應被視為一般的商品或消費品。

第 9 條　文化政策是推動創作的積極因素

　　文化政策應當在確保思想和作品的自由交流情況下，利用那些有能力在地方和世界層級發揮作用的文化產業，創造有利於生產和傳播文化物品和文化服務的條件。每個國家都應在遵守其國際義務的前提下，制訂本國的文化政策，並採取其認為最為合適的行動方法，即不管是在行動上給予支持還是制訂必要的規章制度，來實施這一政策。

第 10 條　增強世界範圍的創作和傳播能力

　　面對目前世界上文化物品的流通和交換所存在的失衡現象，必須加強國際合作和國際團結，使所有國家，尤其是發展中國家和轉型期國家能夠開辦一些有活力、在本國與國際上都具有競爭力的文化產業。

> **第 11 條　建立政府、私營部門和民間社會之間的合作夥伴關係**
>
> 　　單靠市場的作用無法確保和促進文化多樣性這一促進人類永續發展的關鍵。為此，必須重申政府在私營部門和民間社會的合作下推行有關政策所具有的首要作用。

2005 年 UNESCO 所採行的《保護與促進文化表達多樣性公約》，也強調文化的多元性與認同，不應被向市場傾斜的國際法律體系威脅，因此主張文化事務應與政經事務一般，在全球治理的架構中獲得同等重視。

相較於 1970 年代的 NWICO，「文化多樣性」關切的範圍更廣，包括意見表達的自由、媒介與語言多元性、文化、科學與科技知識的平等近用，以及所有與文化近用、表達和傳遞手段有關的事務。

該項公約的簽署突顯了一個尊重自主的國家文化政策新思維，更重要的是，它讓各國保護本地文化或創意表現的作法，有了形式上的保障。不過，國際或超國家層次對於國際傳播的介入，還是要落實到國族國家內部來執行。因此，以下將針對國族國家的角色進行探討。

三、國家介入的必要性

1990 年代全球化論述如日中天之際，部分專家主張國族國家愈來愈無能掌理國際或跨國的經濟活動；日本趨勢專家大前研一甚至宣稱「我們正在見證國族國家的終結」。他說，全球化會讓資源自動流向需要的地方，無需國族國家摻一腳；「或者根本應該這樣說，若沒有任何國家介入，它們的流動會更好。」(Ohmae, 1995)

這些說法不無誇大之嫌，更值得懷疑的是這類說法的目的為何？德國社會學家貝克指出，這類主張說穿了就是「新自由主義」的意識型態 (Beck, 2000)——信仰市場至上、自由放任，並把國家功能降到最低。

很多研究全球化的學者都同意，當今國家的主權與合法地位確實遭遇挑

戰，甚至有所調整。但誠如紀登斯所言，無論跨國企業在全球經濟中擁有多大的力量，國族國家仍是特定領土中，唯一掌有合法暴力與行政工具的政治實體 (Giddens, 1990)。

因此，針對全球化時代政經領域的互動變化，更適當的理解應該是：國家功能的弱化其實正是獨尊經濟管理的代價 (Amin, 1997)。換句話說，這是國家自己的政策選擇，是一種自廢武功，而不是一個無可避免的自然趨勢。這也證明了，國家非但不是不重要，反而是促成特定全球化面貌的關鍵力量。反過來說，若想管制全球化下的經濟勢力、治理社會各個面向，也不能沒有國家。

這一點在傳播與文化領域尤其如此。由於跨國媒體集團不斷擴張，以及各種傳播新科技的出現與普及，國族國家無論以什麼方式，都得處理這些趨勢所帶來的各種急迫問題。正如莫瑞斯與韋斯博指出的，就算是一個主要由市場規則來控制媒體系統的國家，政府還是持續負責核發廣電頻譜、管制媒體與電訊系統的所有權和營運，以及執行各種傳播法規 (Morris & Waisbord, 2001)。因此，國家介入的重要性應該不是問題；國家為何與如何介入文化或傳播的產業狀態？透過什麼政策手段？以及國家的介入產生什麼結果和效果？這些問題才是應該關注的面向。

在國際傳播場域中，個別國家的國家機器介入，其實就是一種傳播政策的制訂與實踐。我們可使用一個理念型架構來討論這個議題。這個架構的第一個面向是介入的理由，分為經濟理由與文化理由。第二個面向是介入的具體手段，分為防禦性手段與進攻性手段。由此可得出四種型態的政策介入 (請見下表)。

表 8-1　國家介入傳播領域的政策型態

理由 手段	經濟理由	文化理由
防禦性手段	I	II
進攻性手段	III	IV

必須注意的是，此架構中的不同面向是分析性的，實際上很難完全區隔。就經濟與文化理由而言，這兩種政策目的來自於現代傳播產業的雙重性質：既提供人們公共生活所需的象徵與規範要素，也是現代產業中愈來愈重要的生產部門與消費標的 (Golding, 1998)。

事實上，大部分國家的傳播政策都不可能只訴求單一理由，經濟與文化目的並非不可兼顧；甚至應該說，要達成某些政策目標，本來就需要兩種理念相互搭配。另一方面，防禦性手段和進攻性手段也經常是同一套政策的兩種措施而已，適當搭配通常更可能達成政策目的。

㈠類型 I：經濟防禦性手段

如前所述，傳播產業已是現代國家的重要經濟部門，國家為了維繫國內傳播產業的發展，保障勞動者的工作權和工作條件不受國外傳播產業的強勢競爭，會採取某些限制性手段。

首先，國家可利用稅賦手段，對進口文化產品課徵較高關稅或特別稅。其次，也可從資金和經營的層次管制外來勢力，即制訂外國公司或外國人擁有傳播企業的比例，或直接限制其經營範圍。

例如，基於電波頻譜的稀有性，大部分國家都不允許外國人擁有和經營無線電視，對其他相關事業也或多或少有所限制。以臺灣為例，外國人間接與直接持有有線電視系統股份的上限是百分之六十與二十，直接持有衛星電視頻道股份的上限則是百分之五十。

又如，中國大陸與 1988 年前的南韓，都限制外國公司不得經營電影發行事業。不過，在電影方面最普遍的限制性手段應屬配額政策：「進口配額」限制外國電影的進口量；「拷貝配額」規範外國電影進口後的流通拷貝量；「銀幕配額」則限制電影上映的數量或比例，又稱放映配額。此外，因應電視作為電影的一個重要播映管道，另有針對電影在電視上播映比例的 「螢幕配額」。

實施電影配額制，並與好萊塢周旋的先驅是法國。法國從一次世界大戰

之後，為了因應美國電影的強勢競爭，便開始著手實施進口配額制，歐洲其他國家也多有仿效 (Ulff-Moller, 2001)。

近年以多種配額手段來保護本國電影工業的代表性國家則是南韓。1960年代起，南韓開始實施進口配額制，並禁止外國公司經營電影發行事業；每年進口數不得超過上映國片數的三分之一，直到 1987 年才廢止 （馮建三，2002；金賢慶，2003）。此後，拷貝配額與銀幕配額，尤其是後者的落實（全年至少一百四十六天放映本土電影），成為開放美片進口與發行的威脅下，最主要的本土電影防線 (Lee, 2005)。此外，2000 年後，南韓政府也實施螢幕配額，規定電視公司播放的電影總數，百分之二十到三十必須是本土電影。這些不同配額措施的搭配與落實，對於 1990 年代晚期南韓電影的復甦，起了非常積極且關鍵的作用。

而針對近年來興起的串流與隨選視訊服務，歐盟也相當警覺此一趨勢對歐洲視聽產業的衝擊，將 2007 年頒布、2009 年起實施多年的「視聽媒體服務指令」進行了修正。這項指令的原始目的即在於將歐洲的影音媒體（包含傳統電視與數位管道）納入統一的管制架構，並規範歐洲境內的影音媒體應該以播出歐洲生產的內容為主（不低於百分之五十）。而 2020 年推出的修正版指令，除了言明將串流與隨選視訊平臺（包含社群媒體產業）納入管制範圍，也實施類似的歐洲產品保護措施，要求平臺業者提供的歐洲生產影音內容不得低於百分之三十。落實相關指令最為積極的法國立刻響應，並進一步立法要求這類平臺業者在法國境內營收的百分之十五到百分之二十，必須投注到法國或歐洲影音產品的生產 (Osborne Clarke, July 21, 2021)。

(二)類型 II：文化防禦性手段

準確地說，類型 I 中的南韓電影政策案例，其實混合了經濟與文化目的；在保護本土電影產業的同時，也保護了本地電影文化。但在本小節，我們將文化防禦手段的範圍限縮在以文化／政治為唯一或首要目標的相關措施。

民主國家對傳播內容的管制大多會降到最低，即使有部分輕度管制措施

（如電視或電影分級制），或較嚴重涉及《刑法》的猥褻罪等，通常也都適用於所有的傳播產品，並不會特別對外來產品有差別待遇。

不過，因政治專制或宗教禁忌等理由，仍有部分國家會對外來文化產品直接進行內容上的管制或干預，中國大陸便是最典型的例子。

為了維繫中共的一黨專制政權，電視劇、電影等影視產品仍得通過嚴格的事前審查，才能取得開拍與映演執照。進口影視產品因內容涉及政治或文化敏感題材而被禁止流通，或做實質修改後才能流通的案例時有所聞，好萊塢產品也無例外。例如，2013 年初上映的 007 系列電影《空降危機》，就為了符合中國電影檢查標準而刪除了部分政治敏感畫面與對白 ("Censored Bond film Skyfall opens in China." 2013, January 21)。2021 年迪士尼推出自家品牌的串流平臺 Disney+，在香港上架時，其中著名的美國動畫影集《辛普森家庭》卻少了一集，因為該集中提及天安門廣場與 1989 年的「六四事件」(Wang, 2021, November 29)。①

中共對外來傳播內容控制的極致，展現在一般認為本質上最開放、最跨越疆界、也最無法拘束的新興媒體──網際網路上。外界稱之為「中國防火長城」，意指一套非常細密、全面且有效的網路內容防火牆。具體手段包括：

第一，讓國內民眾根本無法接觸某些外國網站。例如，暢行世界大部分地區的社交網路平臺臉書、推特，與影視網路平臺 YouTube。

第二，即便在國內可以接觸，但透過監控手段過濾特定內容或功能。最著名的例子便是對全球最大搜尋引擎公司谷歌的控制。在中共的技術干擾下，境內的網友無法在谷歌上查詢許多政治敏感字眼，例如法輪功、藏獨、臺獨等。2010 年時，谷歌因業務與服務無法順利進行，宣布退出中國大陸市場。

第三，監控個人電子信件與小型網誌（在中國大陸被稱為「微博」），一旦發現敏感的關鍵詞，便加以干擾或直接刪除。

為了因應「中國防火長城」的管控，網友也發展出各種「翻牆」對策，

---

① https://www.nytimes.com/2021/11/29/world/asia/simpsons-hk.html

以維持跟外界的聯繫。但整體而言，中共的管控仍相當有效，網友的反制效果相對有限。

另一方面，文化防禦手段也不見得就是國家威權或保守政治力量的施展，如果是從一般性的文化發展目的給予保護，而不是特定文類或內容的限制，也可以是相對進步的措施，例如，晚近因應跨國數位平臺對在地新聞產業的強勢衝擊，澳洲政府在 2021 年 2 月澳洲國會正式通過《新聞媒體與數位平臺強制議價法》，要求跨國數位平臺業者必須與澳洲當地的新聞業者進行協商議價，針對其平臺上流通的在地新聞內容付費（陳冠榮，2021 年 2 月 25 日）。雖然這個議價法的性質比較接近經濟手段，而且實施效果上未必能夠保護在地的小型或社區新聞媒體，但對於本國新聞產業的公共利益合理保護目的而言，仍可視為基於文化目的的防禦手段。

㈢類型 III：經濟進攻性手段

在經濟層面上，許多國家採取的是積極進攻手段。最主要的方法便是投注國家資金來輔導、推廣和獎勵國內傳播產業，增加其在國內和國際市場上的競爭力。過去二十年來，最顯著的案例便是南韓政府對文化產業（特別是電影、電視與流行音樂產業）的積極輔導，奠定了「韓流」席捲世界的基礎 (Shim, 2006)。

南韓政府從 1990 年代中期起的文化產業振興政策，包含幾個要項：

第一，執政者的明確意志。1997 年，金大中在競選總統時，即以文化政策為重要訴求；他當選後為因應金融危機，一方面著手金融改革，另一方面則推動文化產業，將相關預算提高到政府總預算的百分之一以上。

第二，設立中央層級的主管與專責機構。南韓於 1990 年成立文化部，1998 年擴充為文化觀光部，負責政策制訂與推動。同時設立專責執行機構，例如文化振興委員會、文化振興院、電影振興委員會等。

第三，相關法令的制訂。例如，1995 年實施的《電影振興法》、1999 年納入更多文化產業部門的《文化產業振興基本法》，以及相關配套等數十部法

規，作為相關措施的法制基礎。

第四，多樣手段的並用。以電影輔導為例，除直接的輔導金補助外，還透過協助建立融資平臺等方法，促進電影創作者與一般企業的合作，以及整體產業的活絡。電視方面也不能忽略頗具規模、居於領導地位的公共無線電視系統「韓國放送公社」(KBS) 與「文化廣播公司」(MBC)，作為影視與流行音樂的生產基地與流通管道（馮建三，2002；金賢慶，2003; Shim, 2006）。

值得注意的是，這些積極措施，不能沒有前述防禦性手段的相輔相成；尤其是 1990 年代中期之後的銀幕配額管制，為南韓電影爭取了一定的復甦空間和時間。

相較於南韓傾全國之力的單兵作戰，另一個策略則是多國之間聯手並進，最常見的即是國際合製，包括股份合製與條約合製兩種（Miller et al., 2001；另見第二章）。

國際合製在實務操作上有多種方式，有單純的多國集資、合組製作團隊、吸引外國創作團隊前來本國攝製、聯合發行，或綜合運用上述方式等。其經濟上的目的，不外乎是擴大資金與市場規模、降低風險、優勢互補、創造就業機會、爭取政策優惠等（魏玓，2006）。

二戰之後，為了因應好萊塢的威脅，歐洲國家便已採行國際合製 (Jackel, 2003)，其中又以法國最為積極。法國與義大利政府在 1949 年簽定史上第一份國際合製同意書 (Jackel, 1996; Guback, 1969)，而後簽定國際合製條約的國家有將近四十個。1994 到 1998 年間，法國占歐洲合製劇情片總量的百分之四十九，其次是德國（百分之二十九）與西班牙（百分之二十八）(Miller et al., 2001)。

另一個積極採行國際合製的國家是加拿大。該國在 1997 年已簽署逾四十份國際合製條約 (Hoskins et al., 1997)，2005 年底達五十三份。只要是官方許可的合製案例，都享有國家經費補助與其他減稅優惠 (Pendakur, 1990)。

而針對跨國媒體集團紛紛發展自家的串流平臺（例如迪士尼、HBO 等），與新興的串流服務競爭，英國的主要電視媒體也打破公營和商營的界線，包

含公共廣電的領導老字號 BBC、以創新品牌形象的另一家公共電視 Channel 4，加上最大的商業電視 ITV 與 Channel 5，在 2021 年的 10 月宣布將積極開發共同的串流平臺，以為英國的影音內容在串流時代爭取更高的能見度和競爭力 (Seal, 2021, Oct. 6)。這正可以說是「進攻就是最佳防禦」策略的寫照。

㈣類型 IV：文化進攻性手段

一如防禦手段，經濟層面的進攻手段也多少帶有文化理由。事實上，大部分的案例都含括兩者。

以南韓的文化產業振興政策來說，經濟目的實為明顯，但在南韓政府的認定中，這也是一種積極的文化發展手段。南韓文化觀光部長南宮鎮便曾表示：「十九世紀是軍事征服世界，二十世紀是以經濟，到了二十一世紀是以文化來建立新時代的時候。」（楊瑪俐，2002）

再以歐洲與加拿大盛行的國際合製為例，維護國族或區域的文化主體性目的向來與經濟目的並行，因此在選擇政策優惠對象時，也必然會將創作計畫是否能傳達或反映合作國家的社會與文化狀況納入考慮（魏玓，2006）。

中國從 1978 年「改革開放」以來，積極推動「中國文化」的國際傳播。例如從 2004 年起，在世界各地推動成立「孔子學院」，以跟各國重要大學合作設立內部機構的方式，提供漢語教學資源，「增進世界各國（地區）對中國語言文化的瞭解」（轉引自：http://www.hanban.org）。

從 2004 年在南韓首爾成立全球首家孔子學院以來，截至 2013 年底，中國已在一百二十個國家或地區的大學設立四百多所孔子學院，以及在六百多所中小學建立孔子學堂，註冊學員號稱八十五萬人。很明顯地，語言教學在文化和政治上向來不是中立的，推動孔子學院必然帶有強烈的文化與政治進攻意義。

2008 年北京奧運之後，隨著中國在世界政經地位的急速上升，中共也愈發重視在文化上爭取主動權與發言權，打造與政經地位匹配的文化領導地位，此即所謂「大外宣」的時代。在接下來的十幾年間，中共首先是持續投資大

量資源，通過黨國媒體及其駐外管道，加強形象宣傳。例如，積極擴展國營中央電視臺的國際影響力，花費數十億英鎊，在 2016 年時將海外工作人員數增加近十倍，並透過在華盛頓與奈洛比（肯亞首都）所生產的英語內容服務，爭取美國與非洲數以百萬計的閱聽眾 (Branigan, 2011, December 8)。其次，更發展出新的擴張戰略，藉由與黨國關係密切的中國資本家，以投資或收購等手段，主動布局海外傳媒產業與市場，從結構層次掌握文化傳播的主動權（戴瑜慧，2013；2018）。中共的強勢作為，雖然也引起西方國家的警覺，許多地方的孔子學院陸續關閉，但中共的文化進攻已經提升到另一個層次。

　　從上述簡介可以看得出來，以文化為理由的積極政策手段，與經濟理由相較，意義和評估更為複雜。經濟理由的指標，如產值、市占率、就業機會等較為明確。但所謂的文化目標，或維護文化主體性，必然牽涉到政治面向；因此相關行動究竟是一個具有民主基礎的跨國文化交流，或者更接近執政勢力意志的展現，恐怕結果是在這兩端之間不斷移動，實際內涵與效果，跟實施該政策的國家內部民主狀態，以及國際政經的連動關係都有關，所以必須以個案論定。

四、國家介於防禦／進攻之間的靈活介入

　　上述這四個類型，反映了目前一些國家面對全球化的開放市場過程中，政府運用的政策手段。聯合國《文化多樣性公約》的第九條述明：「每個國家都應在遵守其國際義務的前提下，制訂本國的文化政策，並採取其認為最為合適的行動方法，即不管是在行動上給予支持還是制訂必要的規章制度，來實施這一政策。」而公約期許政府、私營部門以及民間社會發展策略的夥伴關係，也是強調政府可以運用其制定與施行政策的權力，靈活地介入本地的文化環境。如果「多樣性」的意涵，體現在本地社會裡不受限制的意見表達、創意實踐，同時兼顧傳統價值的維繫與創新價值的創造，政府的文化或媒體治理，在防禦與進攻之間顯然應日趨靈活。我們不妨以公約標舉的保障「傳

播來源的多元性」作為一規範性的目標，檢視國家介入的意涵。

由文化或經濟的防禦性手段觀之，如上所述，文化多樣性的核心內涵，體現在意見與創意表達環境的自由。然而這種自由的維繫，必須依靠特定國家的政府在傳播或文化生產的體系上維持一定程度的保護措施。限制外資企業的經營權、對於進口文化產品施以配額、堅持本國媒體裡自製產品播出或放映的比率、對外來產品或服務課稅，或者賦予外來業者投資本地產業的義務等，這些政策手段皆透過差別待遇，維繫一國之內傳播系統的自主性，即便這種自主性是以承認國族文化體系在一定程度上的封閉性為前提。

但透過保護措施達到的封閉，並不等同於故步自封。因為相較於擁抱全球化企業懸殊的資金與技術條件，保障本土影視音或新聞相關產業能夠永續生產更形重要。即便開放的全球市場可以帶來更多跨越疆域的文化交流，然而全球市場往往「喜新厭舊」，對於特殊的文化風格、低廉的勞動條件，或者可快速拓展的消費市場的覬覦，遠甚於理解當地特有的文化底蘊，跨國集團擷取的地方文化或看中的地方市場，是短程、可以兌現的利潤。因此，當以自由的意見市場為名義，任由經濟或政治的強勢勢力挾其資本或技術優勢，主導一地社會的文化或意見交流，或者改變當地的文化產製環境，最後產生的結果，便可能是在地文化詮釋主權的喪失。

紐西蘭在 1995 年加入 WTO 後，曾加速開放國內影視產製市場。2003 年推出名為「紐西蘭品牌」的投資獎勵計畫，積極向國外（特別是好萊塢）的影視製作招商。此舉雖然吸引了外資與技術投入電影的後製工業，成為好萊塢全球體系外包的產製中心。然而，這個被墨西哥導演戴托洛譽為「上帝欲打造的好萊塢」(Torrie, 2012)，卻把紐西蘭的電影平均製作費拉高了兩倍。當地的電影創作者若堅持拍攝在地的故事，更難找到資金，因為只有具備「文化跨界」 潛力的計畫 ， 才會受到政府補助或私人資金的青睞 (Puppis, 2008; Peaslee, 2011; Conor, 2004)。由此可見，對國際開放反而對本土設下門檻。過往國際傳播研究對於美式的文化帝國主義批判，以及要求重建南北半球國家資訊與傳播的新秩序，皆曾對這種無條件開放所造成的失衡現象有所警示。

　　由文化與經濟的進攻手段觀之，包括由政府媒合產製業者與企業的投、融資，結合不同國家資金或產製資源的條約或股份合製，以及增設駐海外的國際傳播或文化機構，皆在不同程度上扮演增加本地文化或資訊向外流通的積極作用。在全球影視娛樂愈來愈強調跨國融資、技術密集的生產方式下，「師夷之技」地擴大產製的資本投入，顯然已是打開文化或資訊的跨疆域流通無從選擇之舉。近期串流平臺如網飛的快速崛起，雖然提供各地影視生產者一個躍上全球平臺的機會，然而網飛墊高了製作成本，並且可能分割各國影視產業的產能。面對如網飛、HBO、Dinsey+ 等強勢的平臺勢力，整合在地或跨區域的串流、影視乃至電信業者，成為具競爭力的串流平臺，顯然是反守為攻的必要之舉。

　　即便增設海外傳播或文化機構，常淪為「大外宣」之批評，但國際宣傳始終以各種不同的形式存在，且從事有宣傳目的的組織，也未必是政府組織。在產製與頻道經營門檻日益降低的今天，包括各國的公共媒體、非政府組織、乃至商業團體，皆有可能基於特定社會價值倡議或擴展文化影響力的目的，透過不同的媒體從事國際宣傳。如果再加上由特定政府、政黨或政治組織支持的宣傳組織，如美國之聲、中國的央視或孔子學院，乃至以離散媒體形式寄居於英國，但對全球庫德族人播放的 Med TV，所謂「國際宣傳」的最大公約數，應該是避免一國、一地或一個團體在國際社會的話語權，淹沒在少數跨國或全球媒體的視聽壟斷中。

　　然而，如果同樣以保護在地文化的多樣性作為一個規範性價值，來檢視從事國際宣傳的意義，上述基於不同動機、運用不同手段的國際宣傳組織，明顯處於不同的政治或文化光譜裡，不應被一視同仁，因此也應該被個別檢視其表現。

　　具體而言，如果對外的宣傳組織，能夠再現一國族社會裡「實際存在」的各種意見、價值或者文化樣態，而非屈就於特定政黨或政治人物意志，刻意塑造單一樣板文化的假象，那麼國際宣傳的確有助於在地與全球的連結，且在多平臺、多頻道的媒體世界裡，也是足堪對照的「一種聲音」。當前許多

國家的公共廣電所經營的國際頻道，如英國的 BBC World、日本的 NHK World、德國之聲等，皆擔負部分塑造國家文化形象的功能。這些機構在公共媒體的建制下，皆在國內必須經過一定的監督機制，以合乎專業的流程經營（魏玓，2021）。換句話說，在一個健全的民主社會基礎上，以參與國際社會，打開本國文化的流通路徑為目的的宣傳手段，也應當被視為當代政府面對各種國際事務時，合宜的外交手段。

最後，面對現今網路數位經濟快速擴張的現象，強調國家政策的靈活介入，更有其急迫性。網際網路不僅為各種經濟以及社會活動提供連結，更從根本主導了這些經濟與社會活動的連結。特別是近年來網路溝通環境的快速平臺化，對於社會與經濟的影響，已經呈現「透過平臺產生新型態社會結構」(van Dijck, Powell, de Waal, 2015)。然而網路的全球連通特性，暴露了各國政府現階段對於網路的技術特性與產業現狀，缺乏適當的語彙，更遑論產生一套全盤性的治理架構。

近年來，平臺企業的擴張問題一一浮上檯面，例如產業的併購與壟斷行徑、對於使用者的資料控制缺法透明性、網路平臺成為不當資訊的散布管道、對於傳統新聞內容的不合理取用，以及有公共意涵的資料淪為平臺企業控制的私產等。隨著這些問題的出現，現階段的數位經濟已經驗證了市場的失敗，因此也更加突顯政府扮演政策制定與折衝協調相關利害群體的關鍵角色。包括對於產業併購的限制、境外網路企業在本地營業的稅務責任、網路流通內容的合理使用與智慧財產權利、不當內容的管制，以及界定個人資料權利與公共性資料應開放近用等，都需要依靠政府與民間社會，以及企業組織三方的協調合作，朝向經濟機會與公共權益間的平衡發展。

五、小結：兼融全球與在地視野的傳播治理

國家治理對於當前的國際傳播來說，可為惡，亦可為善，但絕不可能不重要，更不應該被忽略。全球化下的國際文化交流，已是難以阻擋，也不必

然需要阻擋。適當的、公平的、多樣化的國際文化互動，對於一國之內的文化與民主發展，應有正面意義。

　　然而，問題或許就在於，如何透過適當的公共介入，促成適當、公平與多樣。從上述討論可得知，當前國家制訂文化或傳播政策時面臨許多挑戰，若要做出適當決策，既不能無視於當前的全球與在地條件，也不應一味地迎合全球資本主義或強國主導的文化經濟邏輯。換句話說，國際傳播政策必須奠基於現實的物質基礎，又能兼顧全球與在地視野。

　　首先，應避免缺乏民主基礎與多元平等價值的文化防禦或進攻手段。以「保護或發揚特定文化」為名的政策措施，是一個表面上非常正確，也容易獲得支持的操作。但若提出的脈絡缺乏適當的民主程序和社會基礎，就很可能是或很容易變成狹隘的國族主義，以及特定優勢文化與統治集團維繫自身利益的工具。另一方面，以「對抗優勢國家或優勢文化」之名的強勢舉措，也很可能反而被用來壓迫相對更弱勢的國家或文化。

　　相對地，在民主程序、多元與平等理念的前提下，一國的傳播與文化政策理當積極回應全球化帶來的各種機會和條件，透過適當的國際連結推動具體的經濟或文化措施。以下是幾種可能的思考與實務方向：

㈠支持並與進步的國際傳播規範與機制連結

　　以歐盟為首的許多國家仍在堅守和實踐 「文化例外」 作法。2013 年 4 月，歐盟與美國展開貿易談判的前夕，儘管明知美國仍相當在意並持續施加極大壓力，歐盟貿易委員會代表還是再次強調，「文化例外是無可妥協的」("Cultural Exception," 2013, April 25)。

　　UNESCO 推動的《保護與促進文化表達多樣性公約》，受到國際高度重視，許多國家在各種國際場合以此為據，提倡落實的方法與機制。

　　包括臺灣在內的文化弱勢國家，應在適當場合呼應並參與相關理念的行動，以促成更大的結盟力量，並在國內透過具體政策和法規加以落實。

　　前述提到澳洲與歐洲國家主動立法以節制跨國數位平臺，甚至實施稅賦

將資源挹注國內傳播產業的作法，都是我們實施相關政策的理據與參考。

㈡參與並促進建立公共性的全球傳播通路

過往對於傳播通路「公共財」的討論，多半意謂國族國家是公共財的提供者。然而，國際間任何承載傳播訊息的通路，如電波、頻道、網路頻寬等，都是潛在的全球性公共財。

以國際電話轉接服務而言，國際電信聯盟向來採行的交叉補貼，便是在通路普及的前提下，試圖弭平因為經濟發展程度不均而可能造成的傳播權利限縮。

聯合國在 1999 年的《人類發展報告》中指出，電波頻率、衛星頻道租用、跨國衛星傳播等，由於事涉廣電資源的使用，也牽涉對弱勢文化或社會的使用者造成排擠，所以該有一套國際規範，由國際組織監督，藉由徵收租金、規費或權利金等方式，補助邊陲國家或弱勢族群的內容生產，並保障其通路的使用權。

這個構想曾在全球資訊高峰會中被進一步提出。發展中國家提議，由國際電信聯盟協調各國政府與民間部門，向北方國家募款，所得用來長期且持續地充實非洲國家的資訊基礎建設、降低使用者負擔的成本，以及擴大對弱勢族群的服務。而募款的來源可廣泛來自電腦製造商、軟體製造商，以及電信業者等。

㈢支持國際智慧財產權制度，確保更廣泛便利的公眾近用

以少數跨國資本利益為優先考量的現行智慧財產權相關規定，延阻了公眾自由、合理使用文化創意成果的時間，妨礙文化與創意的進一步開發。

智慧財產權的過度保護，甚至也是一個涉及健康風險的議題。例如，大型藥廠對於醫藥研發的專利權，使其可因壟斷權力而造成藥品價格居高不下，這對發展中國家的醫療造成莫大的負面影響。

而網路開放給使用者下載或上傳資訊的特質，則使得創意與文化的散布

能跨越單純的經濟意涵，而達到知識共創、共享的理想。

㈣重新思考並充分發揮「公共媒體服務」的功能

在媒體匯流與全球化的時代，傳統的公共廣電服務體系面臨許多挑戰，尤其是擁有悠久公共廣電服務歷史的歐洲國家，已有許多強化或調整治理方式的討論 (Coppens & Saeys, 2006; Whittle, 2004)。

大多數專家認為，公共媒體的角色不僅不應減弱，甚至應該強化；尤其是數位科技的公共服務應用，以及在地文化的適當扶植，進而促成平等多元的國際文化交流等方面，若能由相對獨立於政治和市場勢力的公共媒體機構來主導，將更有利於實現理想。

另外，發揮公共的媒體服務並不必然排斥商業經營的媒體，而是在適當的規範價值前提上，使得既有的商營媒體經營能夠極大化其扮演的公共角色。因此，包括打破市場的壟斷或寡斷、規範媒體機構的公共服務責任、媒體組織或新聞室的工會化以及制定專業規範，以及透過補貼或贊助制度，扶持社區經營的媒體等，皆是極大化媒體公共價值的可能路徑（見 Pickard, 2020）。

臺灣這類公共廣電服務體系相對低度發展的國家，除了應該投注更多資源在本地公共媒體的建設外，也要更積極地與國外公共媒體或國際性公共媒體聯盟有所連結。

2021 年由英國學者 Christian Fuchs 結合全球傳播學者專家所發起的〈公共服務媒體與公共服務網路宣言〉（劉昌德等譯，2021），要求各國政府維持公共服務媒體的獨立性、資金來源與存在，並且積極建立公共的網際網路服務，我國部分傳播學者亦參與連署。當然，這類行動仍須持續結合民間力量向政府施壓，以求具體落實。

㈤推動平等互惠的國際傳播與文化合作

盛行已久的影視產品國際合製策略，仍受到好萊塢牽制；但國際合製仍不失為一個適應全球化條件的積極文化策略。若在適當的國家政策引導下，

以具有文化與社會現實交流基礎的區域國家為合作對象（已有前例的北歐、拉丁美洲，臺灣則可考慮與東南亞國家合作），進行資金、人才與市場的聯盟，應可創造出有別於好萊塢主導的內容與產業型態，實際達到積極文化交流與經濟發展的目的。

譯名對照表

全球意識　global consciousness

◎七劃

利比斯　Tamar Liebes

《我的奮鬥》　*Mein Kampf*

冷納　Daniel Lerner

李普曼　Walter Lippmann

◎八劃

亞馬遜（公司）　Amazon.com, Inc.

拉斯威爾　Harold Lasswell

◎九劃

迪士尼公司　The Walt Disney Company

柯司特　Manuel Castells

◎十劃

馬克思　Karl M. Marx

馬特拉　Armand Mattelart

恩格斯　Friedrich Von Engels

◎十一劃

動力擴大器　mobility multiplier

現代化　modernization

現代性　modernity

《現代性的後果》　*The Consequences of Modernity*

莫多克　Graham Murdock

麥克菲　Tom McPhail

許勒　Herbert Schiller

移情能力　empathy

國際特赦組織　Amnesty International, AI

國際短波廣播　shortwave radio broadcasting

混雜化　hybridization

◎十二劃

媒介帝國主義　media imperialism

賀夫蘭　Karl Hovland

湯林森　John Tomlinson

凱茲　Elihu Katz

華特斯　Malcolm Waters

發展傳播　development communication

無國界記者組織　Reporters Sans Frontières, RSF

超國家　supranational

華勒斯坦　Immanuel Wallerstein

普爾　Ithiel de Sola Pool

買辦階級　comprador class

無疆界世界　borderless world

◎十三劃

電子殖民主義　electronic colonialism

意見領袖　opinion leader

匯流　convergence

《傳統社會的消逝：中東的現代化》　*The Passing of Traditional Society: Modernizing the Middle East*

◎十四劃

綠色和平組織　Greenpeace

網絡社會　network society

網際網路　the Internet

◎十七劃

聯合國農糧組織　Food and Agriculture Organization, FAO

◎十九劃

羅伯森　Roland Robertson

羅賓斯　Kevin Robins

◎二十一劃

鐸夫曼　Ariel Dorfman

第二章

◎外文

T 型車　Ford Model T

《X 檔案》　*The X-Files*

◎二劃

二十世紀福斯電影公司　Twentieth Century-Fox Film Corporation

◎三劃

大英電訊公司　British Telecom

◎四劃

文化勞動的新國際分工　New International Division
　of Cultural Labor, NICL
文化轉借　cultural borrowing
水牛城　Buffalo
水平整合　vertical integration
內地與香港關於建立更緊密經貿關係的安排
　Mainland and Hong Kong Closer Economic
　Partnership Arrangement, CEPA

◎五劃

《玉子》*Okja*
可口可樂公司　The Coca-Cola Company
《世界是平的》　*Outsourced*

◎六劃

全包式娛樂　total entertainment
字母集團　Alphabet Inc.
合併　merger
印度工業信貸集團　Industrial Credit and Investment
　Corporation of India, ICICI
艾迴集團　Avex Group
米勒　Toby Miller
企業跨國主義　corporate internationalism

◎七劃

《我叫貝蒂，我很醜》　*Yo soy Betty, la fea*
《汽車總動員 1》　*Cars*
《汽車總動員 2》　*Cars 2*
貝迪肯　Ben Bagdikian

◎八劃

阿方索・柯朗　Alfonso Cuarón Orozco
使用權特許　licensing
股份合製　equity co-production
矽谷　Silicon Valley
社群圖像　social graph
版權化　franchising

◎九劃

衍生性市場　ancillary market
《哈利波特》　*Harry Potter*
哈維　David Harvey
垂直整合　horizontal integration
美國電話電報公司　American Telephone and
　Telegraph Company, AT&T
美國線上　America Online, AOL
美國廣播公司　American Broadcasting Corporations,
　ABC
《星際大戰》　*Star Wars*

◎十劃

《時代》雜誌　*TIME*
時代華納（公司）　Time Warner Inc.
索尼電器　Sony Corporation
逆向的殖民　reverse colonization
哥倫比亞三星公司　Columbia Tristar
哥倫比亞電影公司　Columbia Pictures Industries, Inc.
《紙牌屋》　*House of Cards*
套裝文化　cultural package

◎十一劃

產品置入　product placement
條約合製　treaty co-production
《終極保鑣》　*The Bodyguard*
商標化　branding

◎十二劃

《媒介壟斷》　*Media Monopoly*
無形資產　Intangible asset
華納兄弟公司　Warner Bros. Entertainment Inc.
華納音樂集團　Warner Music Group, WMG
萊溫　Gerald Levine
彭達庫　Manjunath Pendakur

◎十三劃

《獅子王》　*The Lion King*
資本　capital
資本化　capitalization
《資本論》　*Das Kapital*

南錐共同市場　Mercado Commún del Sur,
　MERCOSUR

◎十劃
馬克布萊德國際委員會　MacBride Commission
《馬克布萊德報告》　*MacBride Commission Report*
烏拉圭回合談判　the Uruguay Round (the eighth
　GATT round)
特萊維薩集團　Grupo Televisa

◎十一劃
第三世界國家非結盟運動　Non-Align Movement,
　NAM
〈許多聲音，一個世界傳播與社會，今日與明日〉
　Many Voices, One World: Communication and
　Society, Today and Tomorrow
國民待遇　national treatment
國際貨幣基金　International Monetary Fund, IMF
國際電信聯盟　International Telecommunication
　Union, ITU
國際電報聯盟　International Telegraph Union, ITU
國際傳播問題研究委員會　The International
　Commission on the Study of Communication
　Problems

◎十二劃
無歧視待遇　non-discrimination
《無線電法案》　*Radio Act of 1912*
開放經濟　open economy
媒體集團　Mediaset

◎十三劃
資訊社會高峰會　World Summit on the Information
　Society, WSIS
電視無國界　Television without Frontier

◎十四劃
與交易相關的智慧財產權總協定　Agreement on
　Trade-Related Aspects of Intellectual Property Rights,
　TRIPS

網際網路名稱與號碼指配機構　Internet Corporation
　for Assigned Names and Numbers, ICANN

◎十五劃
摩斯電碼　Morse code
歐洲共同體　European Community, EC
《歐洲聯盟條約》　*Treaty of the European Union*
歐洲議會　European Parliament

◎十七劃
聯合國經濟與社會理事會　The United Nations
　Economic and Social Council, ECOSOC
環球郵政聯盟　The Universal Postal Union, UPU
環球電視　TV Globo

◎十九劃
關稅與貿易總協定　General Agreement on Tariffs and
　Trade, GATT
羅森諾　J. N. Rosenau

◎二十一劃
《鐵達尼號》　*Titanic*

第四章
◎外文
BBC 世界新聞頻道　BBC World News
Zee 新聞頻道　Zee News

◎三劃
大眾窄播節目　mass narrowcasting
上鏈　uplink
下鏈　downlink

◎四劃
公共財　public goods
天馬程式　Pegasus

◎五劃
外太空和平使用委員會　Committee on the Peaceful
　Uses of Outer Space, COPUOS
生產消費合一者　prosumer

劍橋分析　Cambridge Analytica

◎十七劃
應用程式界面　applied program interface, API
應用軟體　APPs

第五章
◎外文
CNN 土耳其語　CNN Türk
CNN 國際　CNN International, CNNI

◎四劃
天空新聞臺　Sky News
日誌　Vlog

◎五劃
布希　George H. W. Bush
布希亞　Jean Baudrillard
史東　Isidor F. Stone
半島電視臺　Al Jazeera
卡特爾　Cartel
尼格龐帝　Nicholas Negroponte
加勒比通訊社　Caribbean News Agency, CANA

◎六劃
自由言論電視　Free Speech TV
共同社　Kyodo News
全球之聲　Global Voice Online
合眾國際社　United Press International, UPI
同質偏好　homophily

◎七劃
完全電視　total TV
我報導　iReport

◎八劃
使用者原創內容　user generated content
泛非通訊社　Pan-African News Agency, PANA
亞洲新聞頻道　Channel News Asia
亞桑傑　Julian Assange
法國 24 頻道　France 24

附帶謀殺　collateral murder
法新社　L'Agence France-Presse, AFP
非結盟國家聯營社　Non-Aligned News Agencies
　　Pool, NANAP
《明鏡》週刊　*Der Spiegel*

◎九劃
南方電視臺　Telesur
哈瓦斯社　Agence Havas
星空新聞頻道　Star News
英國廣播公司　British Broadcasting Corporation, BBC
查維茲　Hugo Chávez
美聯社　Associated Press, AP

◎十劃
紙老虎　Paper Tiger TV
海珊　Saddam Hussein
《紐約時報》　*The New York Times*
脈絡的客觀主義　contextual objectivism

◎十一劃
眾包　crowdsourcing
麥卡錫主義　McCarthyism
基地組織　Al-Qaeda
透納集團　Turner Group
乾淨戰爭　clean war
曼寧　Bradley Manning
深碟電視　Deep Dish TV

◎十二劃
普立茲新聞獎　the Pulitzer Prizes in Journalism
《著作權指令》　*Copyright Directive*
開放出版　open publishing
彭博集團　Bloomberg
彭博電視　Bloomberg TV
華爾夫社　Wolff

◎十三劃
塔利班　Taliban
《資訊自由法案》　*Freedom of Information Act, FOIA*

路透社　Reuters
傳統新聞機構　legacy news organizations
塔斯社　Телеграфное Агентство Советского
　　Союза, ТАСС
新聞聚合服務　news aggregation service
《新聞媒體與數位平臺強制議價法》News Media and
　　Digital Platforms Mandatory Bargaining Code

◎十四劃
賓拉登　Osama bin Laden
維基解密　Wikileaks
福斯新聞頻道　Fox News
滾動新聞　rolling news

◎十五劃
樣版新聞　protocol news
播客　podcast
歐洲新聞臺　Euronews
《衛報》　The Guardian
德新社　Deutsche Presse Agentu, DPA

◎十六劃
獨立媒體中心　Independent Media Center, IMC
澳洲天空新聞　Sky News Australia

◎十七劃
環球新聞臺　Globonews
環視　Globovision
聯營機構　co-ops

◎十八劃
雙子星大樓　World Trade Center
薩依德　Edward Said

第六章
◎四劃
巴巴　Homi Bhabha
文化全球化理論　cultural globalization theories
文化混雜性　cultural hybridity
中華臺北　Chinese Taipei Olympic Committee

◎五劃
可口可樂殖民化　Cocacolonization
布萊曼　Alan Bryman
《北極特快車》　The Polar Express
主動閱聽人　active audience
去疆域化　deterritorialization

◎六劃
交互脈絡性　intercontexuality
全球化通俗文化　globalized popular culture
全球主義　globalism
企業多元文化主義　corporate multiculturalism
安德森　Benedict Anderson

◎八劃
舍朋　Göran Therborn
阿馬德　Aijiz Ahmad

◎九劃
迪士尼化　Disneyization
韋伯　Max Weber
范留文　Theo Van Leeuwen
美國化　Americanization
柯雷迪　Marwan M. Kraidy
《柯夢波丹》　Cosmopolitan
俄羅斯奧委會　Russian Olympic Committee, ROC

◎十劃
涂書　Daya K. Thussu
粉絲民（國）族主義　fandom nationalism
馬勤　David Machin

◎十一劃
第三空間　the third space
莫利　David Morley
莫斯柯　Vincent Mosco
國家主義　statism
國家主權　national sovereignty
國族主義者　nationalist
國族料理　national cuisine

國際奧林匹克委員會　International Olympic Committee, IOC

麥當勞化　McDonaldization

情緒勞動　emotional labor

混雜文化　hybrid cultures

混雜化　hybridization

梅鐸化　Murdochization

◎十二劃

湯姆‧漢克　Tom Hanks

描述性　descriptive

勞勃‧詹美克斯　Robert Zemeckis

◎十三劃

賈西亞坎克里尼　Néstor García-Canclini

跨國擴張主義　coporate transnationalism

塞爾卡　Katarzyna J. Cwiertka

想像的政治共同體　imagined political community

瑞澤　George Ritzer

◎十四劃

瑪西　Doreen Massey

語態分析　modality analysis

蓋爾納　Ernest Gellner

◎十六劃

霍布斯邦　Eric Hobsbawm

霍克海默　Max Horkheimer

霍爾　Stuart Hall

◎十九劃

難民隊　Refugee Olympic Team, ROT

類型分析　genre analysis

◎二十一劃

霸權　hegemony

◎二十二劃

權力幾何學　power geometry

第七章

◎四劃

文化工業　culture industry

文化民主　cultural democracy

文化折扣　cultural discount

文化接近性　cultural proximity

文化趨近　becoming culturally proximate

反抗式　oppositional

丹‧許勒　Dan Schiller

◎五劃

皮下注射效果模式　hypodermic needle model

史卓巴爾　Joseph D. Straubhaar

布迪厄　Pierre Bourdieu

卡瑞基　Kevin M. Carragee

主控意識型態　dominant ideology

主控霸權式　dominant-hegemonic

主動閱聽人　active audience

主體　subject

◎六劃

米洛斯　Rolf Mirus

《全國觀眾》　The Nationwide Audience: Structure and Decoding

多義性　polysemy

◎八劃

岩淵功一　Koichi Iwabuchi

協商式　negotiated

阿圖塞　Louis Althusser

法蘭克福學派　Frankfurt school

◎九劃

哈里斯　Phil Harris

洪宜安　Ien Ang

◎十劃

高丁　Peter Golding

《家庭電視》　Family Television: Cultural Power and Domestic Leisure

粉絲　fan

參考書目

王洪喆、李思閩、吳靖 (2016)。〈從「迷妹」到「小粉紅」：新媒介商業文化環境下的國族身分生產和動員機制研究〉,《國際新聞界》。取自 http://cjjc.ruc.edu.cn/CN/abstract/abstract605.shtml。

王喆 (2016)。〈今晚我們都是帝吧人：作為情感化遊戲的網路民族主義〉,《國際新聞界》。取自 http://cjjc.ruc.edu.cn/CN/abstract/abstract607.shtml。

朱振明譯 (2007)。《傳播的世界化》。北京：中國傳媒大學。（原文：Mattelart, A. [1996]. *La mondialisation de la communication*. Paris: Presses Universitaires de France.）

李丁讚、陳兆勇 (1998)。〈衛星電視與國族想像：以衛視中文臺的日劇為觀察對象〉,《新聞學研究》, 56: 9–34。

李天鐸 (2000)。《重繪媒介地平線：當代國際傳播全球與本土趨向的思辯》。臺北：亞太。

李天鐸、何慧雯 (2002)。〈遙望東京彩虹橋：日本偶像劇在臺灣的挪移想像〉,《媒介擬想》, 創刊號：1–21。

李秀珠 (1996)。〈衛星電視的節目規劃：從文化接近性談起〉,《廣播與電視》, 2 (3): 35–58。

李育倩、李秀珠 (2011)。〈從文化接近性觀點檢視臺灣偶像劇價值觀與外銷表現〉,《廣播與電視》, 32: 27–69。

李金銓 (1987)。《傳播帝國主義》。臺北：久大文化。

何思瑩 (2013)。〈從毀滅到重生「金煙囪」的影像行動〉,《行南》。網路來源：http://praxisinsouth.blogspot.tw/2013/03/blog-post_989.html。下載日期：2013 年 4 月 11 日。

宋偉航譯 (2011)。《大銀幕後：好萊塢錢權祕辛》。臺北：遠流。（原文：Epstein, E. J. (2006). *The big picture: Money and power in hollywood*. New York: Random House Incorporated.）

汪琪、鍾蔚文 (1998)。《第二代媒介：傳播革命之後》。臺北：東華。

林育霆 (1997)。《GATT/WTO 之變遷國際建制建立與發展分析》。私立淡江大學國際事務與戰略研究所碩士論文。

岩淵功一著，唐維敏譯 (2003)。〈利用日本流行文化：媒體全球化、跨／國族主義、與對「亞洲」的後殖民慾望〉,《媒介擬想 II》, 頁 99–123。臺北：遠流。

林添貴譯 (2014)。《政府正在監控你──史諾登揭密》。臺北：時報。（原文：Greenwald, G. [2014]. *No place to hide*. New York: Metropolitan Books）

林添貴譯 (2017)。《地理的復仇》。臺北：麥田。（原文：Kaplan, R. D. [2012]. *The revenge of geography: What the map tells us about coming conflicts and the battle against fate*. New York, NY: Random House Trade Paperbacks.）

林雅婷 (2011)。《美國影集在台灣：購片與播映的脈絡》。臺灣師範大學大眾傳播研究所碩士論文。

邱德亮、黃建宏譯 (2003)。《波灣戰爭不曾發生》。臺北：麥田。（原文：Baudrillard, J. [1991]. *La guerre du golfe n'aura pas lieu*. Paris: Galilée.）

金賢慶 (2003)。《韓國電影發展的前因與展望》。臺灣大學新聞研究所碩士論文。

胡元輝主編 (2010)。《全球崛起的公民媒體》。臺北：新頭殼叢書。

胡光夏 (2007)。《媒體與戰爭：「媒介化」、「公關化」、「視覺化」戰爭新聞的產製與再現》。臺北：五南。

洪貞玲、劉昌德 (2004)。〈線上全球公共領域？網路的潛能、實踐與限制〉,《資訊社會研究》, 6: 341–363。

段慧敏譯 (2007)。《西方媒介史》。臺北：五南。（原文：Jeanneney, J. [1996]. *Une histoire des medias*. Editions du Seuil.）

唐士哲 (2006)。〈尋找共享的政治：網際網路的公共財意涵〉。《傳播與管理研究》，6 (1): 79–100。

唐維敏譯 (1997)。〈文化研究和國際化政治〉。《當代》，122: 50–65。（原文：Hall, S. [1996]. Cultural studies and the politics of internationalization: An interview with Stuart Hall by Kuan-Hsing Chen. In D. Morley & K. H. Chen (eds.), *Stuart Hall: Critical dialogues in cultural studies*. London: Routledge.）

陳玉箴譯 (2009)。《飲食、權力與國族認同》。臺北：韋伯。（原文：Cwiertka, K. J. [2006]. *Modern japanese cuisine: Food, power and national identity*. London: Reaktion Books.）

莊克仁譯 (1987)。《傳播科技新論》。臺北：學英。（原文：Whitehouse, G. E. [1986]. *Understanding the new technologies of the mass media*. Englewood Cliffs, NJ.: Prentice Hall.）

陳欣渝 (2013)。《當韓流流向歐洲：荷蘭閱聽人的韓劇接收分析》。交通大學傳播研究所碩士論文。

陳冠榮（2021 年 2 月 25 日）。〈澳洲議會正式通過媒體議價法，Google、Facebook 協議支付新聞費用〉。《科技新報》網站：https://technews.tw/2021/02/25/parliament-of-australia-passes-news-media-and-digital-platforms-mandatory-bargaining-code/

國家通訊傳播委員會 (2013)。〈10212 衛星廣播電視節目供應者名單（境外）〉。網路來源：http://www.ncc.gov.tw/。上傳日期：2013 年 12 月。下載日期：2014 年 2 月 28 日。

郭崇倫 (1998. 3. 25)。〈鐵達尼效應橫掃亞洲〉。《中國時報》，頁 11。

陶睿 (2021)。《「阿中哥哥只有我們了」：從飯圈迷因看飯圈民族主義》陽明交通大學傳播與科技學系碩士論文。

梁銓壹 (2010)。《華語電影合資、合製的個案分析以電影《赤壁》為例》。南華大學傳播所碩士論文。

許瑩月、李東儒譯 (1993)。〈英國文化研究與電視〉。李天鐸編，《電視與當代批評理論》。臺北：遠流。（原文：Fiske, J. [1987b]. British cultural studies and television. In R. C. Allen (ed.), *Channels of discourse: Television and contemporary criticism*. Chapel Hill: University of North Carolina Press.）

陳衛星譯 (2001)。《世界傳播與文化霸權：思想與戰略的歷史》。北京：中央編譯出版社。（原文：Mattelart, A. [1999]. *La communication-monde*. Paris：Découverte.）

張靚蓓 (2002)。《十年一覺電影夢》。臺北：時報。

陳儒修 (2001)。〈保護國片 立院與官員豈能自廢武功？〉。《中國時報》，2001 年 10 月 24 日，網路版。

陳憶寧 (2021)。〈社群平台的治理：從 Facebook 監察委員會兼談如何處理虛假資訊〉。《中華傳播學刊》，39: 129–143。

陳韜文、李金銓、潘忠黨、蘇鑰機 (2002)。〈國際新聞的「馴化」：香港回歸報導比較〉。《新聞學研究》，73: 1–27。

閔大洪（2009 年 1 月 9 日）。〈對中國網路民族主義的觀察、分析—以中日、中韓關係為物件〉。《愛思想》，取自 http://www.aisixiang.com/data/24103.html

彭芸 (1998)。《國際傳播新焦點：媒介全球化、區域化與本土化》。臺北：風雲論壇。

馮建三譯 (1994)。《文化帝國主義》。臺北：時報出版。（原文：Tomlinson, J. [1991]. *Cultural imperialism*. Baltimore: The Johns Hopkins Univeristy.）

馮建三 (1995)。〈再思考「影視帝國主義再思考」〉。《廣電資本運動的政治經濟學》。臺北：台灣社會研究季刊社。

馮建三譯 (1995)。《電視，觀眾與文化研究》。臺北：遠流。（原文：Morley, D. [1992]. *Television, audiences, and cultural studies*. London: Routledge.）

馮建三、程宗明譯 (1998)。《傳播政治經濟學：再思考與再更新》。臺北：五南。（原文：Mosco, V. [1996]. *The *political economy of communication: Rethinking and renewal*. London: Sage Publications.）

馮建三 (2001a)。〈國片輔導政策不應廢除〉。《中國時報》，2001 年 10 月 19 日，網路版。

馮建三 (2001b)。〈荒誕、驚奇與希望：電影修法場邊筆記與反省〉。《電影欣賞》，109: 8–9。

馮建三 (2002)。〈反支配：南韓對抗好萊塢壟斷的個案研究，1958–2001〉。《台灣社會研究季刊》，47: 1–32.

馮建三譯 (2003)。《全球好萊塢》。臺北 ： 巨流 。（原文 ： Miller, T., Govil, N. & Mcmurria, J. [2001]. *Global hollywood*. London: BFI Publishing.）

彭玲林譯 (2011)。《Google 化的危機》。臺北 ： 商周。（原文 ： Vaidhyanathan, S. [2011]. *The googlization of everything*. Berkeley: University of California Press）

楊瑪俐 (2002)。《韓國，佔線中》。臺北：天下雜誌。

溫澤元、林怡婷、陳思穎譯 (2020)。《監控資本主義時代》。臺北市：時報文化。（原文：Zuboff, S. [2019]. *The age of surveillance capitalism*. New York: Pacific Affairs.）

廖珮杏、劉維人譯 (2020)。《憤怒與希望：網際網絡時代的社會運動》。臺北：南方家園。（原文：Castells, M. [2015]. *Networks of outrage and hope: Social movements in the Internet age*. Cambridge: Polity.）

蔡佳玲 (2006)。《韓劇風潮及韓劇文化價值觀之相關性研究：從文化接近性談起》。交通大學傳播研究所碩士論文。

劉忠博、陳娟、邵成圓 (2019)。〈中國愛國網紅的民族主義之形成與內涵：以周小平文章的內容分析為例〉。《傳播、文化與政治》，9: 31–61。

劉昌德 (2008)。〈帝國搖旗，國族吶喊：棒球勞動國際分工與運動國族論述之轉變〉。《台灣社會研究季刊》，70: 33–77。

劉昌德 (2011)。〈仇恨韓國人、成為韓國人〉。《共誌》，1: 6–9。

劉昌德、洪貞玲、戴瑜慧、林玉鵬、蔡蕙如譯 (2021)。〈公共服務媒體與公共服務網路宣言〉，《傳播、文化與政治》，13:165–174。

劉海龍 (2017)。〈像愛護愛豆一樣愛國：新媒體與「粉絲民族主義」的誕生〉，《現代傳播：中國傳媒大學學報》，4: 27–36。

蔣淑貞、馮建三譯 (2006)。《文化政策》。臺北 ： 巨流。（原文 ： Miller, T. & Yudice, G. [2003]. *Cultural policy*. London & New York: Sage Publications.）

劉國強 (2016) 。〈作為互動儀式的網絡空間集體行動〉，《國際新聞界》。 取自 http://cjjc.ruc.edu.cn/CN/abstract/abstract609.shtml。

鄭植榮譯 (1994)。《電子殖民主義》。臺北：遠流。（原文：McPhail, T. L. [1987]. *Electronic colonialism*. London & New York: Sage Publications.）

蔡蕙如 (2020)。〈串流媒體時代下的閱聽人商品觀點再檢視：以傳播政治經濟學觀點分析 Netflix 追劇勞動〉。《中華傳播學刊》，37: 83–112。

賴以瑄 (2011)。〈國家、無線電視臺、製作人：臺灣電視戲劇節目跨國生產的形成（1989–1992 年）〉。《新聞學研究》，107: 133–172。

閻紀宇譯 (2002)。《遮蔽的伊斯蘭：西方媒體眼中的穆斯林世界》。臺北 ： 立緒。（原文 ： Said, E. W. [1981]. *Covering islam: How the media and the experts determine how we see the rest of the world*. New York: Vintage）

戴瑜慧 (2013)。〈中共「文化走出去」政策的新推手：中國私營資本家與海外媒體收購〉，《中華傳播學刊》24: 3–41。

戴瑜慧 (2018)。〈流動的資本與走出去的中國：以香港無線電視產業的資本併購與執照審查為例〉，《新聞學研究》，135: 1–47。

戴錦華編 (2011)。《光影之隙》。北京：北京大學出版社。

繆詠華、廖潤珮譯 (2011)。《文化多元性與全球化》。臺北：麥田。（原文：Mattelart, A. [2005]. *Diversité culturelle et mondialisation*. Paris: La Decouverte.）

魏玓譯 (1998)。〈全球的傳播、全球的權力國際傳播理論的再思考與再建構〉，《當代》，136: 104; 137: 89。臺北：合志文化。（原文：Sparks, C.）

魏玓 (1999)。〈全球化脈絡下的閱聽人研究〉，《新聞學研究》，60: 93–114。

魏玓 (2004)。〈從在地走向全球：台灣電影全球化類型初探〉。《台灣社會研究季刊》，56: 65–92。

魏玓 (2006)。〈合製文化：反思全球化下的國際電影合製〉。《新聞學研究》，89: 127–164。

魏玓 (2009)。〈資本興衰，國家進退：臺灣電影產業的歷史分析〉。卓越新聞獎基金會主編，《臺灣傳媒再解構》，第十章，頁 221–238。臺北：巨流。

魏玓 (2010)。〈至死不渝的左派傳播研究先驅赫伯特‧許勒 (Herbert I. Schiller)：生平、思想與辯論〉。魏玓、馮建三編，《示威就是傳播》。臺北：台灣社會研究季刊社。

魏玓 （2020 年 8 月 4 日）。〈公視國際頻道爭議中那些沒談清楚的事〉。取自魏玓 AdiWei Medium 貼文 https://adiwei.medium.com/%E5%85%AC%E8%A6%96%E5%9C%8B%E9%9A%9B%E9%A0%BB%E9%81% 93%E7%88%AD%E8%AD%B0%E4%B8%AD%E9%82%A3%E4%BA%9B%E6%B2%92%E8%87%E6 %B8%85%E6%A5%9A%E7%9A%84%E4%BA%8B-%E4%B8%80-b7ec3673e922

龐文真譯 (1996)。《國際傳播》。臺北：五南。（原文：Fortner, R. S. [1993]. *International communication: History, conflict, and control of the global metropolis*. London: Wadsworth.）

羅世宏等譯 (2005)。《問題媒體：二十一世紀美國傳播政治》。臺北：巨流。（原文：McChesney, R. W. [2004]. *The problem of the media: U.S. communication politics in the 21st century*. New York: Monthly Review Press.）

羅世宏、唐士哲譯 (2006)。〈傳播全球化：數位時代的神話與權力〉。《中華傳播學刊》，9: 3–15。（原文：Mosco, V. (2006, June). Communication globalization: Myth and power in the digital age. *Chinese Communication Society, 9*: 3–25.）

Accuosto, P. & Johnson, N. (2004). Financing the information society in the south: A global public goods perspective. An association for progressive communications (APC) report.

A european strategy for data: European commission report. (2020, February 19). European Commisson website. Retrieved from https://eur-lex.europa.eu/legal-content/EN/TXT/?uri=CELEX%3A52020DC0066

Ahmad, A. (1992). *In theory: Classes, nations, literatures*. London: Verso.

Aksoy, A. & Robins, K. (1992). Hollywood for the 21st Century: Global competition for critical mass in image markets. *Cambridge Journal of Economics, 16*: 1–22.

Alleyne, M. D. (1995). *International power and international communication*. Houndvills, U.K.: Macmillan Press.

Amin, S. (1997). Reflections on the international system. In P. Golding & P. Harris (eds.), *Beyond cultural imperialism: Globalisation, communication and the new international order*. London: Sage Publications.

Anderson, B. (1991). *Imagined communities: Reflections on the origin and spread of nationalism* (2ed edition). London: Verso.

Ang, I. (1985). *Watching Dallas: Soap opera and the melodramatic imagination*. London & New York : Methuen.

Ang, I. (1996). *Living room wars: Rethinking media audiences for a postmodern world*. London: Routledge.

Appadurai, A. (1990). Disjuncture and difference in the global cultural economy. In M. Featherstone (ed.), *Global culture: Nationalism, globalization and modernity*. London: Sage Publications.

Appadurai, A. (1996). *Modernity at large: Cultural dimensions of globalization*. Minneapolis, MN.: University of Minnesota Press.

Bagdikian, B. H. (2000). *The new media monopoly*. Boston: Beacon Press.

Banerjee, I & Seneviratne, K. (2006). *Public service broadcasting in the age of globalization*. Singapore: Asian Media Information and Communication Center.

Baran, N. (1998). The privatization of telecommunications. In R. W. McChesney, E. M. Wood & J. B. Foster (eds.), *Capitalism in the information age*. (pp. 123–134). New York: Monthly Review Press.

Baran, S. J. & Davis, D. K. (2006). *Mass communication theory: Foundation, ferment, and the future*. Belmont, CA.: Thomson/Wadsworth.

Bauman, Z. (1996). From pilgrim to touristor a short history of identity. In S. Hall, & P. du Gay (eds.) (1996), *Questions of cultural identity*. London: Sage Publications.

Beck, U. (2000 [1997]). *What is globalisation?* Translated by P. Camiller. Cambridge, U.K.: Polity Press.

Bello, W. (2001). *The future in the balance: Essays on globalization and resistance*. Oakland, CA.: Food First Books.

Benner, J. (2002). Getting a lock on broadband. Online Source: http://www.salon.com/tech/feature/2002/06/07/broadband/print.htm. Download date: 2009/5/24.

Bhabha, H. (1994). *The location of culture*. London: Routledge.

Bodi, F. (2003). Al-Jazeera tells the truth about war. *The Guardian*, March 28.

Bourdieu, P. (1984). *Distinction: A social critique of the judgment of taste*. Cambridge: Harvard University Press.

Boyd-Barrett, O. (1980). *The international news agencies*. Beverly Hills, CA.: Sage Publications.

Boyd-Barrett, O. (1997). International communication and globalization: Contradictions and directions. In A. Mohammadi (ed.), *International communication and globalization: A critical introduction*. London: Sage Publications.

Boyd-Barrett, O. & Rantanen, T. (eds.) (1998). *The globalization of news*. London: Sage Publications.

Boyd-Barrett, O. & Rantanen, T. (2000). European news agencies: The end of an era or a new beginning? *Journalism*, *1* (1): 86–105.

Boyd-Barrett, O. (2007). Alternative reframing of mainstream media frames. In D. K. Thussu (ed.), *Media on the move: Global flow and contra-flow*. (pp. 201–220). London & New York: Routledge.

Branigan, T. (2011, December 8). Chinese state TV unveils global expansion plan. *The Guardian* website. Retrieved from https://www.theguardian.com/world/2011/dec/08/china-state-television-global-expansion

Bryman, A. (2004). *The disneyization of society*. London, Thousand Oaks, CA.: Sage Publications.

Bryson, J. R. (2007). The 'second' global shift: The offshoring or global sourcing of corporate services and the rise of distanciated emotional labour. *Geografisca Annaler*, *89* (1): 31–43.

Bustos, J., Izquierdo-Castillo, J. (2019). "Who will control the media? The impact of GAFAM on the media industries in the digital economy". *Revista Latina de Comunicación Social*, *74*: 803–821.

Carragee, K. M. (1990). Interpretive media study and interpretive social science. *Critical Studies in Mass*

Communication, 7 (2): 81–96.

Castells, M. (1996). *The rise of the network society.* Cambridge, MA.: Blackwell Publishers.

Castells, M. (2000). *The information age: Economy, society and culture.* Malden, Mass.: Blackwell.

Castells, M. (2001). *The internet galaxy: Reflections on the Internet, business, and society.* New York: Oxford University Press.

Censored Bond film Skyfall opens in China. (2013, January 21). *BBC News* website. Retrieved from https://www.bbc.com/news/world-asia-china-21115987

Chalaby, J. K. (2003). Television for a new global order: Transnational television networks and the formation of global systems. *International Communication Gazette, 65* (6): 457–472.

Chalaby, J. K. (2006). American cultural primacy in a new media order: A european perspective. *The International Communication Gazette, 68* (1): 33–51.

Chan, J. M. (1997). National responses and accessibility to STAR TV in Asia. In A. Sreberny-Mohammadi, D. Winseck, J. McKenna & O. Boyd-Barrett (eds.), *Media in global context: A reader.* (pp. 94–107). London: Edward Arnold.

Chester, J. (2006, Feb. 1). The end of the internet? *The Nation.*

Cohen, A., Levy, M., Roeh, I., Gurevitch, M. (1995). *Global newsrooms, local audiences: A study of the eurovision news exchange.* London: John Libbey.

Comor, E. (1996). *The global political economy of communication: Hegemony, telecommunication, and the information.* New York: St. Martin's Press.

Conor, B. (2004). Hollywood, Wellywood, or backwoods? A political economy of the New Zealand film industry. Unpublished thesis of the University of Auckland Technology.

Coppens, T. & Saeys, F. (2006). Enforcing performance: New approaches to govern public service broadcasting. *Media, Culture and Society, 28* (2): 261–284.

"Cultural exception" proves early sticking point in EU-US pact preparations. (2013, April 25). *Bridges, 17* (14). Retrieved from https://ictsd.iisd.org/bridges-news/bridges/news/cultural-exception-proves-early-sticking-point-in-eu-us-pact-preparations

Curran, J. (1990). The new "revisionism" in mass communications research: A reappraisal. *European Journal of Communications, 5* (2–3): 135–164.

Curtin, M. (2003). Media capital: Towards the study of spatial flows. *International Journal of Cultural Studies, 6* (2): 202–228.

Curtin, M. (2005). Murdoch's dilemma, or "what's the price of TV in China?" *Media, Culture and Society, 27* (2): 155–175.

Doyal, G. (2012). Audiovisual economics: Audiovisual markets in the European Union. *Quaderns del CAC 38, 15* (1): 15–24.

Drezner, D. W. (2004, Fall). The global governance of the internet: Bringing the state back in. *Political Science Quarterly, 119* (3): 477–498.

El-Nawawy, M. & Iskandar, A. (2003). *Al-Jazeera: The story of the network that is rattling governments and redefining modern journalism.* Cambridge, MA.: Westview Press.

Engelhardt, T. (1994). The gulf war as total television. In S. Jeffords & L. Rabinowitz (eds.), *Seeing through the media*. (pp. 81–95). New Brunswick, NJ.: Rutgers University Press.

European Commission. (2020, July 2). Guidelines on the revised audiovisual media services directives—Questions and answers. European Commission website. Retrieved from file:///C:/Users/ASUS/Downloads/Guidelines_on_the_revised_Audiovisual_Media_Services_Directive___Questions_and_Answers.pdf

Facebook to pay news corp for content in Australia. (2021, March 16). *BBC News*. Retrieved from https://www.bbc.com/news/world-australia-56410335

Featherstone, M. (1990). Global culture: An introduction. In M. Featherstone (ed.) (1990b), *Global culture: Nationalism, globalization and modernity*. London: Sage Publications.

Fejes, F. (1981). Media imperialism: An assessment. *Media, Culture and Society*, *3*: 281–289.

Ferguson, M. (1992). The mythology about globalization. *European Journal of Communication*, *7*: 69–93.

Ferguson, M. (2002). The mythology about globalization. In D. McQuail (ed.), *McQuail's reader in mass communication theory*. (pp. 238–248). London: Sage Publications.

Fiske, J. (1986). Television : Polysemy and popularity. *Critical Studies in Mass Communication*, *3* (4): 391–408.

Fiske, J. (1987). *Television culture*. London: Methuen.

Fortner, R. (1993). *International communication: History, conflict and control of the global metropolis*. Belmont: Wadsworth Publishing.

Freeman, D. (2005). GATS and the audiovisual sector: An update. *Global Media and Communication*, *1* (1): 124–128.

Freeman, D. (2006). Media policy-making in the free trade era: The impact of the GATS negotiations on audiovisual industries. In S. Harvey (ed.), *Trading culture: Global traffic and the local cultures in film and television*. Eastleigh, U.K.: John Libbey.

Fung, A. (2008). *Global capital, local culture*. New York: Peter Lang.

Galperin, H. (1999). Cultural industries in the age of free-trade agreements. *Canadian Journal of Communication*, *24*: 49–77.

Garnham, N. (with R. Williams, 1990). Pierre Bourdieu and the sociology of culture: An introduction. In N. Garnham (ed.) (1990), *Capitalism and communication: Global culture and the economics of information*. London: Sage Publications.

García Canclini, N. (1995). *Hybrid cultures: Strategies for entering and leaving modernity*. Minneapolis: University of Minnesota Press.

Gellner, E. (1983). *Nations and nationalism*. Oxford: Blackwell.

Gellner, E. (1997). *Nationalism*. London: Weidenfeld & Nicolson.

Georgiou, M. & Silverstone, R. (2007). Diasporas and contra-flows beyond national-centrism. In D. K. Thussu (ed.), *Media on the move: Global flow and contra-flow*. (pp. 33–48). London & New York: Routledge.

Giddens, A. (1984). *The constitution of society: Outline of the theory of structuration*. Berkeley: University of California Press.

Giddens, A. (1985). *The nation-state and violence*. Cambridge, U.K.: Polity Press.

Giddens, A. (1990). *The consequences of modernity*. Cambridge, U.K.: Polity Press.

Giddens, A. (1991). *Modernity and self-identity: Self and society in the late modern age*. Cambridge, U.K.: Polity

Press.

Giddens, A. (1994). *Beyond left and right: The future of radical politics*. Cambridge, U.K.: Polity Press.

Giddens, A. (2000). *Runaway world: How globalization is reshaping our lives*. New York: Routledge.

Gillmor, D. (2006). *We the media: Grassroots journalism by the people, for the people*. Sebastopol, CA : O'Reilly.

Glazer, M. (2005). Did london bombing turn citizen journalists into citizen paparazzi. USC Annenberg online journalism resource. Online source: http://www.ojr.org/ojr/stories/050712glazer/. Download date: 2008/3/9.

Global governance 2025: At a critical juncture. (2010). Eurpoean Union Institute for security studies report. Retrieved from https://www.iss.europa.eu/content/global-governance-2025-critical-juncture

Golding, P. & Harris, P. (1997). Introduction. In P. Golding & P. Harris (eds.), *Beyond cultural imperialism: Globalization, communication and the new international order*. London: Sage Publications.

Golding, P. (1998). New technologies and old problems: Evaluating and regulating media performance in the information age. In K. Brants, J. Hermes, and L. van Zoonen (eds.), *The media in question: Popular cultures and public interests*. London: Sage Publication.

Google fined €500m by French competition authority. (2021, July 13). *BBC News*. Retrieved from https://www.bbc.com/news/technology-57811953

Grainge, P. (2008). *Brand hollywood: Selling entertainment in a global media age*. London & New York: Routledge.

Grunberg, I & Khan, S. (2000). *Globalization: The United Nations development dialogue: Finance, trade, poverty, peace-building*. Tokyo & New York: United Nations University Press.

Guback, T. (1969). *The international film industry: Western europe and america since 1945*. Bloomington: Indiana University Press.

Guess, A. M., Nyhan, B. & Reifler, J. (2020). Exposure to untrustworthy websites in the 2016 US election. *Nature Human Behavior, 4*: 472–480.

Guichaoua, V. & Radermecker, S. (2001). *Julian Assange-wikileaks: Warrior for truth*. Montreal, Quebec: Cogito Media Group.

Hall, S. (1980). Encoding/decoding. In S. Hall et al. (eds.), *Culture, media, language*. London: Hutchinson.

Hall, S. (1990). Cultural identity and diaspora. In J. Rutherford (ed.), *Identity: Community, culture, difference*. London: Lawrence & Wishart.

Hall, S. (1991). The local and the global: Globalization and ethnicity. In A. King (ed.), *Culture, globalization, and the world-system*. (reprinted in 1997). Minneapolis: University of Minnesota Press.

Hall, S. & du Gay, P. (1996). *Questions of cultural identity*. London: Sage Publications.

Hamelink, C. J. (1994). *The politics of world communication: A human right perspective*. London: Sage Publications.

Hamelink, C. J. (1997). International communication: Global market and morality. In A. Mohammadi (ed.), *International communication and globalization*. (pp. 92–118). London: Sage Publications.

Hamelink, C. J. (2003). Preface: Reflections on the 2003 Iraq War. In R. D. Berenger (ed.), *Global media go to war*. (pp. xxi-xxvi). Spokane, WA.: Marquette Books.

Harvey, D. (1989). *The condition of post-modernity: An inquiry into the origins of cultural change*. Oxford & New York: Blackwell.

Harvey, S. (2006). Introduction: Trading culture in the era of the cultureal industries. In S. Harvey (ed.), *Trading culture: Global traffic and the local cultures in film and television*. Eastleigh, U.K.: John Libbey.

Havens, T. (2007). The hybrid grid: Globalization, cultural power and hungarian television schedules. *Media, Culture and Society*, 29 (2): 219–239.

Hebdige, D. (1988). *Subculture: The meaning of style*. London: Routledge.

Held, D., McGrew, A., Goldblatt, D. & Perraton, J. (1999). *Global transformations: Politics, economics and culture*. Cambridge, U.K.: Polity Press.

Held, D. & McGrew, A. (2000). The great transformation debate: An introduction. In D. Held & A. McGrew (eds.), *The global transformation reader*. (pp. 1–46). Cambridge, U.K.: Polity Press.

Herman, E. S. & Chomsky, N. (1988). *Manufacturing consent: The political economy of the mass media*. New York: Pantheon Books.

Herman, E. S. & McChesney, R. W. (1997). *The global media: The new missionaries of corporate capitalism*. London: Casell.

Hills. J. (1998). The U.S. rules, OK? Telecommunications since the 1940s. In R. W. McChesney, E. M. Wood & J. B. Foster (eds.), *Capitalism in the information age*. (pp. 99–122). New York: Monthly Review Press.

Hobsbawm, E. & Ranger, T. (eds.) (1983). *The invention of tradition*. Cambridge, U. K.: Cambridge University Press.

Hobsbawm, E. (1990). *Nations and nationalism since 1780*. Cambridge: Cambridge University Press.

Hopkins, T. K. & Wallerstein, I. et al. (1996). *The age of transition: Trajectory of the world-system (1945–2025)*. London & New Jersey: Pluto Press.

Horvit, B. (2006). International news agencies and the war debate of 2003. *The International Communication Gazette*, 68 (506): 427–447.

Hoskins, C., & Mirus, R. (1988). Reasons for the US dominance of the international trade in television programmes. *Media, Culture and Society*, 10: 499–515.

Hoskins, C., McFadyen, S. & Finn, A. (1997). *Global television and film: An introduction to the economics of the business*. Oxford: Oxford University Press.

ICANN. (2021, Aug. 26). In wikipedia. Available at: https://en.wikipedia.org/w/index.php?title=ICANN&action=history

Ingram, M. (2016, August 30). Sorry Mark Zuckerberg, but Facebook is definitely a media company. *Fortune*. Retrieved from http://fortune.com/2016/08/30/facebook-media-company/

International Telecommunication Union (2003).〈建設資訊化社會：新千年的全球性挑戰〉。《資訊化社會世界高峰會議原則宣言》(2003)。文件編號：WSIS03/GENEVA/DOC?4-CC。網路來源：http://www.itu.int/dms_pub/itu-s/md/03/wsis/doc/S03。下載日期：2008 年 7 月 5 日。

International Telecommunication Union (2005). ITU internet reports 2005: The internet of things. Online source: http://www.itu.int/osg/spu/publications/internetofthings/. Download date: 2009/2/3.

International Telecommunication Union (2007). World information society 2007 report: Beyond WSIS. Online source: www.itu.int/wisr. Download date: 2008/3/7.

ITU releases 2018 global and regional ICT estimates. ITU press release. Retrieved from https://www.itu.int/en/mediacentre/Pages/2018-PR40.aspx.

Iwabuchi, K. (2001). Becoming "culturally proximate": the a/scent of japanese idol dramas in Taiwan. In B. Moeran (ed.), *Asian media productions*. Surrey, England: Curzon Press.

Iwabuchi, K. (2004). Feeling glocal: Japan in the global television format business. In A. Moran & M. Keane (eds.), *Television across asia: Television industries, programme formats and globalization*. (pp. 21–35). London & New York: Routledge Curzon.

Iwabuchi, K. (2007). Contra-flows or the cultural logic of uneven globalization? Japanese media in the global agora. In D. K. Thussu (ed.), *Media on the move: Global flow and contra-flow*. (pp. 67–83). London & New York: Routledge.

Jakel, A. (1996). European co-production strategies: The case of France and Britain. In A. Moran (ed.), *Film policy: International, national and regional perspectives*. London: Routledge.

Jackel, A. (2001). The search for the national in canadian multilateral cinematographic co-productions. *National Identities, 3* (2): 155–167.

Jakel, A. (2003). Dual nationality film productions in Europe after 1945. *Historical Journal of Film, Radio and Television, 23* (3): 231–244.

Jensen, K. B. (1993). The past in the future: Problems and potentials of historical reception studies. *Journal of communication, 43* (4): 20–28.

Jin, D. Y. (2008). Neoliberal restructuring of the global communication system: Mergers and acquisitions. *Media, Culture and Society, 30* (3): 357–373.

Katz, E. & Liebes, T. (1993). *The export of meaning: Cross-cultural reading of Dallas*. Cambridge, U.K.: Polity Press.

Kaul, I., Grunberg, I. & Stern, M. (eds.) (1999). *Global public goods: International cooperation in the 21st century*. London & New York: Oxford University Press.

Keane, M. (2006). Once were peripheral: Creating media capacity in east asia. *Media, Culture and Society, 28* (6): 835–855.

King, A. (ed.) (1991). *Culture, globalization, and the world-system*. (reprinted in 1997). Minneapolis: University of Minnesota Press.

Kraidy, M. M. (2002). Hybridity in cultural globalization. *Communication Theory, 12* (3): 316–339.

Kris, E. & Speier, H. (1944). German radio propaganda. In J. D. Peters & P. Simonson (eds.), *Mass communication and american social thoughts*. (pp. 182–187). Lanham: Rowan & Littlefield Publishers, Inc.

Lasswell, H. (2004). Propaganda technique in the world war. In J. D. Peters & P. Simonson (eds.), *Mass communication and american social thought: Key texts, 1919–1968*. (pp. 47–50). Lanham: Rowan & Littlefield Publishers, Inc.

Lee, H. (2005). An economic analysis of protective film policies: A case study of the korean screen quota system. Paper presented at the annual meeting of the international communication association, Sheraton New York, New York City, NY Online<PDF>. Online source: http://www.allacademic.com/meta/p14967_index.html. Download date: 2009/5/25.

Lee, M. J. (1993). *Consumer culture reborn*. London & New York: Routledge.

Lerner, D. (1958). "Modernizing styles of life: A theory," from the passing of traditional society. In J. D. Peters & P. Simonson (eds.), *Mass communication and american social thought: Key texts, 1919–1968*. (pp. 426–433). Lanham: Rowan & Littlefield Publishers, Inc.

Liebes, T. & Katz, E. (1991). *The export of meaning: cross-cultural readings of Dallas*. New York: Oxford University Press.

Lindholt, H. & Jørgensen, R. K. (2007). Internet access as a global public good. In E. A. Andersen & B. Lindsnaes (eds.), *Toward new global strategies: Public goods and human rights*. (pp. 327–334). Leiden & Boston: Martinus Nijhoff Publishers.

Livingstone, S. M. (1993). The rise and fall of audience research: An old story with a new ending. *Journal of Communication, 43* (4): 5–12.

Lobato, R. (2019). *Netflix nations: The geography of digital distribution*. New York: New York University Press.

Lull, J. (1995). *Media, communication, culture: A global approach*. Cambridge, U.K.: Polity Press.

MacBride, S. & Roach, C. (1993). The new international information order. In G. Gerbner, H. Mowlana & K. Nordenstreng (eds.), *The global media debate: Its rise, fall, and renewal*. (pp. 3–12). Norwood, NJ.: Ablex Publishing Corporation.

Machin, D. & Van Leeuwen, T. (2004). Global media: Generic homogeneity and discursive diversity. Continuum: *Journal of Media and Cultural Studies, 18* (1): 99–120.

Marx, K. & Engels, F (1967). *Communist manifesto*. New York: Penguin Books.

Massey, D. (1994). *Space, place and gender*. Cambridge, U.K.: Polity Press.

Mathijs, E. (2006). Popular culture in global context: The lord of the rings phenomenon. In E. Mathijs (ed.), *The lord of the rings: Popular culture in global context*. London: Wallflower.

Mattelart, A. (1979). Introduction. In A. Mattelart & S. Siegelaub (eds.), *Communication and class struggle. vol. 1: Capitalism, imperialism*. New York: International General.

Mattelart, A. & Mattelart, M. (1992). *Rethinking media theory*. Minneapolis: University of Minnesota Press.

Mauldin, A. (2018, May 30). Content, capacity, and the great, growing demand for international bandwidth. TeleGeography BLOG. Retrieved from https://blog.telegeography.com/t-growing-demand-for-international-bandwidthcontent-providers-capacity.

McChesney, R. W. (1998). Political economy of global communication. In R. W. McChesney, E. M. Wood & J. B. Foster (eds.), *Capitalism and the Information age*. (pp. 1–26). New York: Monthly Review Press.

McChesney, R. W. (1999). *Rich media, poor democracy: Communication politics in dubious times*. New York: The New Press.

McChesney, R. W. (2008). *The political economy of media: Enduring issues, emerging dilemmas*. New York: Monthly Review Press.

McPhail, T. (1987). *Electronic colonialism: The future of international broadcasting and communication*. Newbury Park, CA.: Sage Publications.

Menzies, H. (1998). Challenging capitalism in cyberspace: The information highway, the postindustrial economy, and people. In R. W. McChesney, E. M. Wood & J. B. Foster (eds.), *Capitalism in the information age*. (pp. 87–98). New York: Monthly Review Press.

Meza, E. (1996, May 27). Foreign sales often tricky for homegrown programs. *Variety*, p. 26.

Miller, T., Govil, N., McMurria, J. & Maxwell, R. (2001). *Global hollywood*. London: BFI Publications.

Miller, T., Govil, N., Maxwell, R. (2005). *Global hollywood 2*. London: BFI Publishing.

Mohammadi, A. (ed.) (1997). *International communication and globalization: A critical introduction*. London: Sage Publications.

Mohammadi, A. (1998). Electronic empires: An islamic perspective. In D. K. Thussu (ed.), *Electronic empires*. London: Arnold.

Mohammed, E. & Iskandar, A. (2003). *Al-Jazeera: The story of the network that is rattling governments and redefineing modern journalism*. Cambridge, MA.: Westview Press.

Morley, D. (1993). Active audience theory: Pendulums and pitfalls. *Journal of Communication*, *43* (4): 13–19.

Morley, D. & Robins, K. (1995). *Spaces of identity: Global media, electronic landscapes, and cultural boundaries*. London: Routledge.

Morley, D. (1996). EurAm, modernity, reason and alterity or, postmodernism, the highest stage of cultural imperialism? In D. Morley & K. H. Chen (eds.), *Stuart Hall: Critical dialogues in cultural studies*. London: Routledge.

Morris, N. & Waisbord, S. (eds.) (2001). *Media and globalization: Why the state matters*. Lanham, Maryland, U.S.: Rowman & Littlefield.

Mosco, V. (1990). Toward a transnational world information order: The Canada-U.S. free trade agreement. *Canadian Journal of Communication*, *15* (2): 46–63.

Mosco, V. (1996). *The political economy of communication: Rethinking and renewal*. London: Sage Publications.

Murdock, G. (1989). Critical inquiry and audience activity. In B. Dervin et al. (eds.), *Rethinking communication vol. 2*. Newbury Park and London: Sage Publications.

Murdock, G. & Golding, P. (1989). Information poverty and political inequality: Citizenship in the age of privatized communications. *Journal of Communication*, *39* (3): 180–195.

Murdock, G. (1990a). Redrawing the map of the communications industries: Concentration and ownership in the era of privatisation. In M. Ferguson (ed.), *Public communication: The new imperatives*. London: Sage Publications.

Murdock, G. (1990b). Television and citizenship: In defence of public broadcasting. In A. Tomlinson (ed.), *Consumption, identity and style: Marketing, meanings, and the packaging of pleasure*. London: Routledge.

Murdock, G. (2004). Past the posts rethinking change, retrieving critique. *European Journal of Communication*, *19* (1): 19–38.

Musa, M. (1997). From optimism to reality: An overview of third-world news agencies. In P. Golding & P. Harris (eds.), *Beyond cultural imperialism*. (pp. 117–146). London: Sage Publications.

Nadler, J. & Cicilline D. N. (2020). *Investigation of competition in digital market*. Subcommittee on Antitrust, commercial and administrative law of the committee on the Judiciary. The U.S. House of Representatives website. Retrieved from https://judiciary.house.gov/uploadedfiles/competition_in_digital_markets.pdf?utm_campaign=4493-519

Napli, P. & Caplan, R. (2016). When media companies insist they're not media companies and why it matters for communications policy. *First Monday* website. Retrieved from https://firstmonday.org/ojs/index.php/fm/article/view/7051

Narayanasamy, A. Ahmad, Y. A. & Othman, M. (2017). Nanosatellites constellation as an IoT communication platform for near equatorial countries. IOP Conf. Ser.: Mater. Sci. Eng. 260 01208.

Negroponte, N. (1996). *Being digital*. New York: Vintage Books.

Neil, G. (2006). Assessing the effectiveness of UNESCO's new convention on cultural diversity. *Global Media and Communication*, 2 (2): 257–262.

New EU copyright rules that will benefit creators, businesses and consumers start to apply. (2021, June 4). European Union website. Retrieved from https://ec.europa.eu/commission/presscorner/detail/en/IP_21_1807

Nordenstreng, K. & Schiller, H. I. (1979). Introduction. In K. Nordenstreng & H. I. Schiller (eds), *National sovereignty and international communication*. Norwood, NJ.: Ablex Publishing.

Norris, P. (2001). *Digital divide: Civic engagement, information poverty, and the internet worldwide*. London & New York: Cambridge University Press.

Nowell-Smith, G. (2006). Trade wars, cultural wars. In S. Harvey (ed.), *Trading culture: Global traffic and local cultures in film and television*. Eastleigh, U.K.: John Libbey.

Ohmae, K. (1990). *The borderless world*. London & New York: Collins.

Ohmae, K. (1995). *The end of the nation state: The rise of regional economies*. New York: Free Press.

Oliveira, O. S. (1993). Brazilian soaps outshine hollywood: Is cultural imperialism fading out? In H. Schiller & K. Nordenstreng (eds.), *Beyond national sovereignty: International communication in the 1990s*. Norwood, NJ.: Ablex Publishing Corporation.

Osborne Clarke (2021, July 21). New levy obligations for audiovisual media services adopted in France. *Osborne Clarke* website. Retrieved from https://www.osborneclarke.com/insights/new-levy-obligations-audiovisual-media-services-adopted-france

Palmer, M., Boyd-Barrett, O. & Rantanen, T. (1998). Global financial news. In O. Boyd-Barrett & T. Rantanen (eds.), *The globalization of news*. (pp. 61–78). London: Sage Publications.

Pauwels, C. & Loisen, J. (2003). The WTO and the audiovisual sector: Economic free trade vs. cultural horse trading? *European Journal of Communication*, *18* (3): 291–313.

Peaslee, R. M. (2011). One ring, many circles: The hobbiton tour experience and a spatial approach to media power. *Tourist Studies*, *11* (1): 37–53.

Pendakur, M. (1990). *Canadian dreams & american control*. Detroit, MI.: Wayne State University Press.

Peyer, C. (ed.) Who pays for the information society? Challenges and issues on financing the information society. Laussane: Bread for All Publisher. Online source: http://www.ppp.ch/communication. Download date: 2009/12/7.

Pickard, V. (2016). Media failures in the age of Trump. *The Political Economy of Communication, 4* (2): 118–122.

Pickard, V. (2020). *Democracy without journalism? Confronting the misinformation society*. New York: Oxford University Press.

Plantin, J., Lagoze, C., Edwards, P. N., & Sandvig, C. (2018). Infrastructure studies meet platform studies in the age of Google and Facebook. *New media & Society, 20* (1), 293–310.

Platon, S. & Deuze, M. (2003). Indymedia journalism: A radical way of making, selecting and sharing. *Journalism, 4* (3): 336–355.

Poell, T. & Nieborg, D.B. (2018). The platformization of cultural production: Theorizing the contingent cultural commodity. *New Media & Society, 20* (11): 4275–4292.

Pool, I. de S. (1977). The Changing Flow of Television. *Journal of Communication*, *27* (2): 139–149.

Price, M. E. (1999). Satellite broadcasting as trade routes in the sky. *Public Culture*, *11* (2): 387–403.

Price, M. E. (2002). *Media and sovereignty: The global information revolution and its challenge to state power*. New York: The MIT Press.

Price, M. E. (2008). Governance, Globalism and Satellites. *Global Media and Communication*, *4*: 245–259.

Price, M. E. (2015). *Free expression, globalism and the new strategic communication*. New York: Cambridge University Press.

Price, M. E. (2018). The global politics of internet governance: A case study in closure and technological design. In D. R. McCarthy (ed.) *Technology and world politics* (pp.126–145). London: Routeldge.

Priest, D., Timberg, C., & Mekhennet, S. (July 18, 2021). Private Israeli spyware used to hack cellphones of journalist, activists worldwide. *The Washington Post*. Retrieved from https://www.washingtonpost.com/investigations/interactive/2021/nso-spyware-pegasus-cellphones/

Puppis, M. (2008). National media regulation in the era of free trade: The role of global media governance. *European Journal of Communication*, *23* (4): 405–424.

Quinn, S. & Walters, T. (2004). Al-Jazeera: A broadcaster creating ripples in a stagnant pool. In Berenger, R. D. (ed.), *Global media go to war: Roles of news and entertainment media during the 2003 Iraq war*. (pp. 57–72). Spokane, WA.: Marquette Books.

Raboy, M., Bernier, I., Sauvageau, F. & Atkinson, D. (1994). Cultural development and the open economy: A democratic issue and a challenge to public policy. *Canadian Journal of Communication*, *19*: 291–315.

Rai, M. & Cottle, S. (2007). Global mediations: On the changing ecology of satellite television news. *Global Media and Communication*, *3* (1): 51–78.

Ritzer, G. (1993). *The McDonaldization of society*. Thousand Oaks, CA.: Pine Forge Press.

Roach, C. (1990). The movement for a new world information and communication order. *Media, Culture and Society*, *12*: 283–308.

Roach, C. (1997). Cultural imperialism and the resistance in media theory and literary theory. *Media, Culture and Society*, *19* (1): 47–66.

Robertson, R. (1990). Mapping the global condition: Globalization as the central concept. In M. Featherstone (ed.), *Global culture: Nationalism, globalization and modernity*. London: Sage Publications.

Robertson, R. (1992). *Globalization: social theory and global culture*. London: Sage Publications.

Robins, K. (1991). Tradition and translation: National culture in its global context. In J. Corner & S. Harvey (eds.), *Enterprise and heritage: Crosscurrents of national culture*. London: Routledge.

Rogers, E. (1992). *The Diffusion of innovation* (4th edition). New York: The Free Press.

Rosenau, J. N. (2000). Governance in a globalizing world. In D. Held & A. McGrew (eds.), *The global transformation reader*. (pp. 181–190). Cambridge, U.K.: Polity Press.

Russon, M. (2021, January 29). Satellite boom attracts technology giants. *BBC News*. Retrieved from https://www.bbc.com/news/business-55807150

Satariano, A. (2019, March 10). How the Internet travels across oceans. *The New York Times*. Retrieved from https://www.nytimes.com/interactive/2019/03/10/technology/internet-cables-oceans.html

Schiller, D. (1996). *Theorizing communication: A history*. New York: Oxford University Press.

Schiller, H. I. (1969). *Mass communication and american empire*. Boston: Beacon Press.

Schiller, H. I. (1976). *Communication and cultural domination*. West Plains, NY.: International Arts & Sciences Press.

Schiller, H. I. (1989). *Culture inc.: The corporate takeover of public expression*. New York: Oxford University Press.

Schiller, H. I. (1991). Not yet the post-imperialist era. *Critical Studies in Mass Communication, 8* (1): 13–28.

Schlesinger, P. (1993). Wishful thinking: Culural politics, media, and collective identities in europe. *Journal of Communication, 43* (2): 6–17.

Schneier, B. (2013). Online Nationalism. *MIT Technology Review, 116* (3), 12.

Seal, T. (2021, October 6). U.K. broadcasters close ranks in battle with streaming giants. *Bloomberg* website. Retrieved from https://www.bloomberg.com/news/articles/2021-10-06/u-k-broadcasters-close-ranks-in-battle-with-streaming-giants

Seaman, W. R. (1992). Active audience theory: Pointless populism. *Media, Culture and Society, 14*: 301–311.

Seib, P. (2005). Hegemonic no more: Western media, the rise of Al-Jazeera, and the influence of diverse voices. *International Studies Review, 7* (4): 601–615.

Seiter, E. et al. (1989). Introduction. In E. Seiter et al. (eds.), *Remote control*. London: Routledge.

Servon, L. J. (2001). *Bridging the digital divide: Technology, community, and public policy*. London: Blackwell Publishing.

Shim, D. (2006). Hybridity and the rise of korean popular culture in asia. *Media, Culture and Society, 28* (1): 25–44.

Silverman, C. (2016). This analysis shows how fake election news stories outperformed real news on Facebook. *BuzzFeed News*. Retrieved from https://www.buzzfeed.com/craigsilverman/viral-fake-election-news-outperformed-real-news-on-facebook.

Siochru, S. O., Girard, B. & Mahan, A. (2002). *Global media governance: A beginner's guide*. Lanham: Rowan & Littlefield Publishers, Inc.

Smith, A. D. (1995). *Nations and nationalism in a global era*. Cambridge, U.K.: Polity Press.

Spar, D. L. (1999). The public face of cyberspace. In I. Karl, I. Grunberg & M. Stern, (eds.), *Global public goods: International cooperation in the 21st century*. (pp. 344–362). London & New York: Oxford University Press.

Sparks, C. (2007). *Globalization, development and the mass media*. Los Angeles & London: Sage Publications.

Sparks, C. (2015). Resurrecting the imperial dimension in international communication. In C.C. Lee (ed.), *Internationalizing "International communication."* (pp. 156–177). Ann Arbor: University of Michigan Press.

Sreberny-Mohammadi, A. (1991). The global and the local in international communications. In J. Curran & M. Gurevitch (eds.), *Mass media and society*. London: Edward Arnold.

Stiglitz, J. E. (1999). Knowledge as a global public goods. In I. Karl, I. Grunberg & M. Stern (eds.), *Global public goods: International cooperation in the 21st Century*. (pp. 308–325). London & New York: Oxford University Press.

Straubhaar, J. D. (1991). Beyond media imperialism: Assymetrical interdependence and cultural proximity. *Critical Studies in Mass Communication, 8* (1): 39–59.

Sweezy, P. (1997). More (or less) on globalisation. *Monthly Review, 49* (4) (Sep.): 1–4.

Sy, J. H. (1999). Global communications for a more equitable world. In I. Karl, I. Grunberg & M. Stern (eds.), *Global public goods: International cooperation in the 21st century*. (pp. 326–343). London & New York: Oxford

University Press.

Thussu, D. K. (1998). Localizing the global: Zee TV in India. In D. K. Thussu (ed.), *Electronic empires: Global media and local resistance*. (pp. 273–294). London: Edward Arnold.

Thussu, D. K. (2000a). *International communication: Continuity and change*. London: Edward Arnold.

Thussu, D. K. (2000b). Legitimizing "humanitarian intervenetion"? CNN, NATO and Kosovo crisis. *European Journal of Communication, 15* (3): 345–361.

Thussu, D. K. & Freedman, D. (eds.) (2003). *War and the media*. London: Sage Publications.

Thussu, D. K. (2007). Mapping global media flow and contra-flow. In D. K. Thussu (ed.), *Media on the move: Global flow and contra-flow*. (pp. 11–32). London & New York: Routledge.

Thussu, D. K. (2007). The "murdochization" of news? The case of Star TV in India. *Media, Culture and Society, 29* (4): 593–611.

Tidy, J. (2021, July 22). Pegasus spyware seller: Blame our customers, not us, for hacking. *BBC News*. Retrieved from https://www.bbc.com/news/technology-57922664

Tomlinson, J. (1997). Internationalism, globalization and cultural imperialism. In K. Thompson (ed.), *Media and cultural regulation*. London: Sage Publications/Open University.

Tomlinson, J. (1997). Cultural globalization and cultural Imperialism. In A. Mohammadi (ed.), *International communication and globalization: A critical introduction*. London: Sage Publications.

Tomlinson, J. (1999). *Globalization and culture*. Chicago: University of Chicago Press.

Torrie, B. (2012). Wellywood pulls in $500m for capital's economy. *The Dominion Post*. Online source: http://www.stuff.co.nz/dominion-post/business/6679022/. Download date: 2012/9/9.

Ulff-Moller, J. (2001). *Hollywood's film wars with France*. Rochester, NY.: University of Rochester Press.

UNDP (United Nations Development Program) (1999). Human development report 1999. New York & Oxford: Oxford University Press.

UNESCO (1980). Comit, d'experts sur la place et le role des industryes culturelles dans le development culturel des societies, montreal, 9–13 juin 1980. Paris: Division de development culturel.

UNESCO (1981). *Many voices, one world: Towards a new more just and more efficient world information and communication order*. Colchester, Essex: The Anchor Press.

UNESCO (1982). Les industries culturelles, un enjeu pour l'avenir de la culture. Paris, Editions de l'Unesco.

UNESCO (2001). UNESCO universal declaration of cultural diversity. Diogenes, 205: 141–151. Online source: dio.sagepub.com. Download date: 2012/5/9.

UNESCO (2005). Towards knowledge societies. Paris: UNESCO Publishing.

Urry, J. (2003). *Global complexity*. Cambridge, U.K.: Polity Press.

van Dijck, J. (2014). Datafication, dataism and dataveillance: Big Data between scientific paradigm and ideology. *Surveillance & Society, 12* (2), 197–208.

van Dijck, J., Poell, T., de Waal, M. (2018). *The platform society: Public values in a connected world*. New York: Oxford University Press.

Venturelli, S. (1998). *Liberalizing the european media: Politics, regulation, and the public sphere*. Oxford & New York: Clarendon Press.

Volkmer, I. (1999). *News in the global sphere: A study of CNN and its impact on global communication*. Luton, U.K.: University of Luton Press.

Wagnleitner, R. (1994). *Coca-colonization and the Cold War: The cultural mission of the United States in Austria after the Second World War*. Chapel Hill: University of North Carolina Press.

Wallerstein, I. (1974). *The modern world-system (I)*. San Diego, CA.: Academic Press.

Wallerstein, I. (1979). *The capitalist world-economy*. Cambridge: Cambridge University Press.

Wallerstein, I. (1991). The national and the universal: Can there be such a thing as world culture? In A. King (ed.), *Culture, globalization, and the world-system* (reprinted in 1997). Minneapolis: University of Minnesota Press.

Wang, V. (2021, November 29). A 'Simpsons' episode lampooned Chinese censorship. In Hong Kong, it vanished. *New York Times* website. Retrieved from https://www.nytimes.com/2021/11/29/world/asia/simpsons-hk.html?

Warf, B. (2003). Mergers and acquisitions in the telecommunications industry. *Growth and Change, 34* (3): 321–344.

Waters, M. (1995). *Globalization* (2nd edition). London & New York: Routledge.

Wheeler, M. (2000). Research note: The'undeclaired war'Part II. *European Journal of Communication, 15* (2): 253–62.

White, M. (1994). Site unseen: An analysis of CNN's war in the Gulf. in S. Jeffords & L. Rabinowitz (eds.), *Seeing through the media*. (pp. 121–141). New Brunswick, NJ.: Rutgers University Press.

Whittle, S. (2004). Public service broadcasting in the new media age: The BBC's experience. *Trends in Communication, 12* (1), 3–13.

Zhao, Y. (2005). Who wants democracy and does it deliver food? Communication and power in a globally integrated China. In R. A. Hackett & Y. Zhao (eds.), *Democratizing global media: One world, many struggles*. (pp. 57–81). Lanham: Rowan & Littlefield Publishers, Inc.

Zuboff, S. (2015). Big other: surveillance capitalism and the prospects of an information civilization. *Journal of Information Technologys, 30*: 75–89.

新聞學與大眾傳播學　　鄭貞銘／著

坊間少見將新聞學與大眾傳播學併陳的書籍，本書做了新的嘗試，原則上是分別陳述，但加強其發展的演變與相關性的論述。除了提供新聞學與大眾傳播學的基本理論與概念，更利用理論與實務互為補充、啟發與借鏡，期望透過本書，能讓讀者全方位地認識新聞學與大眾傳播學。

後電子媒介時代　　　　　　　陳清河／著

作者為王惕吾先生傑出新聞著作獎得主

我們每天都要接觸電子媒介，但我們對它了解多少？本書從年代史、產業史與社會思想史的角度記述電子媒介的發展，並深入分析這個產業的議題，例如科技的變遷如何使該產業趨向匯流、電子商務與互動電視的發展、相關政策法規與經濟策略的未來等，期望為產官學界帶來更多討論。

紀錄片：歷史、美學、製作、倫理　　李道明／著

作者為金馬獎最佳紀錄片得主

有多少人還記得，史上第一部電影其實是紀錄片？在當代的劇情片中，也不乏紀錄片的手法。我們每個人其實都離不開紀錄片，因為它探究的常是我們不願面對的真相。讓我們跟著作者的腳步，回顧紀錄片百年來的美學發展，從中學習製作技巧、反思其倫理問題。

電視新聞實務

彭文正、廖士翔／著

本書提供一個全方位的電視新聞實務概說，從世界與臺灣電視發展史之淺談開始，分述採訪、寫作、攝影、錄音、剪接、編輯、企劃、攝影棚作業的基本功，介紹文字與攝影記者、主播、編輯、製作人等職位的工作內容，分析收視率的影響，並以新聞倫理之論述做結。

破擊假新聞

蘇蘅、陳百齡、王淑美、鄭宇君、劉蕙苓／著

放任假新聞發展，會有很多後果：政治兩極化、民主選舉遭破壞、社會動盪不安，都是社群平臺、新聞媒體、學者專家、企業領袖無法單獨站出來對抗的新戰場。 本書作者群希望藉著實務經驗和實證研究，讓讀者了解假新聞是什麼，也希望讀者真正了解後，看得出改變的必要，並知道改變的路要怎麼走。

國家圖書館出版品預行編目資料

國際傳播：全球視野與地方策略／唐士哲,魏玓著.--
-修訂二版一刷.--臺北市：三民，2022
面；　公分

ISBN 978-957-14-7481-6　（平裝）
1. 國際傳播 2. 傳播策略

541.83　　　　　　　　　　　111009931

國際傳播：全球視野與地方策略

作　　　者	唐士哲　魏　玓
責任編輯	翁英傑
發 行 人	劉振強
出 版 者	三民書局股份有限公司
地　　　址	臺北市復興北路 386 號 (復北門市) 臺北市重慶南路一段 61 號 (重南門市)
電　　　話	(02)25006600
網　　　址	三民網路書店 https://www.sanmin.com.tw
出版日期	初版一刷 2014 年 8 月 初版四刷 2020 年 11 月 修訂二版一刷 2022 年 7 月
書籍編號	S890940
I S B N	978-957-14-7481-6

三民書局